I0001635

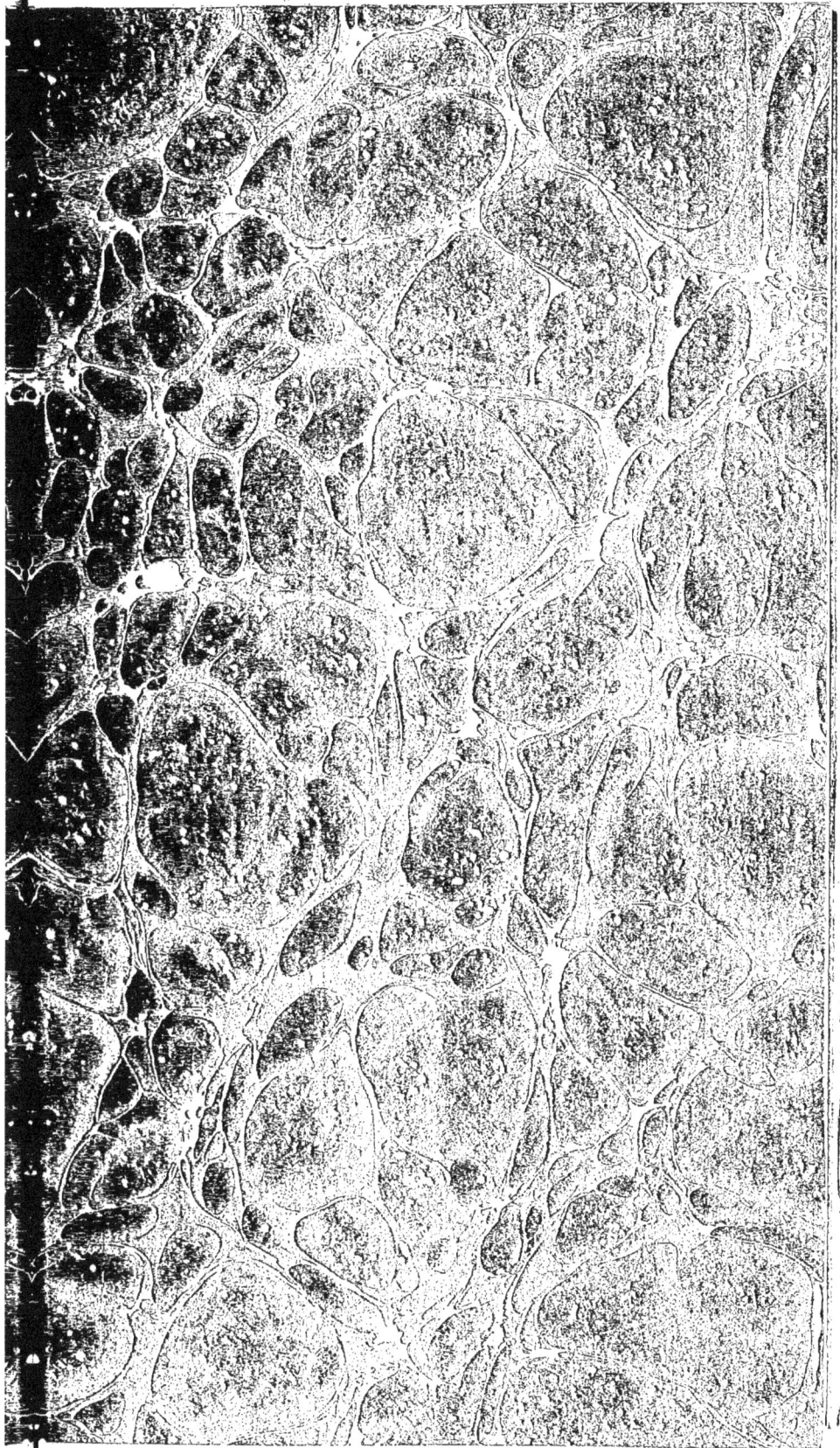

ROBERT 1982

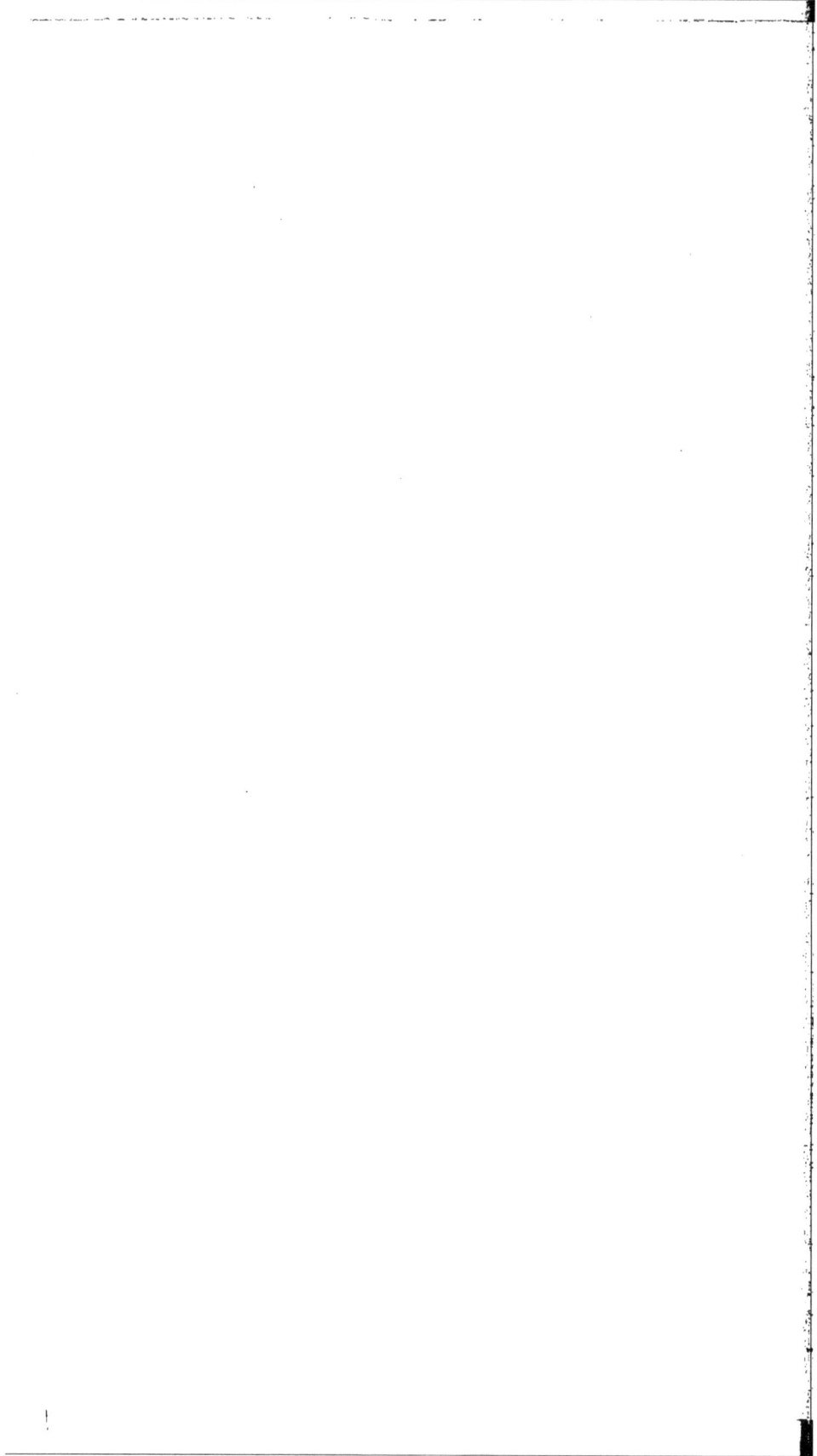

THÉORIE

DES

ANNUITÉS VIAGÈRES

ET DES

ASSURANCES SUR LA VIE.

67

V.

31228

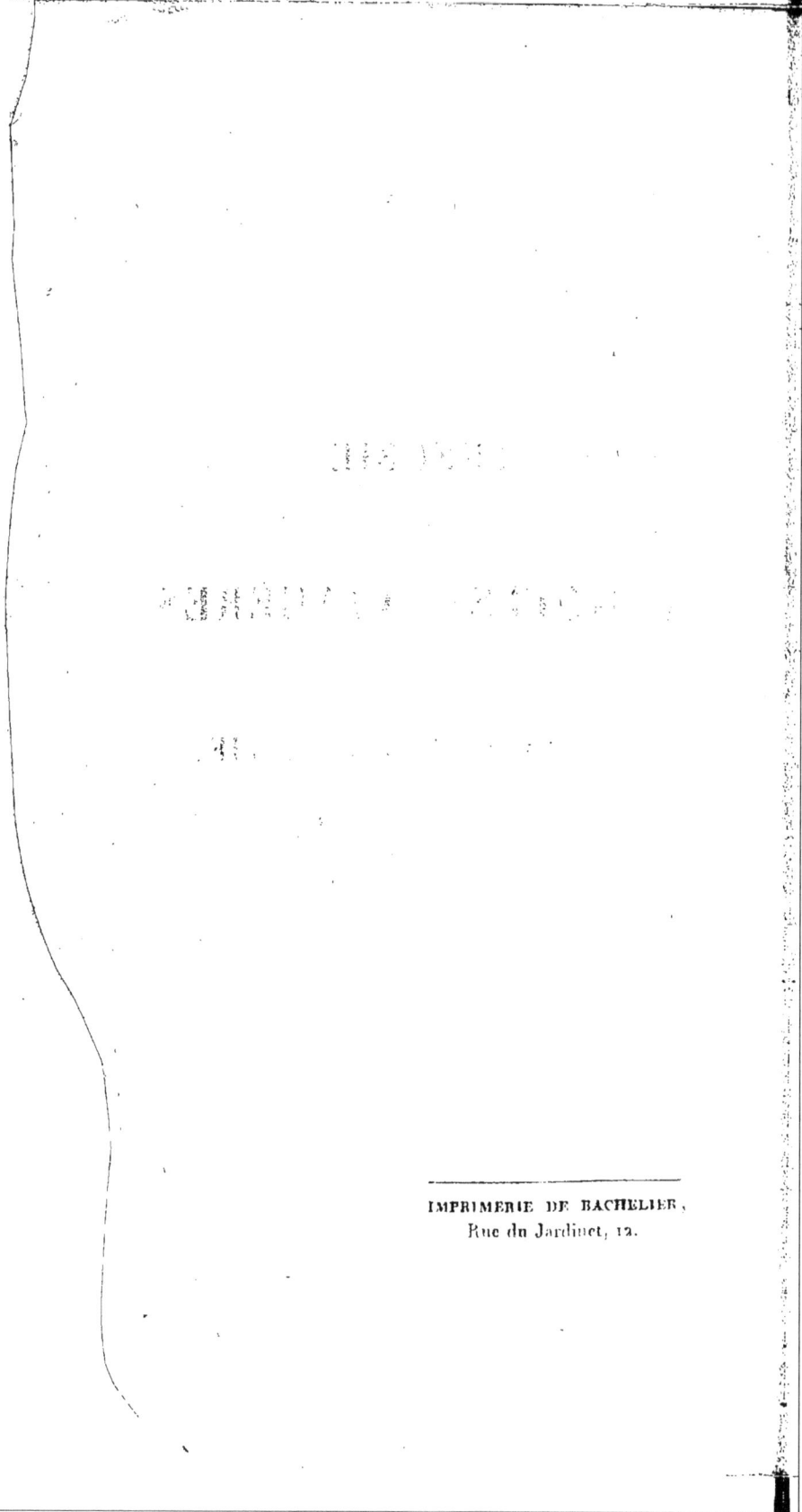

IMPRIMERIE DE BACHELIER,
Rue du Jardinet, 12.

THÉORIE

DES

ANNUITÉS VIAGÈRES

ET DES

ASSURANCES SUR LA VIE,

SUIVIE D'UNE COLLECTION DE

TABLES RELATIVES A CES MATIÈRES;

PAR FRANCIS BAILY.

TRADUIT DE L'ANGLAIS

PAR

ALFRED DE COURCY,

ET PUBLIÉ

PAR LA COMPAGNIE D'ASSURANCES GÉNÉRALES SUR LA VIE.

———

TOME SECOND.

PARIS,

BACHELIER, IMPRIMEUR-LIBRAIRE,

Quai des Augustins, n° 55.

1836.

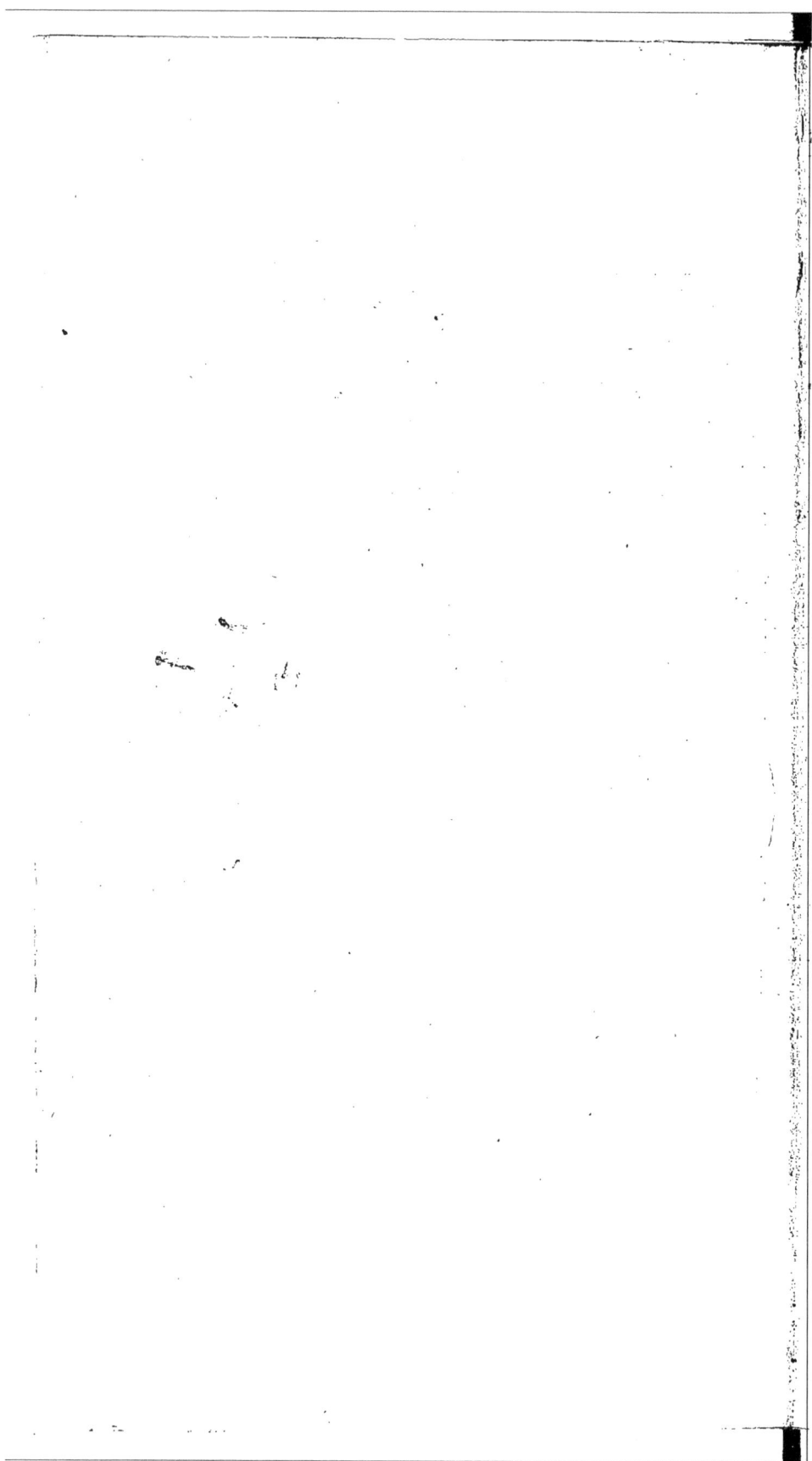

THÉORIE

ANNUITÉS VIAGÈRES

ET DES

ASSURANCES SUR LA VIE.

———➤◆✦◆◀———

CHAPITRE XII.

QUESTIONS PRATIQUES RENFERMANT L'APPLICATION DE QUELQUES-UNS DES PROBLÈMES PRÉCÉDENS.

QUESTION I.

371. Trouver la *probabilité* qu'une tête ou plusieurs têtes d'un âge quelconque, ont d'exister à la fin
d'un nombre quelconque d'années, d'après une table
quelconque d'observations.

SOLUTION.

Dans le cas d'une seule tête, cette probabilité est
une fraction dont le dénominateur est le nombre de
personnes vivantes à l'âge donné, et dont le numérateur est le nombre de personnes vivantes à un âge
plus avancé que l'âge donné de l'espace désigné.
Quand il s'agit d'un groupe de plusieurs têtes; elle

T. II.   I

est le produit des probabilités que chacune des têtes isolément a d'exister à la fin de l'espace donné. (*Voyez* **23**.)

Exemple 1. La probabilité qu'une personne âgée de 20 ans, a de subsister 30 ans ou d'atteindre l'âge de 50 ans, est, d'après les observations de M. Deparcieux données à la table III, égale à $\frac{581}{814}$. La probabilité qu'une personne âgée de 40 ans a de subsister 30 ans, ou d'atteindre l'âge de 70 ans, est d'après les mêmes observations, égale à $\frac{310}{657}$.

Mais la probabilité que ces deux personnes ont de subsister simultanément 30 ans est égale à $\frac{581}{814}$ multiplié par $\frac{310}{657}$; c'est-à-dire égale à $\frac{180110}{534798}$.

Exemple 2. La probabilité qu'un homme âgé de 46 ans a d'atteindre l'âge de 56 ans, ou de subsister 10 ans, est, d'après les observations faites en Suède, données à la table XIV, égale à $\frac{3096}{3991}$; et la probabilité qu'une femme âgée de 40 ans a d'atteindre l'âge de 50 ans, ou de subsister 10 ans, est d'après les mêmes observations, égale à $\frac{4027}{4733}$.

Mais la probabilité que ces deux personnes ont de subsister simultanément 10 ans, est égale à $\frac{3096}{3991}$ multiplié par $\frac{4027}{4733}$, c'est-à-dire égale à $\frac{1246759'2}{18889403}$.

Exemple 3. Les probabilités que trois têtes âgées

de 20, 30 et 40 ans ont de subsister 15 ans, sont, d'après les observations faites à Northampton, données à la table XXV, respectivement égales à $\frac{4010}{5132}$, $\frac{3248}{4385}$ et $\frac{2448}{3635}$.

Mais la probabilité que toutes ces têtes ont de subsister simultanément 15 ans, est égale au produit des trois fractions l'une par l'autre, donc cette probabilité sera représentée par $\frac{31883927040}{81801285700}$.

Scolie.

372. Après avoir ainsi trouvé la probabilité que plusieurs têtes réunies ont de subsister simultanément à la fin d'un espace donné, nous pourrons aisément déterminer la probabilité que *l'une* ou *l'autre* de ces têtes a de vivre pendant cet espace. Car, quand il s'agit de deux têtes, la probabilité dont nous parlons sera égale à la différence entre la probabilité que les têtes réunies ont de subsister simultanément à la fin de l'espace donné, et la somme des probabilités que chaque tête isolément a de vivre pendant ce même espace.

Ainsi, dans le premier exemple, la probabilité que l'une ou l'autre de deux têtes, âgées de 20 et 40 ans, a de subsister 30 ans, est égale à $\frac{180110}{534798}$ retranché de $\frac{634057}{534798}$ (somme des deux quantités $\frac{581}{814}$ et $\frac{310}{657}$); ce qui donne $\frac{453947}{534798}$ pour la probabilité demandée.

Et la probabilité que l'une ou l'autre des deux têtes mentionnées au second exemple a de subsister 10 ans, est égale à $\frac{12467592}{18889403}$ retranché de $\frac{30725125}{18889403}$ $\left(\text{somme des deux quantités } \frac{3096}{3991} \text{ et } \frac{4027}{4733}\right)$: ce. qui donne $\frac{18257533}{18889403}$ pour la probabilité demandée.

De la même manière la probabilité que l'une ou l'autre de trois têtes données a de subsister à la fin d'un espace donné, se trouve en retranchant la somme des probabilités que chaque couple de têtes réunies a de subsister pendant cet espace, de la somme des probabilités que chaque tête isolément, et les trois têtes réunies ont de subsister pendant cet espace, conformément aux principes exposés au problème 2.

QUESTION II.

373. Trouver *l'espérance mathématique* qu'une tête quelconque ou plusieurs têtes ont de recevoir une somme désignée, après un nombre quelconque d'années.

SOLUTION.

Multipliez la valeur actuelle de la somme par la probabilité que la tête donnée ou les têtes données ont de subsister à la fin du délai fixé ; le produit sera la valeur demandée.

Exemple 1. Quelle est la valeur actuelle de 1 fr. payable dans 30 ans, pourvu qu'une personne actuellement âgée de 20 ans, subsiste à cette époque : l'intérêt étant supposé de $4\frac{1}{2}$ pour cent, et la mortalité conforme aux observations de M. Deparcieux.

La valeur actuelle de 1 fr. payable dans 30 ans, sans aucune autre condition, est d'après la table LVIII égale à 0,26700; et la probabilité qu'une personne âgée de 20 ans a de subsister 30 ans est, d'après la question précédente, égale à $\frac{581}{814}$: donc ces deux quantités multipliées l'une par l'autre produiront 0,1906 pour la valeur demandée.

De la même manière l'espérance qu'on a de recevoir cette somme après le même nombre d'années, pourvu qu'une personne âgée de 40 ans subsiste à cette époque, est égale à $\frac{310}{657}$ multiplié par 0,26700, ce qui donne 0,12598 pour la valeur demandée.

Mais si l'espérance dépend de l'existence simultanée de ces deux têtes à l'époque fixée, alors $\frac{180110}{534798}$ multiplié par 0,26700, produira 0,08992 pour la valeur demandée.

Et si elle dépendait de l'existence de l'une quelconque de ces têtes à l'époque fixée, alors $\frac{453947}{534798}$ (ou la valeur trouvée par le scolie du n° **372**), étant multiplié par 0,26700 produirait 0,22663 pour la valeur de l'espérance dans le cas proposé.

Exemple 2. Un *homme* âgé de 46 ans doit à l'expiration d'un bail qui a encore 10 ans à courir, recevoir une somme de 1 fr. pourvu qu'il vive à cette époque; quelle est l'espérance qu'il a de la recevoir, l'intérêt étant de 4 % et la mortalité conforme aux observations faites en Suède?

La valeur actuelle de 1 fr. payable certainement dans 10 ans est d'après la table LVIII, égale à 0,67556; et la probabilité qu'un homme âgé de 46 ans a de vivre 10 ans est, d'après la question précédente, égale à $\frac{3096}{3991}$; donc ces deux quantités multipliées ensemble produiront 0,52406 pour la valeur demandée.

Si la somme dépendait de l'existence d'une *femme* âgée de 40 ans, alors $\frac{4027}{4733}$ multiplié par 0,67556 produirait 0,57479 pour la valeur demandée.

Mais si elle dépendait de l'existence simultanée de ces deux personnes à la fin de l'espace donné, alors $\frac{12467592}{18889403}$ multiplié par 0,67556 produirait 0,44589 pour la valeur demandée.

Et si elle dépendait de l'existence de l'une quelconque de ces deux têtes à cette époque, alors $\frac{18257533}{18889403}$ multiplié par 0,67556 produirait 0,65296 pour la valeur demandée.

Scolie.

374. Au moyen de la solution générale que nous venons de donner, on peut déterminer toutes les questions relatives à la valeur des capitaux constitués comme dots à des enfans. Ainsi, supposons qu'un individu ait un fils âgé de 11 ans, à qui il désire assurer 100 fr. à sa majorité; la somme qu'il devra compter pour cette assurance (l'intérêt étant supposé à 5 p. 100 et la mortalité conforme aux observations de M. Deparcieux) est égale à $\frac{806}{872}$ mul-

tiplié par 61,391; ce qui donne 56,744, pour la valeur demandée.

Dans les tarifs publiés par la compagnie d'assurance du Globe, et par l'Institution Prévoyante, les primes demandées pour assurer des dots aux enfans sont en général aussi élevées (et depuis l'âge de 9 ans et au-dessus elles le sont même davantage) que les valeurs actuelles, à 5 p. 100 d'escompte d'une somme de 100 fr. payable certainement à la fin du terme fixé sans aucune autre condition. Par exemple, le Globe demande 62 fr. 55 c. et la Prévoyante 62 fr. pour assurer un capital de 100 fr. payable à un enfant de 11 ans quand il aura atteint 21 ans; tandis que chacune de ces sommes augmentée de ses intérêts capitalisés à 5 p. 100 produirait plus de 100 fr. après un même espace de temps, sans qu'on soit exposé à la chance de tout perdre par le décès de l'enfant survenu dans cet espace. Je ne crois pas qu'il existe quelqu'un assez aveugle sur ses propres intérêts pour risquer son argent d'une manière aussi absurde.

QUESTION III.

375. Trouver la valeur d'une annuité reposant sur *une seule tête*.

SOLUTION.

Cette valeur se détermine par la seule inspection des tables; car dans celles qui montrent la valeur d'une annuité sur une seule tête, nous trouverons la valeur demandée en regard de l'âge proposé, suivant les différens taux d'intérêt marqués en tête de chaque colonne (1).

Exemple 1. La valeur d'une annuité sur une tête âgée de 20 ans en supposant l'intérêt à $4\frac{1}{2}$ p. 100 et la mortalité conforme aux observations de M. Deparcieux, est d'après la table V, égale à 16,624, ou à environ 16 fois $\frac{5}{8}$ la rente.

Si la tête avait 40 ans, la valeur serait trouvée égale à 14,254; ou si dans ces deux cas l'intérêt était de 5 p. 100, les valeurs respectives seraient 15,469 et 13,459.

Exemple 2. La valeur d'une annuité sur la tête d'un *homme* âgé de 46 ans, si l'on suppose l'intérêt à 4 p. 100 et la mortalité conforme aux observations faites en Suède, est d'après la table XVI, égale à 12,297; ou à un peu plus de 12 fois $\frac{1}{4}$ la rente.

Si l'annuité était constituée sur la tête d'une *femme* âgée de 40 ans, la valeur serait égale à 14,401; ou, si dans ces deux cas le taux de l'intérêt était de 5 p. 100, les valeurs respectives seraient 11,153 et 12,856.

---

(1) Au moyen de la valeur actuelle d'une annuité de 1 fr. nous pourrons aisément déterminer l'*annuité* qui devrait être servie pour un capital versé immédiatement : il suffira de diviser ce capital par la valeur actuelle trouvée précédemment. Ainsi, si une personne de vingt ans plaçait une somme de 4000 fr. pour se constituer une annuité viagère, le montant de cette annuité s'obtiendrait en divisant 4000 par 16,624, et serait donc égal à 240,616. Cette règle est universelle, et il sera inutile de la répéter pour tous les cas suivans.

346. Trouver la valeur d'une annuité reposant sur un *groupe de deux têtes*.

SOLUTION.

Ouvrez les tables qui montrent les valeurs des annuités sur un groupe de têtes de tous âges; et si les deux têtes sont du même âge, ou si leur différence d'âge est comprise dans les limites des tables, vous trouverez en regard la valeur d'une annuité dépendant de leur existence simultanée.

Exemple 1. La valeur d'une annuité sur un groupe de deux têtes âgées de 20 et 40 ans, l'intérêt étant supposé à $4\frac{1}{2}$ p. 100 et la mortalité conforme aux observations de M. Deparcieux, est d'après la table IX, égale à 12,545, ou à un peu plus de 12 fois $\frac{1}{2}$ la rente.

Si les deux têtes avaient 20 ans, la valeur serait d'après la table VI, égale à 14,004; ou si toutes deux avaient 40 ans, elle serait 11,710.

Exemple 2. La valeur d'une annuité reposant sur les têtes réunies d'un *homme* âgé de 46 ans et de sa *femme* âgée de 40 ans, en supposant l'intérêt à 4 p. 100 et la mortalité conforme aux observations faites en Suède, est d'après la table XVIII, égale à 10,286.

Si les deux têtes avaient 40 ans, la valeur serait, d'après la table XVII, égale à 10,964; ou, si elles avaient toutes deux 46 ans, la valeur serait 9,736,

Scolie.

377. Si la différence d'âge entre les deux têtes
est un nombre d'années non indiqué dans les tables, la valeur demandée peut s'obtenir aisément
au moyen de la règle suivante.

Trouvez, dans les tables, la valeur d'une annuité
sur un groupe de deux têtes dont la différence d'âge
quoique plus grande, soit en même temps le plus
rapprochée possible de la différence d'âge entre les
têtes proposées; et dont la plus vieille soit du même
âge que la plus vieille des têtes proposées. Trouvez
aussi, d'après les mêmes tables, la valeur d'une
annuité sur un groupe de deux têtes dont la différence d'âge soit moindre que celle des têtes proposées de la plus petite quantité possible; et dont
la plus vieille soit également du même âge que la
plus vieille des têtes proposées. Alors, la 1ʳᵉ, 2ᵉ, 3ᵉ
moyenne arithmétique entre la plus petite et la plus
grande de ces deux valeurs sera la valeur demandée;
selon que l'une des têtes proposées est de 1, 2, 3 années plus jeune que l'autre.

Exemple 1. Soit proposé de trouver la valeur d'une
annuité sur un groupe de deux têtes âgées de 32 et
50 ans, l'intérêt étant supposé à $4\frac{1}{2}$ p. 100, et la mortalité conforme aux observations de M. Deparcieux.
La différence d'âge plus grande que celle qui
existe entre ces deux têtes, et en même temps la
plus rapprochée d'elle, est 20; et la valeur d'une
annuité sur deux têtes réunies dont la différence
d'âge est 20 ans et dont la plus vieille a le même

âge que la plus vieille des têtes proposées (c'est-à-dire la valeur d'une annuité sur deux têtes de 30 et de 50 ans), est d'après la table IX égale à 10,611. La valeur d'une annuité sur deux têtes réunies dont la différence d'âge est moindre que 20 de la plus petite quantité possible (c'est-à-dire dont la différence d'âge est 10 ans), et dont la plus vieille est du même âge que la plus vieille des têtes proposées (c'est-à-dire, la valeur d'une annuité sur deux têtes réunies âgées de 40 et 50 ans), est d'après la table VIII, égale à 10,274. Donc, telles étant les valeurs d'une annuité sur deux têtes réunies âgées de 30 et 50 ans, et sur deux têtes réunies âgées de 40 et 50 ans, il est évident que la valeur d'une annuité sur deux têtes réunies âgées de 32 et de 50 ans, sera sensiblement égale à la moindre de ces deux valeurs augmentée des huit dixièmes de la différence qui les sépare, ou, ce qui est la même chose, égale à la plus grande valeur diminuée des deux dixièmes de la différence. Or, la différence entre ces valeurs est 0,337; le dixième en est égal à 0,0337, et les deux dixièmes sont par conséquent égaux à 0,067. Donc, 10,611, diminué de 0,067, donnera 10,544 pour la valeur demandée d'une annuité sur deux têtes réunies âgées de 32 et 50 ans.

Exemple 2. Soit proposé de trouver la valeur d'une annuité sur deux têtes réunies âgées de 20 et de 60 ans; on suppose l'intérêt à 4 p. 100, et la mortalité conforme aux observations faites en Suède. La différence d'âge plus grande que la différence de ces deux têtes, et en même temps le plus rapprochée possible, est 42 : et la valeur d'une annuité sur deux têtes réunies dont la différence d'âge est 42 ans, et dont la plus vieille est du même âge que la plus vieille des têtes proposées (c'est-à-dire dont la valeur d'une annuité sur deux têtes réunies de 18 et 60 ans) est, d'après la table XXIV, égale à 8,208. La valeur d'une annuité sur deux têtes réunies, dont la différence d'âge est moindre que 40 de la plus petite quantité possible, et dont la plus vieille est également du même âge que la plus vieille des têtes proposées (c'est-à-dire la valeur d'une annuité sur deux têtes réunies, de 24 et 60 ans) est, d'après la table XXIII, égale à 8,097. Donc, telles étant les valeurs d'une annuité sur deux têtes réunies âgées de 18 et 60 ans, et sur deux têtes réunies âgées de 24 et 60 ans, il s'ensuit que la valeur d'une annuité sur les têtes réunies de 20 et 60 ans sera sensiblement égale à la moindre de ces deux valeurs augmentée des $\frac{4}{6}$ de leur différence. Or, cette différence étant égale à 0,111, le sixième de cette différence sera 0,0185, et les $\frac{4}{6}$ de cette différence seront 0,074, qui, ajoutés à 8,097 donneront 8,171 pour la valeur demandée d'une annuité sur deux têtes réunies de 20 et 60 ans.

Exemple 3. Soit proposé de trouver la valeur d'une annuité sur deux têtes réunies âgées de 26 et 60 ans; en supposant l'intérêt à 5 p. 100, et la mortalité conforme aux observations de Northampton?

La différence d'âge plus grande que la différence entre ces deux têtes, mais en même temps la plus rapprochée, est 35 : et la valeur d'une annuité sur deux têtes réunies, dont la différence d'âge est 35, et dont la plus vieille est égale à la plus vieille des

têtes proposées (c'est-à-dire la valeur d'une annuité
sur deux têtes réunies âgées de 25 et 60 ans), est
d'après la table **XXXV**, égale à 7,383. La valeur
d'une annuité sur deux têtes réunies, dont la différence d'âge est de 5 ans moindre que 35, et dont
la plus vieille est aussi du même âge que la plus
vieille des têtes proposées (c'est-à-dire la valeur d'une
annuité sur deux têtes réunies âgées de 30 et
60 ans), est, d'après la table **XXXIV**, égale à 7,292.
Donc, telles étant les valeurs d'une annuité sur deux
têtes réunies âgées de 25 et 60 ans, et sur deux têtes
réunies âgées de 30 et 60 ans, il s'ensuit que la valeur
d'une annuité sur les deux têtes réunies de 26
et 60 ans, sera sensiblement égale à la moindre
de ces valeurs, augmentée des $\frac{4}{5}$ de leur différence, ou sensiblement égale à la plus grande diminuée du cinquième de leur différence. Maintenant
cette différence étant 0,091, le cinquième en est
égal à 0,018, qui, retranché de 7,383, donnera 7,365
pour la valeur demandée d'une annuité sur deux
têtes réunies de 26 et 60 ans.

378. Puisque les tables des valeurs des annuités
sur deux têtes réunies, d'après les observations de
M. Deparcieux, ne sont calculées que pour les têtes
dont la différence d'âge est 10 ans, il est évident que
la méthode que nous venons d'exposer (pour déterminer les valeurs des annuités sur deux têtes
réunies, dont la différence d'âge est tout nombre
intermédiaire), sera moins exacte appliquée à ces
tables qu'elle ne le serait appliquée à celles déduites

des observations faites en Suède, où la différence
d'âge est 6 ans; et aucune de ces deux sortes de tables
ne donnera la valeur, pour ces âges intermédiaires,
aussi correctement que les tables calculées d'après
les observations faites à Northampton, où la différence d'âge est 5 ans. Dans aucun de ces cas l'erreur ne sera considérable, mais dans le dernier cas
particulièrement, celui où les tables montrent les
valeurs des annuités sur deux têtes réunies de tous
âges, dont la différence n'est pas plus de 5 ans, l'erreur est si peu de chose, qu'on peut la considérer
comme nulle. C'est ce qu'on verra évidemment d'a-
près la comparaison suivante, donnée par le Dr Price
dans ses *Observations sur les paiemens en reversion* (1),
vol. II, p. 359, des valeurs des annuités sur deux têtes
réunies des âges ci-après, déduites des observations de
Northampton, combinées avec un intérêt de 3 p. 100.

AGES.	VALEURS D'APRÈS LA RÈGLE.	VALEURS EXACTES.
18 et 14	14,972	14,978
18 et 15	14,858	14,864
18 et 16	14,744	14,744
18 et 17	14,630	14,626
45 et 31	10,862	10,869
45 et 32	10,802	10,811
45 et 33	10,742	10,751
45 et 34	10,682	10,688
66 et 27	7,092	7,095
66 et 28	7,076	7,080
66 et 29	7,060	7,063
66 et 30	7,044	7,046

(1) *Observations on Reversionary Payments.*

La conformité est encore plus grande quand l'intérêt est plus élevé.

Le Dr Price trouva les élémens de cette comparaison dans les tables dont se sert la Société Équitable, qui a calculé minutieusement jusqu'à quatre décimales, d'après les observations de Northampton et l'intérêt de 3 p. 100, les valeurs des annuités sur deux têtes réunies *pour toute différence d'âge possible.*

379. Quand une des têtes données est âgée de moins de 10 ans, on doit, pour faire usage de cette règle, avoir particulièrement égard à l'ordre de la différence entre les valeurs données par les tables, c'est-à-dire observer si cette différence est croissante ou décroissante. Par exemple, supposons qu'on ait à déterminer la valeur d'une annuité sur deux têtes réunies âgées de 9 et 30 ans, l'intérêt étant à 3 p. 100, et la mortalité conforme aux tables de Northampton : la règle nous prescrit de prendre la valeur d'une annuité sur deux têtes réunies, de 5 et 30 ans, et sur deux têtes réunies, de 10 et 30 ans, valeurs qui sont respectivement égales à 15,762 et 14,150. Alors 0,078 (ou le cinquième de leur différence) étant retranché de la dernière valeur, donnera 14,072 pour la valeur d'une annuité sur deux têtes réunies, de 9 et 30 ans. Mais la comparaison suivante montrera combien ce résultat est incorrect ; car si nous prenons les valeurs des annuités sur les divers groupes de têtes ci-dessous, soit

$$5 \text{ et } 30 = 13,762$$
$$10 \text{ et } 30 = 14,150$$
$$15 \text{ et } 30 = 13,734$$

$$20 \text{ et } 30 = 13,286$$
$$25 \text{ et } 30 = 12,966$$
$$30 \text{ et } 30 = 12,589$$

On verra qu'en commençant par la fin, les valeurs s'accroissent graduellement jusqu'aux âges de 10 et 30 ans, et que par conséquent la valeur d'une annuité sur deux têtes réunies, dont l'une a 30 ans et l'autre un âge compris entre 10 et 30, sera calculée avec assez d'exactitude au moyen de la règle ci-dessus. Il en serait de même à l'égard de la valeur des annuités sur deux têtes réunies, dont l'une aurait 30 ans et l'autre un âge quelconque au-dessous de 10 ans, pourvu que la décroissance commençât exactement à l'âge de 10 ans; mais il est probable que la décroissance ne commence à se faire sentir qu'aux âges réunis de 8 et 30 ans; par conséquent la valeur d'une annuité sur deux têtes réunies de 9 et 30 ans, est plus grande que 14,150, au lieu d'être moindre. Donc, la manière convenable de trouver la valeur d'une annuité sur les têtes réunies de 9 et 30 ans sera de prendre 0,083 (ou le cinquième de la différence entre 14,150 et 13,734) et de l'ajouter à 14,150; ce qui donnera 14,233 pour la valeur d'une annuité sur deux têtes réunies, âgées de 9 et de 30 ans. Ces particularités n'ont jamais été remarquées par d'autres auteurs, quoiqu'elles se présentent souvent dans la pratique.

QUESTION V.

380. Trouver la valeur d'une annuité *sur un groupe de trois têtes.*

SOLUTION.

Voyez les tables XLIII et XLIV, et si les trois têtes ont le même âge commun, ou si leur différence d'âge est 10 ou 20 ans, la valeur d'une annuité dépendant de leur existence simultanée y sera trouvée exactement exprimée.

Exemple. La valeur d'une annuité sur trois têtes réunies, âgées de 20, 30 et 40 ans, l'intérêt étant supposé à 4 p. 100, et la mortalité conforme aux tables de Northampton, est égale à 8,986; mais si toutes les têtes avaient 20 ans, la valeur serait trouvée égale à 10,342, ou si toutes avaient 40 ans, la valeur serait 7,865.

Scolie.

581. Il se trouve malheureusement que les deux tables précitées sont les seules qui aient été publiées pour déterminer les valeurs des annuités sur trois têtes réunies. Les calculs nécessaires pour construire ces tables sont si laborieux, et les combinaisons des âges si variées, qu'il se passera selon les apparences bien des années avant que personne entreprenne de finir ce qui a été commencé; et jusqu'à ce qu'on en vienne là nous pouvons faire usage de la règle facile et générale, donnée par M. Simpson, pour trouver les valeurs des annuités sur trois têtes réunies quelconques d'après les valeurs sur deux têtes.

» Soit A la plus jeune, et C la plus vieille des trois » têtes proposées. Prenez la valeur d'une annuité sur » les deux têtes réunies B et C, et trouvez l'âge d'une

T. II.   2

» seule tête D qui corresponde à la même valeur. Alors
» trouvez la valeur d'une annuité sur les deux têtes
» réunies A et D ; ce sera la valeur demandée. »

Exemple. Quelle est la valeur d'une annuité sur
trois têtes réunies, âgées de 10, 20 et 30 ans ; l'intérêt étant à 4 p. 100, et la mortalité conforme aux
observations de Northampton ?

La valeur d'une annuité sur les deux têtes réunies
de 20 et 30 ans est, d'après la table **XXX**, égale à
11,873, qui, comparé aux valeurs de la table **XXVII**,
sera trouvé égal à la valeur d'une annuité sur une
seule tête D, âgée de 47 ans $\frac{17}{205}$, ou 47 ans et un mois ;
et la valeur d'une annuité sur les têtes réunies A et D
(c'est-à-dire sur deux têtes réunies, âgées de 10 et
47 ans $\frac{17}{205}$), est, d'après la règle du scolie ci-dessus,
égale à 10,474, qui est la valeur demandée. Si les
deux plus vieilles têtes avaient toutes deux 40 ans, et
la plus jeune 20, la valeur d'une annuité sur ces deux
têtes réunies serait, d'après la table **XXVIII**, égale à
9,820, répondant à une seule tête D, âgée de 56 ans
$\frac{157}{228}$; et la valeur d'une annuité sur les têtes réunies
A et D (c'est-à-dire sur deux têtes réunies de 20 et
56 $\frac{157}{228}$) serait égale à 8,601, qui est la valeur demandée pour une annuité sur trois têtes réunies de 20,
40 et 40 ans.

Ou bien, si les deux plus jeunes têtes avaient 20
ans, et la plus vieille 40 ans, alors la valeur d'une
annuité sur deux têtes réunies, âgées de 20 et 40 ans,
serait, d'après la table **XXXII**, égale à 10,924, répondant à une seule tête, âgée de 51 ans $\frac{133}{208}$; et la valeur
d'une annuité sur les deux têtes A et D (c'est-à-dire

sur deux têtes réunies, âgées de 20 et 51 ans $\frac{133}{208}$) serait égale à 9,406, valeur demandée pour une annuité sur trois têtes réunies de 20, 20 et 40 ans.

La table suivante (calculée d'après les observations de Northampton, et l'intérêt de 4 p. 100) montrera combien la règle expliquée plus haut approche sensiblement des véritables valeurs données aux tables XLIII et XLIV.

AGES.	VALEURS D'APRÈS LA RÈGLE.	VALEURS EXACTES.
10, 20 et 30	10,474	10,438
15, 25 et 35	9,836	9,738
20, 30 et 40	9,097	8,986
25, 35 et 45	8,390	8,313
30, 40 et 50	7,651	7,571
35, 45 et 55	6,884	6,816
40, 50 et 60	6,046	5,994
45, 55 et 65	5,175	5,145
50, 60 et 70	4,235	4,219
55, 65 et 75	3,308	3,298
10, 10 et 10	12,206	12,200
15, 15 et 15	11,376	11,274
20, 20 et 20	10,516	10,342
25, 25 et 25	9,937	9,796
30, 30 et 30	9,351	9,221
35, 35 et 35	8,703	8,585
40, 40 et 40	7,983	7,865
45, 45 et 45	7,243	7,126
50, 50 et 50	6,433	6,317
55, 55 et 55	5,637	5,550
60, 60 et 60	4,817	4,755
65, 65 et 65	3,936	3,914
70, 70 et 70	3,010	2,995
75, 75 et 75	2,118	2,119

2..

D'où l'on peut inférer que cette règle donnera les valeurs des annuités sur trois têtes réunies à moins d'un neuvième ou d'un dixième près, et quelquefois à moins d'un vingtième près de la quotité annuelle de l'annuité. On peut aussi observer que quand la plus âgée des trois têtes n'excède pas 75 ans, et que la plus jeune n'est pas au-dessous de 10, l'erreur est en plus, et par conséquent, si l'on retranche des valeurs trouvées par cette règle, la fraction 0,05 (ou le vingtième de la quotité annuelle de l'annuité), on obtiendra quelquefois une valeur sensiblement correcte, et le plus souvent un beaucoup plus grand degré d'exactitude.

QUESTION VI.

382. Trouver la valeur d'une annuité *différée* sur une ou plusieurs têtes.

SOLUTION.

Trouvez la valeur d'une annuité sur une ou plusieurs têtes plus âgées chacune que la tête ou les têtes données d'un nombre d'années égal à celui dont est différée la jouissance de l'annuité; trouvez aussi l'espérance que la tête donnée ou les têtes données ont de recevoir 1 fr. à la fin de ce délai; le produit de ces deux quantités sera la réponse à la question proposée. (*Voyez* **45**.)

Exemple 1. Une personne âgée de 20 ans veut acheter une annuité pour le reste de sa vie après un délai de 30 ans; quelle en est la valeur actuelle, en supposant l'intérêt à $4\frac{1}{2}$ p. 100 et la mortalité conforme aux observations de M. Deparcieux.

La valeur d'une annuité sur une tête âgée de 50 ans, est, d'après la table V, égale à 11,921; et l'espérance qu'une tête âgée de 20 ans a de recevoir 1 fr. après 30 ans est, d'après la question II, égale à 0,1906 : donc 11,921 multiplié par 0,1906 donnera 2,272 pour la valeur demandée.

Si la personne avait 40 ans, la valeur serait trouvée égale à 6,221 multiplié par 0,1260; ce qui donne 0,784 pour la valeur demandée.

Exemple 2. Un *homme* âgé aujourd'hui de 46 ans doit dans 10 ans entrer en possession d'une annuité reposant sur sa tête; quelle en est la valeur actuelle, en supposant l'intérêt à 4 p. 100 et la mortalité conforme aux observations faites en Suède?

La valeur d'une annuité sur l'existence d'un homme âgé de 56 ans est d'après la table XVI égale à 9,717, et l'espérance qu'un homme âgé de 46 ans a de recevoir 1 fr. après 10 ans est, d'après la question II, égale à 0,5241; donc, si l'on multiplie ensemble ces deux quantités, on aura 5,093 pour la valeur demandée.

Si le titulaire était une *femme* âgée de 40 ans, alors 12,049 multiplié par 0,5748 donnerait 6,926 pour la valeur demandée.

Exemple 3. Deux personnes âgées de 20 et 40 ans désirent acheter une annuité pour le reste de leur existence simultanée après un délai de 30 ans; quelle en est aujourd'hui la valeur, en supposant l'intérêt à $4\frac{1}{2}$ p. 100 et la mortalité conforme aux observations de M. Deparcieux?

La valeur d'une annuité sur deux têtes réunies âgées de 50 et 70 ans, est, d'après la table IX, égale à 5,517 ; et l'espérance que deux têtes réunies, âgées de 20 et 40 ans, ont de recevoir 1 fr. après 30 ans est, d'après la question II, égale à 0,0899 ; donc le produit de ces deux quantités donnera 0,496 pour la valeur demandée.

Exemple 4. Un *homme* âgé de 46 ans et sa *femme* âgée de 40 ans doivent recevoir une annuité sur leur existence simultanée, après un délai de 10 ans : quelle est la valeur de cette annuité, en supposant la mortalité conforme aux observations faites en Suède et le taux de l'intérêt à 4 p. 100.

La valeur d'une annuité sur les têtes réunies de deux personnes, dont un *homme* de 56 ans et une *femme* de 50 ans, est d'après la table XVIII, égale à 7,874, qui multiplié par 0,4459 (valeur de l'espérance que deux têtes réunies, de 46 et 40 ans, ont de recevoir 1 fr. après 10 ans , comme nous l'avons trouvé à la question II) produira 3,511 pour la valeur demandée.

Scolie.

583. Si, au lieu de déterminer en un seul paiement la valeur d'une annuité différée, on en voulait déterminer la valeur en primes annuelles payables pendant le délai dont est différée l'annuité, on obtiendrait aisément le montant de cette prime annuelle au moyen de la règle suivante.

Divisez la valeur de l'annuité en un seul paiement par l'unité ajoutée à la valeur d'une annuité temporaire sur les mêmes têtes, payable pendant une année de moins que le délai fixé : le quotient sera la prime annuelle demandée. (*Voyez* **366**.)

Exemple 1. Une personne âgée de 20 ans désire acheter une annuité pour le reste de son existence après un délai de 30 ans, quelle somme aura-t-elle à payer *annuellement* jusqu'à la fin de ce délai pour qu'elle lui soit assurée? on suppose l'intérêt à $4\frac{1}{2}$ p. 100, et la mortalité conforme aux observations de M. Deparcieux.

La valeur de cette annuité différée en un seul paiement est, d'après le premier exemple de cette question, égale à 2,272; et la valeur d'une semblable annuité temporaire pour 29 ans est, d'après la règle de la question (1) qui suit, égale à 14,161; donc 2,272 divisé par 15,161 donnera 0,150 pour la valeur de la prime annuelle payable pendant le délai dont est différée l'annuité.

De la même manière nous pouvons déterminer la valeur en primes annuelles d'une annuité sur la tête d'une *femme*, pour le reste de son existence après un espace de 10 ans, en supposant l'intérêt

---

(1) La règle suivante donne un moyen plus commode pour déterminer la valeur de ces annuités temporaires. A la valeur de l'annuité différée, ajoutez l'espérance que les têtes proposées ont de recevoir 1 fr. à la fin du délai fixé; retranchez la somme de la valeur d'une annuité sur les têtes proposées, le reste sera la valeur d'une annuité temporaire, *payable pendant un an de moins que le délai fixé.*

à 4 p. 100, et la mortalité conforme aux observations faites en Suède.

Car la valeur de cette annuité différée en un seul paiement est, d'après le premier exemple de cette question, égale à 6,926; et la valeur d'une semblable annuité temporaire pour 9 ans est, d'après la règle que nous venons de citer, égale à 6,900; donc 6,926 divisé par 7,900 donnera 0,877 pour la valeur de la prime annuelle demandée.

Exemple 2. Un *homme* âgé de 46 ans et sa *femme* âgée de 40 ans doivent recevoir une annuité reposant sur leur existence simultanée, et qui ne doit commencer qu'après 10 ans; mais ils veulent céder leurs droits pour une annuité équivalente, qui commencerait immédiatement, et durerait pendant cet espace de temps; que devra être cette annuité équivalente, en supposant l'intérêt à 4 p. 100, et la mortalité conforme aux observations faites en Suède?

La valeur de l'annuité différée sur ces deux têtes réunies est, d'après le quatrième exemple de cette question, égale à 3,511; et la valeur d'une semblable annuité temporaire pour 9 ans, est, d'après la question suivante (ou la règle de la note précédente), égale à 6,329; donc 3,511 divisé par 7,329 donnera 0,479 pour la valeur de la prime annuelle payable pendant le temps dont l'annuité est différée.

QUESTION VII.

384. Trouver la valeur d'une annuité *temporaire* sur une ou plusieurs têtes.

SOLUTION.

De la valeur d'une annuité sur la tête ou les têtes données, déduisez la valeur d'une annuité sur les mêmes têtes *différée* de l'espace donné, le reste sera la valeur demandée. (*Voyez* **47**.)

Exemple 1. Un individu âgé de 20 ans achète une annuité pour 30 ans, à condition que s'il meurt avant l'expiration de ce terme, l'annuité cessera; quel prix en devra-t-il donner, en supposant l'intérêt à $4\frac{1}{2}$ p. 100, et la mortalité conforme aux observations de M. Deparcieux.

La valeur d'une annuité sur une tête âgée de 20 ans est, d'après la table V, égale à 16,624, et la valeur d'une annuité sur la même tête, différée de 30 ans, est, d'après la question VI, égale à 2,272; donc cette valeur retranchée de la première donnera 14,352 pour la valeur demandée.

Si la personne avait 40 ans, alors 0,784, valeur d'une annuité sur cette tête différée de 30 ans, comme on l'a vu à la question VI, étant retranché de 14,254, donnerait 13,470 pour la valeur demandée.

Ou si ces deux personnes, âgées de 20 et de 40 ans, achetaient une annuité sur leur existence simultanée, alors 0,496, ou la valeur d'une annuité différée de 30 ans sur leur existence simultanée, comme on l'a vu à la question VI, étant retranché de 12,545 donnerait 12,049 pour la valeur demandée.

Exemple 2. Un *homme* âgé de 46 ans doit toucher pendant 10 ans le revenu d'une propriété, pourvu qu'il vive pendant cette période ; quelle est la valeur de son usufruit, en supposant l'intérêt à 4 p. 100 et la mortalité conforme aux observations faites en Suède ?

La valeur d'une annuité sur cette tête est d'après la table XVI égale à 12,297 ; et la valeur d'une annuité sur la même tête, différée de 10 ans, est d'après la question VI, égale à 5,093 ; par conséquent la différence entre ces deux valeurs, ou 7,204, sera la valeur demandée.

Si la rente était constituée sur la tête de sa *femme* âgée de 40 ans, alors 7,475, ou la différence entre 14,401 et 6,926, serait la valeur de l'annuité temporaire dans le cas proposé.

QUESTION VIII.

385. Trouver la valeur d'une annuité, payable jusqu'au *dernier décès* de deux têtes.

SOLUTION.

De la somme des valeurs d'une annuité sur chacune des deux têtes considérée isolément, retranchez la valeur d'une annuité sur les deux têtes réunies, le reste sera la valeur demandée. (*Voyez* **56.**)

Exemple 1. Quelle est la valeur d'une annuité payable jusqu'au dernier décès de deux têtes âgées de 20 et 40 ans, l'intérêt étant à $4\frac{1}{2}$ p. 100, et la mortalité conforme aux observations de M. Deparcieux ?

Les valeurs d'une annuité sur les deux têtes isolément sont, d'après la table V, égales à 16,624 et

14,254, dont la somme est 30,878 ; donc si nous en retranchons 12,545, ou la valeur d'une annuité sur les deux têtes réunies, d'après la table IX, le reste ou 18,333 sera la valeur demandée.

Si les âges proposées étaient 50 et 70 ans, la somme des valeurs d'une annuité sur ces têtes isolément serait, d'après la table V, $11,921 + 6,221 = 18,142$, et la valeur d'une annuité sur ces têtes réunies serait, d'après la table IX, égale à 5,517 ; donc 12,625, ou la différence entre ces deux valeurs, serait la valeur d'une annuité payable jusqu'au dernier décès des deux têtes.

Si les deux têtes avaient 20 ans, les valeurs d'une annuité sur ces têtes isolément seraient égales à deux fois 16,624, c'est-à-dire égales à 33,248 ; et la valeur d'une annuité sur ces têtes réunies serait, d'après la table VI, égale à 14,004 ; donc la différence entre ces deux valeurs, ou 19,244, serait la valeur demandée.

Exemple 2. Quelle est la valeur d'une annuité payable jusqu'au dernier décès de deux personnes, dont un *homme* âgé de 46 ans et une *femme* de 40, l'intérêt étant supposé à 4 p. 100 et la mortalité conforme aux observations faites en Suède ?

La valeur d'une annuité sur la tête de l'*homme* est, d'après la table XVI, égale à 12,297, et la valeur d'une annuité sur la tête de la *femme* est 14,401 ; la somme de ces deux quantités est 26,698, d'où nous retrancherons 10,286, valeur d'une annuité sur leurs têtes réunies, d'après la table XVIII ; et la différence, ou 16,412, sera la valeur d'une annuité payable jusqu'au dernier décès des deux têtes.

Si les deux têtes avaient 10 ans de plus , ou 56 et 50 ans, alors la somme des valeurs d'une annuité sur ces têtes isolément serait, d'après la table **XVI**, $9,717+12,049=21,766$, et la valeur d'une annuité sur ces têtes réunies serait, d'après la table **XVIII**, égale à $7,874$; donc $13,892$, ou la différence entre ces deux quantités, serait la valeur demandée.

Si les deux têtes avaient 40 ans, $10,964$ retranché de $28,069$ donnerait $17,105$ pour la valeur demandée.

QUESTION IX.

386. Trouver la valeur d'une annuité payable jusqu'au *dernier décès* de trois têtes.

SOLUTION.

De la somme des valeurs d'une annuité sur chacune des têtes proposées considérée isolément, retranchez la somme des valeurs d'une annuité sur chaque couple de têtes réunies, et ajoutez au reste la valeur d'une annuité sur les trois têtes réunies ; cette dernière somme sera la valeur demandée. (*Voyez* **56**.)

Exemple. Quelle est la valeur d'une annuité payable jusqu'au dernier décès de trois têtes âgées de 20, 30 et 40 ans; l'intérêt étant de 4 p. 100, et la mortalité conforme aux tables de Northampton?

Les valeurs d'une annuité sur chaque tête isolée sont d'après la table **XXVII**, égales à $16,033$, $14,781$ et $13,197$, dont la somme est $44,011$; les valeurs d'une annuité sur chaque couple de têtes réunies

(20 et 30, 20 et 40, 30 et 40), sont, d'après les tables 30 et 32, égales à 11,873, 10,924 et 10,490, dont la somme est 33,287; la différence entre ces deux valeurs est 10,724, qui étant ajouté à 8,986 (ou la valeur d'une annuité sur les trois têtes réunies, comme on le voit à la table XLIV), donnera 19,710 pour la valeur demandée.

Si les trois têtes avaient 20 ans, les valeurs d'une annuité sur ces têtes isolées seraient égales à trois fois 16,033, ou 48,099; les valeurs d'une annuité sur chaque couple de têtes réunies seraient égales à trois fois 12,535 ou 37,605, et la valeur d'une annuité sur les trois têtes réunies serait égale à 10,342, d'après la table XLIII; donc 20,836 serait la valeur demandée.

QUESTION X.

387. Trouver la valeur d'une annuité reposant sur trois têtes, mais payable seulement *tant qu'il en subsistera deux*.

SOLUTION.

De la somme des valeurs d'une annuité sur chaque couple de têtes réunies, retranchez deux fois la valeur d'une annuité sur le groupe des trois têtes, le reste sera la valeur demandée. (*Voyez* **64.**)

Exemple. Une annuité est constituée sur trois têtes âgées de 20, 30 et 40 ans, à la condition de s'éteindre après le décès de deux quelconques de ces têtes. Quelle en est la valeur actuelle, en supposant l'intérêt à 4 p. 100, et la mortalité conforme aux tables de Northampton?

Les valeurs d'une annuité sur chaque couple de têtes réunies (20 et 30, 20 et 40, 30 et 40) sont, d'après les tables **XXX** et **XXXII**, égales à 11,873, 10,924 et 10,490, dont la somme est 33,287 ; et la valeur d'une annuité sur les trois têtes réunies est 8,986 ; donc en retranchant le double de cette dernière quantité, ou 17,972 de 33,287, on trouvera 15,315 pour la valeur demandée.

Si les trois têtes avaient 20 ans, on trouverait dans ce cas pour résultat 16,921.

388. Trouver la valeur d'une annuité payable jusqu'au *dernier décès* d'un nombre quelconque de têtes, et *différée* d'un nombre quelconque d'années.

SOLUTION.

Opérez comme dans les deux questions précédentes, en ayant soin seulement de substituer les valeurs d'annuités *différées* sur chaque combinaison des têtes proposées, à celles des annuités pour la durée entière de l'existence de ces têtes. (*Voyez* **60.**)

Exemple 1. Quelle est la valeur d'une annuité payable jusqu'au dernier décès de deux têtes âgées de 20 et 40 ans, mais dont on ne doit entrer en jouissance qu'après un délai de 30 ans. On suppose l'intérêt à $4 \frac{1}{2}$ p. 100, et la mortalité conforme aux observations de M. Deparcieux.

La valeur d'une annuité différée de 30 ans sur une tête de 20 ans est, d'après la question VI, égale à

2,272; la valeur d'une semblable annuité sur une
tête de 40 ans est 0,784, et la valeur d'une semblable annuité sur le groupe des deux têtes est 0,496 ;
si de la somme des deux premières valeurs, ou 3,056,
on retranche la dernière, le reste, ou 2,560, sera
la valeur demandée.

Exemple 2. Deux époux, le mari âgé de 46 ans
et la femme de 40, achètent l'usufruit d'une propriété reversible au dernier vivant, mais dont ils
n'entreront en jouissance qu'après un délai de 10 ans.
Quelle est la valeur de cet usufruit, en supposant
l'intérêt à 4 p. 100, et la mortalité conforme aux
observations faites en Suède.

La valeur d'une annuité différée de 10 ans et reposant sur l'existence d'un homme de 46 ans, est,
d'après la question VI, égale à 5,093 ; la valeur d'une
semblable annuité reposant sur l'existence d'une
femme de 40 ans, est, d'après la même question,
égale à 6,926, et la valeur d'une semblable annuité
sur le groupe de ces deux têtes est 3,511. Donc cette
dernière valeur retranchée de la somme des deux
premières donnera 8,508 pour la valeur demandée.

389. Ces exemples donnent les valeurs actuelles
demandées en un seul paiement ; mais si nous avions
à déterminer la même valeur en primes annuelles
commençant immédiatement, nous devrions diviser
le résultat en un seul paiement par l'unité ajoutée
à la valeur d'une annuité reposant sur les têtes proposées et payable pendant un an de moins que le
délai fixé.

Ainsi dans le second exemple, la valeur de l'annuité différée est en un seul paiement 8,508 ; et,
d'après la règle de la question qui suit, la valeur
d'une annuité temporaire de 9 ans et dépendant de
l'existence de l'une des deux têtes, est égale à 7,251.
Donc 8,508 divisé par 8,251 donnera 1,031 pour la
prime annuelle demandée.

Scolie.

390. On devra observer ici que si l'annuité différée qui forme l'objet de cette question, dépendait
de l'existence simultanée de toutes les têtes à la fin
du délai fixé, la solution ne serait plus du tout la
même. Ces deux cas doivent être distingués avec
soin. Dans celui-ci la valeur demandée est égale
à la valeur d'une annuité payable jusqu'au dernier
décès d'un même nombre de têtes plus âgées chacune que les têtes proposées d'un nombre d'années
égal au délai fixé, multipliée par l'espérance que le
groupe de têtes proposé a de recevoir 1 fr. à la
fin de ce délai. (*Voyez* **61.**)

Exemple 1. Quelle est la valeur d'une annuité
payable jusqu'au dernier décès de deux têtes âgées
de 20 et 40 ans, mais dont on ne doit entrer en
jouissance qu'après un délai de 30 ans, et pourvu
seulement que les deux têtes subsistent à l'expiration de ce délai. On suppose que l'intérêt soit à
4 ½ p. 100, et la mortalité conforme aux observations de M. Deparcieux.

La valeur d'une annuité payable jusqu'au dernier
décès de deux têtes âgées de 50 et 70 ans est d'après

la règle de la question VIII, égale à 12,625 ; et l'espérance que deux têtes réunies âgées de 20 et 40 ans ont
de recevoir 1 fr. après un délai de 30 ans, est d'après
la question II, égale à 0,0899 ; le produit de ces
deux quantités donnera 1,135 pour la valeur demandée.

Exemple 2. Un homme âgé de 46 ans, et sa
femme âgée de 40 ans veulent acheter une annuité
payable jusqu'à leur dernier décès, mais dont ils ne
doivent entrer en jouissance qu'après un délai de
10 ans ; pourvu qu'ils vivent tous deux à cette
époque ; quelle en est la valeur actuelle, si l'on
suppose l'intérêt à 4 p. 100 , et la mortalité conforme
aux observations faites en Suède.

La valeur d'une annuité payable jusqu'au dernier
décès de deux personnes, dont un homme âgé de
56 ans et une femme de 50 , est d'après la question 8,
égale à 13,892 , et l'espérance que deux têtes réunies
semblables âgées de 46 et 40 ans, ont de recevoir
1 fr. après un délai de 10 ans , est d'après la
question II, égale à 0,4459 ; le produit de ces deux
quantités donnera 6,194 pour la valeur demandée.

391. La valeur de ces annuités en primes annuelles
commençant immédiatement, sera égale à la valeur
en un seul paiement divisée par l'unité ajoutée à la
valeur d'une annuité reposant sur le groupe des
têtes proposées, et payable pendant un an de moins
que le délai fixé.

Ainsi , dans le second exemple, la valeur d'une
annuité différée en un seul paiement est égale à

T. II.   3

6,194; et d'après la règle de la note de **383**, la valeur d'une annuité sur le groupe des deux têtes
payable pendant 9 ans, est 6,329. Ainsi 6,194 divisé
par 7,329 donnera 0,845 pour la prime annuelle demandée.

QUESTION XII.

392. Trouver la valeur d'une annuité *temporaire*
reposant sur l'*une quelconque* d'un certain nombre
de têtes proposées.

SOLUTION.

De la valeur absolue d'une annuité payable jusqu'au dernier décès des têtes proposées, retranchez
la valeur de la même annuité différée du nombre
d'années fixé; le reste sera la valeur demandée.
(*Voyez* **62.**)

Exemple 1. Quelle est la valeur d'une annuité
temporaire payable pendant 30 ans, et reposant sur
l'existence de l'une de deux têtes âgées de 20 et
40 ans; l'intérêt étant supposé à $4\frac{1}{2}$ p. 100 et la
mortalité conforme aux observations de M. Deparcieux.

La valeur d'une annuité payable jusqu'au dernier
décès de ces deux têtes, est d'après la question 8,
égale à 18,333, et la valeur d'une annuité payable
jusqu'au dernier décès de ces têtes et différée de
30 ans, est d'après la question XI, égale à 2,560,
donc la différence entre ces deux valeurs, ou 15,773,
sera la valeur demandée.

Exemple 2. Un homme âgé de 46 ans achète une
annuité de 10 ans, subordonnée à son existence ou

à celle de sa femme âgée de 40 ans, quelle est la valeur de cette annuité, l'intérêt étant à 4 p. 100 et la mortalité conforme aux observations faites en Suède ?

La valeur d'une annuité payable jusqu'au dernier décès de ces deux têtes est, d'après la question VIII, égale à 16,412, et la valeur d'une annuité payable jusqu'au dernier décès de ces têtes et différée de 10 ans est, d'après la question XI, égale à 8,508 ; donc la différence entre ces deux valeurs, ou 7,904, est la valeur demandée.

QUESTION XIII.

393. Trouver la valeur de la *reversion* d'une annuité sur une *seule tête* après une autre *tête seule*.

SOLUTION.

De la valeur d'une annuité sur la tête en reversion, retranchez la valeur d'une annuité sur le groupe des deux têtes ; le reste sera la valeur demandée. (*Voyez* **76.**)

Exemple 1. Une personne âgée de 20 ans veut s'assurer une annuité pour le reste de sa vie après le décès d'une autre personne âgée de 40 ans ; quel prix en devra-t-elle donner, l'intérêt étant supposé à $4\frac{1}{2}$ p. 100, et la mortalité conforme aux observations de M. Deparcieux ?

La valeur d'une annuité sur la tête en reversion, c'est-à-dire sur une tête de 20 ans, est, d'après la table V, égale à 16,624 ; et la valeur d'une annuité

3..

sur le groupe des deux têtes est, d'après la table IX, égale à 12,545; ainsi la différence entre ces deux valeurs ou 4,079 est la valeur demandée.

Si la tête de 40 ans était celle en reversion, et celle de 20 ans celle en possession, la valeur demandée serait égale à 1,709.

Ou si les deux têtes avaient 20 ans, la valeur demandée serait égale à 2,620, et si elles avaient 40 ans, elle serait égale à 2,544.

Exemple 2. Quelle est la valeur d'une annuité dont doit jouir une femme âgée de 40 ans, pour le reste de sa vie, après le décès de son mari, âgé de 46 ans, l'intérêt étant supposé à 4 p. 100, et la mortalité conforme aux observations faites en Suède?

La valeur d'une annuité sur l'existence d'une femme âgée de 40 ans est, d'après la table XVI, égale à 14,401; et la valeur d'une annuité sur le groupe de ces deux têtes est, d'après la table XVIII, égale à 10,286; donc 4,115 est la valeur demandée.

Si les deux têtes avaient 40 ans, la valeur demandée serait égale à 3,437.

Scolie.

394. Si nous voulions déterminer la valeur de ces annuités en reversion, en primes annuelles payables durant l'existence simultanée des deux têtes, nous devrions diviser la valeur en un seul paiement, par l'unité ajoutée à la valeur d'une annuité sur le groupe des deux têtes, le quotient serait la prime annuelle demandée.

Ainsi, dans le premier exemple, 4,079 divisé par 13,545 donnera 0,301 pour la prime annuelle à payer pendant l'existence simultanée. De la même manière, dans le second exemple, 4,115 divisé par 11,286, donnera 0,365 pour la prime annuelle qu'un homme âgé de 46 ans devra payer jusqu'à son décès ou celui de sa femme, âgée de 40 ans, pour assurer, après son décès, une annuité viagère de 1 fr. à sa veuve.

QUESTION XIV.

395. Trouver la valeur de la *reversion* d'une annuité sur une *seule tête* A, après le *dernier décès* de deux autres têtes P et Q.

SOLUTION.

De la somme des valeurs d'une annuité sur la tête A en reversion, et sur le groupe des trois têtes, retranchez la somme des valeurs d'une annuité sur les deux groupes AP et AQ; le reste sera la valeur demandée. (*Voyez* **76**.)

Exemple. Quelle est la valeur d'une annuité payable à un jeune homme de 20 ans, après le dernier décès de son frère et de sa sœur, âgés respectivement de 30 et de 40 ans? On suppose l'intérêt à 4 p. 100, et la mortalité conforme aux observations de Northampton.

La valeur d'une annuité sur la tête en reversion, est, d'après la table XXVII, égale à 16,033, et la valeur d'une annuité sur le groupe des trois têtes est, d'après la table **XLIV**, égale à 8,986; la somme de ces deux valeurs est 25,019. La valeur d'une annuité sur un groupe de deux têtes âgées de 20 et 30 ans est, d'après la table **XXX**, égale à 11,873, et la valeur d'une annuité sur un groupe de deux têtes âgées de 20 et 40 ans est, d'après la table **XXXII**, égale à 10,924; la somme de ces deux valeurs est 22,797. Donc 22,797 retranché de 25,019 donnera 2,222 pour la valeur demandée.

Si les deux têtes en possession avaient 40 ans, 16,033 ajouté à 8,601, ou la valeur d'une annuité sur un groupe de trois têtes âgées de 20, 40 et 40 ans, d'après la question V, donnerait 24,634 : d'où retranchant deux fois 10,924, nous aurons 2,786 pour la valeur demandée.

QUESTION XV.

396. Trouver la valeur de la *reversion* d'une annuité payable jusqu'au *dernier décès* de deux têtes **A** et **B**, après une *seule tête* **P**.

SOLUTION.

De la somme des valeurs d'une annuité sur chacune des deux têtes **A** et **B** isolément, et sur le groupe des trois têtes, retranchez la somme des valeurs d'une annuité sur chaque groupe de deux têtes **AB**, **AP**, **BP**; le reste sera la valeur demandée. (*Voyez* **76**.)

Exemple. Quelle est la valeur d'une annuité payable jusqu'au dernier décès de deux têtes âgées de 20 et 30 ans, mais dont on ne doit jouir qu'après l'ex-

tinction d'une tête de 40 ans ? On suppose que l'intérêt soit à 4 p. 100, et la mortalité conforme aux
observations de Northampton.

En opérant comme dans la dernière question, on
trouvera que la somme des valeurs d'une annuité sur
chacune des deux têtes de 20 et 30 ans est 30,814,
que la valeur d'une annuité sur le groupe des trois
têtes est 8,986, et que la somme des valeurs d'une
annuité sur chaque groupe de deux têtes est 33,287.
Donc 6,513 est la valeur demandée.

Si les deux têtes en reversion avaient 20 ans, la
somme des valeurs d'une annuité sur chacune d'elles
isolément serait 32,066 ; la valeur d'une annuité sur
le groupe des trois têtes serait, d'après la question V,
9,406, et la somme des valeurs d'une annuité sur
chaque groupe de deux têtes, 34,383. Donc 7,089
serait la valeur demandée.

Du renouvellement des baux viagers.

397. Les trois dernières questions seront d'un
grand usage pour déterminer les valeurs des *renouvellemens des baux viagers* (1) reposant sur deux ou
trois têtes ; en d'autres termes, elles nous feront trouver la valeur de la *prime* qui doit être payée pour remplacer par une nouvelle tête celle qui vient à s'éteindre ;
car la valeur de cette prime est égale à la différence

---

(1) *Voyez* les observations à la fin de la question XXIV,
dans lesquelles j'ai traité plus au long les renouvellemens des
baux viagers ou temporaires.

entre la valeur d'une annuité payable jusqu'au dernier de toutes les têtes (en y comprenant celle ou celles qui succèdent), et la valeur d'une annuité payable jusqu'au dernier décès des têtes en possession; cette règle sera trouvée conforme aux solutions des questions précédentes.

Exemple 1. La valeur de la prime qui doit être payée pour introduire une nouvelle tête âgée de 20 ans, dans un bail reposant sur deux têtes, après l'extinction de l'une d'elles est, en supposant que la tête survivante soit âgée de 40 ans, égale à 4,079, ou à un peu plus de quatre fois le revenu net (1) de la propriété; comme nous l'avons déjà trouvé dans la question XIII.

Conséquemment, si le revenu net de la propriété était de 100 fr. par an, nous aurions 407 fr. 90 c. pour le capital à payer à l'occasion du renouvellement proposé.

Exemple 2. La valeur de la prime qui doit être payée pour introduire une nouvelle tête âgée de 20 ans, dans un bail reposant sur trois têtes, après l'extinction de l'une d'elles, est, en supposant que les deux têtes survivantes soient âgées de 30 et 40 ans, égale à 2,222, ou à environ 2 fois $\frac{1}{4}$ le revenu net de la propriété, ainsi que nous l'avons déjà trouvé dans la question XIV.

---

(1) J'entends par là ce que rapporte *net* la propriété, après déduction de la rente réservée, s'il y en a, et de toutes les taxes et autres charges annuelles.

Exemple 3. La valeur de la prime qui doit être payée pour introduire deux nouvelles têtes, âgées de 20 ans, dans un bail reposant sur trois têtes après l'extinction de deux d'entre elles, est, en supposant que la tête survivante soit âgée de 40 ans, égale à 7,089, ou à un peu plus de 7 fois le revenu net de la propriété, ainsi que nous l'avons déjà trouvé dans la question XV.

Les mêmes principes nous conduiront aussi à trouver les vraies valeurs des sommes qui doivent être payées pour *substituer* une ou plusieurs têtes dans un bail, à une ou plusieurs têtes d'âges différens; car ces sommes seront toujours égales à la valeur du bail avant la substitution, retranchée de sa valeur après l'introduction des nouvelles têtes.

QUESTION XVI.

398. Trouver la valeur de la *reversion* d'une annuité sur une *seule tête*, après la dissolution d'un *groupe* de deux têtes.

SOLUTION.

De la valeur d'une annuité sur la tête en reversion, retranchez la valeur d'une annuité sur le groupe des trois têtes, le reste sera la valeur demandée. (*Voyez* **76.**)

Exemple. Quelle est la valeur d'une annuité reposant sur l'existence d'un homme de 20 ans, mais dont il ne doit jouir qu'après le décès de l'un de ses frères, dont l'un a 30 ans et l'autre 40 ? On suppose que l'intérêt soit à 4 p. 100, et la mortalité conforme aux observations de Northampton.

La valeur d'une annuité sur une tête de 20 ans, est, d'après la table **XXVII**, égale à 16,033; et la valeur d'une annuité sur le groupe des trois têtes est, d'après la table **LXIV**, égale à 8,986 : donc 7,047 est la valeur demandée.

Si les deux têtes en possession avaient 40 ans, cette valeur serait trouvée égale à 7,432.

QUESTION XVII.

399. Trouver la valeur de la *reversion* d'une annuité sur un *groupe* de deux têtes, après l'extinction d'une *seule tête*.

SOLUTION.

De la valeur d'une annuité sur le groupe en reversion, retranchez la valeur d'une annuité sur le groupe des trois têtes : le reste sera la valeur demandée. (*Voyez* **76**.)

Exemple. Quelle est la valeur de la reversion d'une annuité sur un groupe de deux têtes, âgées de 20 et 30 ans, après l'extinction d'une tête âgée de 40 ans? On suppose que l'intérêt soit à 4 p. 100, et la mortalité conforme aux observations de Northampton.

La valeur d'une annuité sur le groupe en reversion est, d'après la table **XXX**, égale à 11,873, et la valeur d'une annuité sur le groupe des trois têtes, est, d'après la table **LXIV**, égale à 8,986 : donc 2,887 est la valeur demandée.

Si les deux têtes en reversion avaient 20 ans, cette valeur serait trouvée égale à 3,129.

QUESTION XVIII.

400. Trouver la valeur d'une annuité *différée* en *reversion*.

SOLUTION.

Substituez les valeurs des annuités *différées* sur les têtes proposées à celles des annuités pour la durée totale de leur existence; et opérez avec ces valeurs substituées comme dans les cinq derniers problèmes, suivant l'énoncé de la question. (*Voyez* **77.**)

Exemple 1. Quelle est la valeur actuelle d'une annuité en reversion sur une tête de 20 ans, payable après un délai de 30 ans, pourvu qu'une autre tête, actuellement âgée de 40 ans, soit alors éteinte, ou si elle ne l'est pas encore, payable à la fin de l'année dans laquelle la première tête se trouvera survivre à la dernière? On suppose que l'intérêt soit à $4\frac{1}{2}$ pour 100, et la mortalité conforme aux observations de M. Deparcieux.

La valeur d'une annuité, différée de 30 ans, sur la tête en reversion, est, d'après la question VI, égale à 2,272; et la valeur d'une annuité, différée de 30 ans sur le groupe des deux têtes, est, d'après la même question, égale à 0,496. Donc la différence entre ces deux valeurs, ou 1,776 sera, d'après la question XIII, la valeur demandée.

Exemple 2. Une femme âgée de 40 ans, doit, après un délai de 10 ans, entrer en jouissance d'une

annuité reposant sur sa tête, pourvu que son mari,
aujourd'hui âgé de 46 ans, soit mort à cette époque;
ou s'il ne l'est pas encore, l'annuité ne sera payable
qu'à la fin de l'année dans laquelle il décédera ulté-
rieurement. Quelle est la valeur actuelle de cette reversion, l'intérêt étant supposé à 4 p. 100, et la
mortalité conforme aux observations faites en Suède?

La valeur d'une annuité, différée de 10 ans sur la
tête d'une femme de 40 ans, est, d'après la question
VI, égale à 6,926; et la valeur d'une annuité sur l'existence simultanée des deux têtes, est, d'après la même
question, égale à 3,511. Donc la différence entre ces
deux valeurs, ou 3,415, sera, d'après la question XIII,
la valeur demandée.

Si nous voulions déterminer la valeur de ces annuités différées en reversion, en primes annuelles,
payables durant l'existence simultanée des têtes proposées, nous n'aurions qu'à diviser le prix unique
trouvé ci-dessus, par l'unité ajoutée à la valeur d'une
annuité sur l'existence simultanée de ces têtes, ainsi
que nous l'avons déjà expliqué dans le scolie de la
question XIII.

Scolie.

401. Si l'annuité différée qui fait l'objet de cette
question dépendait de l'existence simultanée de toutes
les têtes à l'expiration du délai fixé, la solution serait
tout autre, ainsi que je l'ai déjà observé au sujet des
annuités différées, payables jusqu'au dernier décès
des têtes proposées, dans le scolie de **390** : et l'on
doit distinguer avec soin ces deux questions. Quand

la reversion dépend de l'existence simultanée de toutes
les têtes à la fin du délai, sa valeur est égale à la valeur de la reversion sur un même nombre de têtes,
plus âgées chacune que les têtes proposées du délai
fixé, multipliée par l'espérance que le groupe des
têtes proposées a de recevoir 1 fr. à l'expiration de ce
délai. (*Voyez* **78**.)

Exemple 1. Quelle est la valeur actuelle d'une annuité en reversion sur une tête de 20 ans, payable,
après un délai de 30 ans, tant qu'elle survivra à une
autre tête âgée de 40 ans, et pourvu que ces deux
têtes subsistent à l'expiration de ce délai? On suppose
que l'intérêt soit à 4 ½ p. 100 et la mortalité conforme
aux observations de M. Deparcieux.

La valeur d'une annuité sur une tête de 50 ans
après une tête de 70 ans, est, d'après la question XIII,
égale à 6,404, différence entre 11,921 et 5,517; et
l'espérance qu'un groupe de deux têtes, âgées de 20
et 40 ans, a de recevoir 1 fr. après un délai de 30
ans, est, d'après la question II, 0,0899; donc le produit de ces deux quantités, ou 0,576, sera la valeur
demandée.

Exemple 2. Quelle est la valeur actuelle d'une
annuité sur la tête d'une femme de 40 ans, payable
tant qu'elle survivra à son mari, maintenant âgé de
46 ans, après un délai de 10 ans, et pourvu que tous
les deux subsistent à cette époque? On suppose que
l'intérêt soit à 4 p. 100, et la mortalité conforme
aux observations faites en Suède.

La valeur d'une annuité sur la tête d'une femme,

âgée de 5o ans, après le décès de son mari, âgé de
56 ans, est, d'après la question XIII, égale à 4,175 ; et
l'espérance que le groupe des deux têtes proposées a
de recevoir 1 fr., après 10 ans, est, d'après la question II, égale à 0,4459; donc le produit de ces deux
quantités, ou 1,862, sera la valeur demandée.

Si nous voulions déterminer en primes annuelles
la valeur de ces annuités, nous n'aurions qu'à diviser
le prix unique par l'unité ajoutée à la valeur d'une
annuité sur le groupe de toutes les têtes proposées,
ainsi que je l'ai déjà expliqué dans le scolie de la
question XIII.

QUESTION XIX.

402. Trouver la valeur d'une annuité *temporaire*
en *reversion*.

SOLUTION.

Substituez les valeurs des annuités *temporaires* sur
les têtes proposées à celles des annuités pour la durée
totale de leur existence, et opérez du reste comme
dans la dernière question. (*Voyez* **77.**)

Exemple 1. Une propriété est engagée pour 3o ans,
et le revenu en doit appartenir à une personne âgée
aujourd'hui de 20 ans, au décès de son frère, âgé de
40 ans : quelle est à son égard la valeur de ce contrat, l'intérêt étant supposé à 4 ½ p. 100, et la mortalité conforme aux observations de M. Deparcieux ?

La valeur d'une annuité de 3o ans, sur une tête
de 20 ans, est, d'après la question VII, égale à
14,352, et la valeur d'une semblable annuité sur le
groupe des deux têtes, est, d'après la même ques-

tion, égale à 12,049; donc la différence entre ces deux valeurs, ou 2,303, sera, d'après la question XIII, la valeur demandée.

Exemple 2. Dans le bail d'une propriété, engagée dans l'origine pour 21 ans, il reste encore 10 ans à courir, et une femme de 40 ans, doit au décès de son mari, âgé de 46 ans, entrer en jouissance du revenu de cette propriété jusqu'à l'expiration du bail. Quelle est à son égard la valeur actuelle de ce contrat, l'intérêt étant supposé à 4 p. 100 et la mortalité conforme aux observations faites en Suède?

La valeur d'une annuité de 10 ans sur la tête d'une femme de 40 ans, est, d'après la question VII, égale à 7,475, et la valeur d'une semblable annuité sur le groupe des deux têtes est, d'après la même question, égale à 6,775 : donc 0,700 est la valeur demandée.

Si nous voulions déterminer en primes annuelles la valeur de ces annuités, nous n'aurions qu'à diviser le prix unique par l'unité ajoutée à la valeur d'une annuité temporaire sur le groupe des têtes proposées, *payable pendant un an de moins que le terme proposé* : et le quotient sera la prime annuelle demandée. (*Voyez* 368.)

QUESTION XX.

403. Deux individus, A et B, achètent une annuité payable jusqu'à leur dernier décès, et qui doit être également partagée entre eux pendant leur existence simultanée, pour appartenir en totalité au dernier vivant, après le décès de l'un d'eux : trouver leurs parts respectives, ou la proportion dans laquelle chacun d'eux doit contribuer à l'achat.

De la valeur d'une annuité sur la tête A ou B, retranchez la moitié de la valeur d'une annuité sur le groupe des deux têtes; le reste sera la part de A ou de B, respectivement. (*Voyez* **85**.)

Exemple 1. Supposons que l'âge de A soit 20 ans, celui de B, 40 ans; le taux de l'intérêt 4 ½ p. 100, et la mortalité conforme aux observations de M. Deparcieux.

La valeur d'une annuité sur une tête de 20 ans est, d'après la table V, égale à 16,624; et la valeur d'une annuité sur une tête de 40 ans, est égale à 14,254 : la valeur d'une annuité sur un groupe de deux têtes, âgées de 20 et 40 ans, est, d'après la table IX, égale à 12,545, dont la moitié est 6,272. Par conséquent cette dernière valeur retranchée de 16,624 donnera 10,352 pour la part de A, et retranchée de 14,254, donnera 7,982 pour la part de B.

Exemple 2. Supposons qu'une propriété soit engagée jusqu'au dernier décès de deux personnes, dont un homme âgé de 46 ans, et une femme de 40, et que le revenu en soit partagé entre eux de la manière ci-dessus : quelle somme devra-t-on donner à chacun d'eux pour acquérir leurs droits dans ce contrat? On suppose que l'intérêt soit à 4 p. 100, et la mortalité conforme aux observations faites en Suède.

La valeur de la part de l'homme est égale à 7,154, ou à la différence entre 12,297 et 5,143 ; et la valeur de la part de la femme est égale à 9,258, ou à la différence entre 14,401 et 5,143. Donc si le revenu net de la propriété était de 50 fr. par an, la somme qu'on devrait donner à l'homme serait 357,70, et la somme qu'on devrait donner à la femme serait 462,90.

Scolie.

404. Si l'annuité est pour un nombre d'années *moindre* que la durée probable de l'existence des têtes proposées, nous devons substituer les valeurs des annuités payables pendant ce nombre d'années, aux valeurs des annuités pour la durée entière de l'existence des têtes proposées, et opérer avec ces valeurs substituées suivant les indications de la règle.

Ainsi, dans le premier exemple, si l'annuité était de 30 ans seulement, nous devrions trouver les valeurs d'une annuité *temporaire* de 30 ans sur une seule tête de 20 ans, sur une seule tête de 40 ans, et sur le groupe de ces deux têtes ; ces valeurs sont respectivement, d'après la question VII, égales à 14,352, 13,470 et 12,049. Conséquemment la moitié de la dernière valeur retranchée de 14,352 donnera 8,328 pour la part de A, et retranchée de 13,470, donnera 7,446 pour la part de B.

QUESTION XXI.

405. Deux individus sont en possession d'une annuité payable jusqu'à leur *dernier décès*, mais

T. II. 4

quì, au décès de l'un d'eux, doit appartenir à D (ou
à ses héritiers) pendant l'existence du survivant :
trouver la valeur de l'intérêt de D dans cette annuité.

De la somme des valeurs d'une annuité sur chacune des têtes en possession, retranchez deux fois
la valeur d'une annuité sur leur existence simultanée : le reste sera la valeur demandée. (*Voyez* **137.**)

Exemple. Supposons que les âges des deux têtes
en possession soient de 20 et 4o ans, que l'intérêt
soit à 4 ½ p. 100, et la mortalité conforme aux observations de M. Deparcieux.

Les valeurs d'une annuité sur chacune des deux
têtes sont, d'après la table V, égales à 16,624 et
14,254; et la valeur d'une annuité sur le groupe de
ces deux têtes est, d'après la table IX, égale à 12,545.
Donc 25,090, retranché de 3o,878, donnera 5,788
pour l'intérêt de D dans cette annuité.

Si les deux têtes en possession étaient un homme
de 46 ans et une femme de 4o, la valeur de l'intérêt
de D ou de ses héritiers serait 6,126, en supposant
que l'intérêt fût à 4 p. 100 et la mortalité conforme
aux observations faites en Suède.

Scolie.

406. Si l'annuité est pour un nombre d'années
moindre que la durée probable de l'existence de
l'une des têtes proposées, nous devons substituer
les valeurs des annuités payables pendant ce nom-

bre d'années aux valeurs des annuités pour la durée totale de l'existence des têtes proposées, et opérer avec ces valeurs substituées suivant les indications de la règle.

Ainsi, si, dans le dernier exemple, l'annuité reposant sur les deux têtes de 20 et 40 ans n'était payable que pendant 30 ans, dans ce cas 24,098, ou deux fois la valeur d'une annuité temporaire de 30 ans sur le groupe des deux têtes, étant retranché de 27,822, ou de la somme des valeurs d'une annuité temporaire de 30 ans sur chacune des têtes proposées, donnerait 3,724 pour la valeur demandée.

QUESTION XXII.

407. Trouver la valeur d'une annuité *certaine* pendant un nombre déterminé d'années, et ensuite payable pendant *le reste* de l'existence d'une combinaison quelconque de têtes.

SOLUTION.

A la valeur actuelle d'une annuité certaine pendant le nombre d'années déterminé, ajoutez la valeur d'une annuité sur les têtes proposées, *différée* de ce nombre d'années : la somme de ces deux quantités sera la valeur demandée. (*Voyez* 51.)

Exemple 1. Quelle est la valeur d'une annuité payable *certainement* pendant 30 ans, et ensuite jusqu'à l'extinction d'une personne maintenant âgée de 20 ans : on suppose que l'intérêt soit à $4\frac{1}{2}$ p. 100 et la mortalité conforme aux observations de M. Deparcieux.

4..

La valeur d'une annuité certaine de 3o aus est, d'après la Table LIX, égale à 16,289, et la valeur d'une annuité différée de 3o ans, sur une tête de 20 ans, est, d'après la question VI, égale à 2,272; donc 18,561 sera la valeur demandée.

Exemple 2. Quelle est la valeur d'une annuité payable *certainement* pendant 10 ans, et ensuite pendant l'existence simultanée d'un homme de 46 ans et de sa femme âgée de 4o ans; on suppose que l'intérêt soit à 4 p. 100 et la mortalité conforme aux observations faites en Suède.

La valeur d'une annuité certaine de 10 ans est, d'après la table LIX, égale à 8,111, et la valeur d'une annuité différée de 10 ans sur le groupe des deux têtes est, d'après la question VI, égale à 3,511 : conséquemment 11,622 sera la valeur demandée.

QUESTION XXIII.

408. Supposons qu'un individu ait pour toute sa vie la jouissance d'une annuité, et qu'il ait à son décès la faculté de se choisir un successeur. Trouver la valeur actuelle de l'annuité sur la *tête en succession.*

SOLUTION.

Multipliez la valeur d'une annuité sur la tête en possession par le taux de l'intérêt, et retranchez le produit de l'unité; multipliez le reste par la valeur présumée (1) d'une annuité sur la tête en succession;

---

(1) La tête ou les têtes qui doivent entrer en jouissance de l'annuité, après l'extinction de la tête ou des têtes en pos-

le produit sera la valeur actuelle demandée. (*Voy*. 203.)

Exemple. Supposons que la tête en possession soit âgée de 65 ans, et qu'à son décès elle ait la faculté de choisir une autre tête pour lui succéder ; nous supposerons que cette tête soit une des meilleures qu'elle pourra trouver *alors*, ou qu'elle ait *alors* environ 10 ans. Quelle est la valeur *actuelle* de l'annuité sur cette tête en succession, l'intérêt étant à 5 p. 100 et la mortalité conforme aux observations de M. Deparcieux.

La valeur d'une annuité sur une tête de 65 ans est, d'après la table V, égale à 7,535, qui, étant multiplié par 0,05 et retranché de l'unité, donnera 0,62325, et cette quantité, multipliée par 16,213, valeur d'une annuité sur la tête qui doit être nommée par la suite, produira 10,105 pour la valeur *actuelle* demandée.

Si nous avions à résoudre le même problème, d'après les tables de Northampton, et le même taux d'intérêt, nous devrions multiplier 7,276 par 0,05 ; le produit, retranché de l'unité, donnerait 0,63620 ; et cette dernière quantité, multipliée par 15,139, donnerait 9,631 pour la valeur demandée.

Scolie.

409. La solution donnée à cette question s'applique également aux annuités sur des groupes de têtes

session, doivent être fixées *alors* arbitrairement, et par conséquent la valeur *actuelle* d'une annuité sur ces têtes variera en raison des âges auxquels on suppose que ces têtes sont choisies.

ou payables jusqu'au dernier décès, lorsqu'on a la
faculté de nommer à l'extinction de cette combinaison de têtes, une combinaison semblable d'autres
têtes pour leur succéder.

Exemple. Supposons qu'une annuité repose sur
un groupe de deux têtes âgées de 5o et 6o ans; et
qu'à l'extinction de l'une d'elles, un groupe de deux
autres têtes, les meilleures qu'on pourra trouver alors
et que nous supposerons toutes deux âgées de 1o ans,
doive être nommé pour lui succéder. Quelle est la
valeur actuelle de l'annuité sur le groupe en succession, l'intérêt étant à 5 p. 1oo, et la mortalité conforme aux observations de Northampton.

La valeur d'une annuité sur le groupe proposé est,
d'après la table XXX, égale à 6,568, expression
qui, multipliée par 0,o5 et retranchée de l'unité, donnera 0,67160, et cette dernière expression, multipliée par 12,665 (ou la valeur d'une annuité sur un
groupe de deux têtes âgées de 1o ans), produira 8,5o6
pour la valeur demandée.

Si l'annuité est payable jusqu'au dernier décès
des deux têtes âgées de 5o et 6o ans, avec faculté à
l'extinction de ces deux têtes d'en désigner deux
autres, que nous supposerons âgées de 1o ans, et
qui jouiront de l'annuité jusqu'à leur dernier décès ;
la valeur actuelle de l'annuité sur ces têtes en succession peut être calculée d'une manière semblable;
car la valeur d'une annuité payable jusqu'au dernier
décès de deux têtes âgées de 5o et 6o ans est, d'après
la solution de la question VIII, égale à 12,o93, qui
multiplié par 0,o5 et retranché de l'unité, donne

o,39535; et cette quantité multipliée par 17,613, ou
la valeur d'une annuité payable jusqu'au dernier décès de deux têtes de 10 ans, donnera 6,963 pour la
valeur demandée.

QUESTION XXIV.

410. Trouver la valeur actuelle d'une annuité
certaine pendant un nombre déterminé d'années,
payable après l'extinction d'une combinaison quelconque de têtes.

SOLUTION.

Multipliez la valeur d'une annuité sur les têtes
proposées par le taux de l'intérêt, et retranchez le
produit de l'unité; multipliez le reste par la valeur
actuelle d'une annuité certaine pour le nombre d'années fixé; le produit sera la valeur demandée.
(*Voyez* **208**.)

Exemple. Supposons que **D** ou ses héritiers doive
jouir d'une annuité certaine de 21 ans, après le décès d'une personne de 70 ans; quel est, à l'égard
de **D**, la valeur actuelle de cette annuité, l'intérêt
étant à 5 p. 100 et la mortalité conforme aux observations de Northampton.

La valeur d'une annuité sur une tête de 70 ans
est, d'après la table **XXVII**, égale à 6,023, qui,
multiplié par 0,05 et retranché de l'unité, devient
0,69885; et cette expression, multipliée par 12,821,
ou la valeur d'une annuité certaine de 21 ans,
produira 8,960 pour la valeur actuelle d'une même

annuité dont on ne doit entrer en jouissance (1)
qu'après l'extinction de la tête proposée.

Si l'on ajoute cette valeur à 6,023, valeur de
l'annuité sur la tête en possession, on aura 14,983
pour la valeur d'une annuité sur la tête proposée,
commençant immédiatement, et payable après l'extinction de cette tête, pendant un terme fixe de
21 ans.

Exemple 2. Une propriété est engagée par bail à
deux personnes âgées de 60 et 70 ans, et pour un
terme fixe de 21 ans, après le décès de toutes deux.
Quelle est la valeur de ce contrat, en supposant
l'intérêt à 5 p. 100 et la mortalité conforme aux observations de Northampton.

La valeur d'une annuité payable jusqu'au dernier
décès de deux têtes âgées de 60 et 70 ans, est, d'a-
près la question VIII égale à 9,735, qui, multiplié
par 0,05 et retranché de l'unité, donnera 0,51325;
cette quantité, multipliée par 12,821, ou la valeur
d'une annuité certaine de 21 ans, donnera 6,580
pour la valeur actuelle d'une même annuité de 21 ans,
payable après l'extinction des deux têtes proposées;
et cette valeur ajoutée à 9,735, valeur d'une annuité
payable jusqu'au dernier décès des deux têtes, donnera 16,315 pour la valeur demandée.

Exemple 3. Une propriété est engagée par bail à

(1) Cette solution suppose que le premier paiement de
l'annuité est effectué à la fin de l'année dans laquelle s'é-
teint la tête proposée.

trois personnes âgées de 50, 60 et 70 ans, et après leur décès pour un terme fixe de 21 ans. Quelle est la valeur de ce contrat, l'intérêt étant à 5 p. 100 et la mortalité conforme aux observations de Northampton.

La valeur d'une annuité payable jusqu'au dernier décès de trois têtes, âgées de 50, 60 et 70 ans, est, d'après la question IX, égale à 12,443, qui, multiplié par 0,05 et retranché de l'unité, devient 0,37785 ; cette quantité multipliée par 12,821 donnera 4,844 pour la valeur actuelle de l'annuité de 21 ans, payable après l'extinction des trois têtes ; et cette valeur, ajoutée à 12,443, donnera 17,287 pour la valeur demandée.

Si les trois têtes avaient 10, 60 et 70 ans, la valeur d'une annuité, payable jusqu'à leur dernier décès, serait 15,878 ; et la valeur d'une annuité de 21 ans payable après leur décès, serait 2,642 : la valeur demandée serait donc 18,520.

Ou si les trois têtes avaient 10, 10 et 70 ans, la valeur d'une annuité, payable jusqu'à leur dernier décès, serait 17,610, et la valeur d'une annuité de 21 ans, payable après leur décès, serait 1,532 ; la valeur demandée serait donc 19,142.

Du renouvellement des baux qui reposent sur l'existence d'un nombre quelconque de têtes, et ont ensuite un nombre fixe d'années à courir.

411. Les trois exemples de la dernière question nous serviront à montrer comment on peut déterminer la valeur de la *prime* qui doit être payée pour renouveler un bail primitivement constitué *sur trois têtes et pour un nombre fixe d'années après leur extinction*, en remplaçant par de nouvelles têtes celles qui s'éteignent ; car la valeur de cette prime sera toujours égale à la valeur actuelle du bail *avant* le renouvellement, retranchée de sa valeur *après* l'introduction des nouvelles têtes (1).

Ainsi, supposons que dans un bail constitué dans l'origine sur trois têtes et pour 21 ans après, une des têtes s'éteigne, et que les deux survivantes soient âgées de 60 et 70 ans ; la valeur de la prime qui doit être payée pour introduire une nouvelle tête âgée de 10 ans, est égale à la différence entre 16,315, valeur trouvée par le second exemple, et 18,520, valeur trouvée par le second cas du troisième exemple. Ainsi, la valeur de la prime sera égale à 2,205, ou à environ 2 fois $\frac{1}{5}$ le revenu net de la propriété.

Supposons encore que deux des trois têtes soient éteintes, et que l'âge de la survivante soit 70 ans ; la valeur de la prime qui doit être payée pour introduire deux nouvelles têtes, toutes deux âgées de 10 ans, est égale à la différence entre 14,983, valeur trouvée par le premier exemple, et 19,142, valeur trouvée par le troisième cas du troisième exemple : ainsi, la valeur de la prime sera égale à 4,159, ou à environ 4 fois $\frac{1}{6}$ le revenu net de la propriété.

Ces exemples nous serviront encore à déterminer la somme qui doit être payée pour *substituer* de

(1) *Voyez* ce qui a déjà été dit au sujet des renouvellemens des baux viagers en général, n° 397.

nouvelles têtes à celles sur lesquelles le bail est constitué; la solution suit absolument la même méthode.
Ainsi, supposons qu'un bail soit constitué sur trois
têtes et pour 21 ans ensuite, que les âges actuels de
ces têtes soient 50, 60 et 70 ans, et qu'on veuille substituer à la tête de 50 ans, une autre tête âgée de 10
ans; la prime qui doit être payée à cette occasion sera
égale à la différence entre 17,287, valeur *actuelle*
du contrat, d'après le premier cas du troisième exemple, et 18,520, valeur du contrat *après* la substitution, d'après le second cas du même exemple. Donc
la valeur de la prime sera 1,233, ou environ 1 fois $\frac{1}{4}$
le revenu net de la propriété.

412. Un grand nombre des propriétés de la Corporation de Liverpool sont affermées de la manière
indiquée par ces exemples, et jusqu'à ces dernières
années le renouvellement des baux s'opérait constam-
ment de la manière suivante : *une fois* le revenu
pour le remplacement d'une tête décédée, *trois fois*
le revenu pour le remplacement de deux têtes décé-
dées, et *sept fois* le revenu pour le remplacement
des trois têtes, quand les 21 ans restaient encore à
courir. En aucun cas on n'avait égard à l'âge ou à la
santé des personnes. Cette habitude de demander pour
une tête quelconque, une prime uniforme de renouvellement, et sans tenir aucun compte de l'âge et de
la santé, dénotait une ignorance complète des principes de cette matière, et était le plus souvent funeste
aux intérêts de la Corporation.

Mais ce qu'il y avait encore de plus singulier à ce

sujet, c'était l'habitude où l'on était de substituer, moyennant une guinée seulement par tête, des têtes qui devaient être en bonne santé, et ne pas excéder 5o ans, à des têtes de tout autre âge et dans une propriété d'une valeur quelconque. On a peine à croire qu'une telle règle ait été admise dans une ville aussi éclairée que Liverpool. Enfin, la Corporation, se doutant que son mode d'opérer était vicieux, fit discuter cette question dans un comité qui s'en référa à mon opinion; et sur sa demande je calculai pour l'usage de la Corporation une série de tables fondées sur les principes exposés dans les exemples précédens.

Comme il est probable que plusieurs autres corporations continuent d'observer, en affermant leurs propriétés, une règle aussi inexacte et aussi absurde, j'ai insisté plus particulièrement sur ces exemples, afin qu'on puisse y découvrir aisément les moyens de déterminer les valeurs qui doivent être payées dans ces sortes d'occasions.

QUESTION XXV.

413. Trouver la valeur actuelle de ce qui pourra rester à courir, après l'extinction d'une combinaison quelconque de têtes, d'une annuité certaine payable pendant un temps limité, pourvu que ce temps soit *moindre* (1)

---

(1) La durée possible de l'existence d'une combinaison quelconque de têtes est, pour une seule tête, égale à la différence entre son âge et celui de la plus vieille tête marquée dans la table d'observations : pour un groupe de têtes, égale à la différence entre l'âge de la plus vieille de ces têtes et la

que la durée possible de l'existence des têtes proposées.

De la valeur d'une annuité certaine pour le temps
donné, retranchez la valeur d'une annuité temporaire
sur les têtes proposées, *payable pendant ce même
temps;* le reste sera la valeur demandée. (*Voyez* **192**.)

Exemple. Une propriété est engagée pour 30 ans,
et une personne de 20 ans en doit toucher le revenu,
si elle atteint l'expiration du bail ; mais si elle meurt
avant la fin des 30 ans, le reste du bail échoit à ses héritiers. Quelle est à leur égard la valeur de ce contrat,
l'intérêt étant supposé à $4\frac{1}{2}$ p. 100, et la mortalité
conforme aux observations de M. Deparcieux.

La valeur d'une annuité certaine de 30 ans est,
d'après la table LIX, égale à 16,289, et la valeur
d'une annuité temporaire de 30 ans, sur une tête de
20 ans, est, d'après la question VII, égale à 14,352 :
donc cette dernière quantité, retranchée de la première, donnera 1,937 pour la valeur demandée.

Si la tête en possession avait 40 ans, la valeur de
la reversion demandée serait égale à la différence
entre 16,289 et 13,470, c'est-à-dire à 2,819.

Et si le groupe de ces deux têtes, de 20 et 40
ans, était en possession du revenu de la propriété,

---

limite de la table d'observations ; et pour la dernière vi-
vante d'un nombre quelconque de têtes, égale à la différence
entre la plus jeune et la limite de la table d'observations.

dans ce cas 12,049, valeur d'une annuité temporaire de 30 ans sur ce groupe, d'après la question VII, retranché de 16,289, donnerait 4,240 pour la reversion demandée.

Ou encore, si la propriété n'était reversible aux héritiers qu'au dernier décès des deux têtes, dans ce cas, 15,773, valeur d'une annuité temporaire de 30 ans sur l'une quelconque de ces deux têtes, d'après la question XII, retranché de 16,289, donnerait 0,516 pour la valeur de la reversion demandée.

QUESTION XXVI.

414. Trouver la valeur de *l'assurance* d'une annuité certaine, perpétuelle ou temporaire (1), dont on doit entrer en jouissance à l'extinction (2) d'une combinaison quelconque de têtes.

SOLUTION.

Retranchez la valeur d'une annuité sur les têtes proposées, de la valeur de la rente perpétuelle ou temporaire, et le reste sera la valeur demandée. (*Voyez* **189**.)

---

(1) Pourvu qu'elle soit payable pendant un temps non moindre que la durée possible de l'existence des têtes proposées; car autrement, la solution serait obtenue au moyen de la question précédente.

(2) C'est-à-dire dont le premier paiement est fait à la fin de l'année dans laquelle s'éteignent ces têtes. C'est toujours ainsi qu'on doit entendre les questions de ce genre.

Exemple 1. Quelle est la valeur de la reversion d'une propriété après la mort d'une personne maintenant âgée de 20 ans, l'intérêt étant supposé à 4 ½ p. 100 et la mortalité conforme aux observations de M. Deparcieux.

La valeur de la rente perpétuelle est, d'après la table LIX, égale à 22,222, et la valeur d'une annuité sur une tête de 20 ans est, d'après la table V, égale à 16,624; donc la différence entre ces deux valeurs, ou 5,598 sera la valeur demandée. Donc si la propriété produit une rente de 450 fr. par an, la valeur actuelle demandée sera en un seul paiement 2519 fr. 10 c.

Si nous voulions déterminer la même valeur en primes annuelles, commençant immédiatement, nous devrions diviser le prix unique que nous venons d'obtenir par l'unité ajoutée à la valeur d'une annuité sur la tête proposée, d'après les principes de 369.

Ainsi, dans ce cas, si nous divisons 2519,10 par 17,624, le quotient 142,90 sera la prime annuelle qui doit être payée pendant la vie de la personne assurée, pour garantir à son décès la rente perpétuelle de 450 fr. Le premier paiement de cette prime devrait être effectué immédiatement, et les autres au commencement de chacune des années suivantes.

S'il s'agissait d'une annuité de 80 ans, au lieu d'une rente perpétuelle, dans ce cas 16,624, retranché de 21,565, valeur actuelle d'une annuité certaine de 80 ans, d'après la table LIX, donnerait 4,941 pour la valeur demandée. Donc si l'annuité était de 450 fr., comme dans le cas précédent, sa valeur actuelle en un seul paiement serait 2223,40, et cette somme, divisée par 17,624, donnerait 126,20 pour la prime annuelle correspondante.

Exemple 2. Quelle est la valeur d'une propriété dont on doit entrer en jouissance à la mort de *l'une quelconque* de deux personnes, dont un homme âgé de 46 ans et une femme de 40; l'intérêt étant à 4 p. 100, et la mortalité conforme aux observations faites en Suède?

La valeur de l'annuité perpétuelle est, d'après la table LIX, égale à 25, et la valeur d'une annuité sur le groupe des deux têtes proposées est, d'après la table XVI, égale à 10,286 : cette dernière valeur, retranchée de la première, donnera 14,714 pour la valeur demandée. Donc, si la propriété rapporte 400 fr. par an, sa valeur actuelle sera 5885,60 en un seul paiement, et cette somme, divisée par 11,286, donnera 521,50 pour la prime annuelle correspondante.

Si l'on ne devait entrer en possession de la propriété qu'après l'extinction des deux têtes, dans ce cas 16,412, valeur d'une annuité payable jusqu'au dernier décès des deux têtes, d'après la question VIII, étant retranché de 25, donnerait 8,588 pour la valeur demandée; cette quantité, multipliée par 400, comme dans le dernier cas, donnerait 3435,20 pour la valeur de la même propriété en un seul paiement, et cette somme, divisée par 17,412, donnerait 197,30 pour la prime annuelle correspondante.

Et si la propriété rapportant 400 fr. par an, n'était aliénée que pour 60 ans, au lieu de l'être à toujours, sa valeur serait, dans le premier cas, trouvée égale à

4934,80, en un seul paiement, correspondant à la prime annuelle de 437,30, et dans le second cas, à 2484,40 en un seul paiement, correspondant à la prime annuelle de 142,70.

QUESTION XXVII.

415. Trouver la valeur de *l'assurance* d'un capital proposé, payable à l'extinction (1) d'une combinaison quelconque de têtes.

SOLUTION.

Multipliez la valeur d'une annuité sur les têtes proposées par le taux de l'intérêt, et retranchez le produit de l'unité; divisez le reste par le produit du placement de 1 fr. après 1 an, et le quotient, multiplié par la somme proposée, sera la valeur demandée. (*Voyez* **180.**)

Exemple 1. Quelle est la valeur actuelle d'une assurance de 100 fr. sur la tête d'une personne de 20 ans; l'intérêt étant à 4 ½ p. 100, et la mortalité conforme aux observations de M. Deparcieux.

La valeur d'une annuité sur cette tête est, d'après la table V, égale à 16,624, qui multiplié par 0,045, taux de l'intérêt, donnera 0,74808; la différence

---

(1) C'est-à-dire payable à la fin de l'année dans laquelle s'éteignent les têtes proposées : ce qu'on doit toujours entendre dans les questions de ce genre. Cependant la coutume des compagnies d'assurances est de payer la somme convenue 6 mois après le jour du décès.

entre cette valeur et l'unité est 0,25192, qui, divisé
par 1,045, produit du placement de 1 fr. après 1 an,
donnera 0,24107 pour la valeur actuelle de 1 fr.
payable à l'extinction de la tête proposée (1); et cette
valeur, multipliée par 100, donnera 24,107 pour la
valeur demandée en un seul paiement.

Mais, pour déterminer la prime annuelle correspondante, nous n'aurons qu'à diviser le prix unique
que nous venons de trouver par l'unité ajoutée à la
valeur d'une annuité sur la tête proposée, d'après
les principes de 369 : ainsi, 24,107 divisé par
17,624, donnera 1,368 pour la prime qui doit être
payée annuellement pendant l'existence de la personne assurée, pour garantir à son décès la somme
de 100 fr. Le premier paiement de cette prime s'ef-
fectue immédiatement, et les autres au commencement de chacune des années suivantes.

---

(1) Au moyen de la valeur actuelle de 1 fr., payable à l'extinction d'une combinaison quelconque de têtes, nous pourrons aisément déterminer le capital qui devrait être payé à
l'extinction de ces têtes, *pour remboursement d'une somme
maintenant avancée :* il suffira de diviser le montant de cette
dernière somme par la valeur actuelle de 1 fr., trouvée précédemment. Ainsi, si une personne âgée de 20 ans emprunte
4,000 fr., et garantit le remboursement de la valeur de cette
somme à son décès, on trouvera le capital que devra recevoir
alors le créancier, l'intérêt et les tables de mortalité étant les
mêmes que dans le texte, en divisant 4,000 par 0,24107; le
quotient 16,592,601 sera la valeur demandée. Cette règle est
universelle, et s'applique à toutes les questions suivantes de
ce chapitre.

Si l'assuré avait 40 ans, la valeur de l'assurance en un seul paiement serait 34,313, qui, divisé par 15,254, donnerait 2,249 pour la prime annuelle correspondante.

Exemple 2. Quelle est la valeur actuelle d'une somme de 100 fr. payable au décès d'un homme âgé de 46 ans; l'intérêt étant à 4 p. 100, et la mortalité conforme aux observations faites en Suède.

La valeur d'une annuité sur la tête d'un homme de 46 ans, est, d'après la table XVI, égale à 12,297, qui, multiplié par 0,04, et le produit retranché de l'unité, donne 0,50812; cette quantité divisée par 1,04 donne 0,48858, qui, multiplié par 100, devient 48,858, qui est la valeur demandée en un seul paiement; et cette dernière somme, divisée par 13,297, donnera 3,674 pour la prime annuelle correspondante. Si l'assuré avait 56 ans, l'assurance vaudrait, en un seul paiement, 58,781, qui, divisé par 10,717, donnerait 5,485 pour la prime annuelle correspondante.

Mais, si la somme dépendait du décès d'une femme âgée de 40 ans, la valeur de l'assurance en un seul paiement serait trouvée égale à 40,765; et cette somme, divisée par 15,401, donnerait 2,647 pour la prime annuelle correspondante. Et si la femme était âgée de 50 ans, la valeur de l'assurance en un seul paiement serait 49,812, qui, divisé par 13,049, donnerait 3,817 pour la prime annuelle correspondante.

Exemple 3. Quelle est la valeur d'une assurance de 100 fr. snr un *groupe* de deux têtes, âgées de 20

5..

et 40 ans ; l'intérêt étant à 4 $\frac{1}{2}$ p. 100, et la mortalité conforme aux observations de M. Deparcieux.

La valeur d'une annuité sur le groupe des deux
têtes est, d'après la table IX, égale à 12,545, qui,
multiplié par 0,045, taux de l'intérêt, produira
0,56452; cette quantité, retranchée de l'unité, donnera 0,43547, qui, divisé par 1,045, produit du placement de 1 fr. après un an, donnera 0,41672;
cette valeur, multipliée par 100, produira 41,672
pour la valeur demandée, en un seul paiement. Et
si l'on divise cette dernière quantité par 13,545, on
aura 3,077 pour la prime annuelle correspondante.

Si les deux têtes avaient 50 et 70 ans, la valeur
demandée en un seul paiement serait égale à 71,936,
qui, divisé par 6,517, donnerait 11,035, pour la
prime annuelle correspondante.

Si l'assurance reposait sur un groupe de deux personnes, dont un homme âgé de 46 ans et sa femme
de 40, sa valeur en un seul paiement, l'intérêt
étant à 4 p. 100, et la mortalité conforme aux observations faites en Suède, serait 56,592 : expression qui, divisée par 11,286, donnerait 5,014 pour la
prime annuelle correspondante.

Ou si les deux têtes étaient âgées de 56 et 50 ans,
la valeur demandée serait trouvée égale à 65,869,
en un seul paiement; et cette expression, divisée
par 8,874, donnerait 7,423 pour la prime annuelle
correspondante.

Exemple 4. Quelle est la valeur d'une assurance
de 100 fr., payable au dernier décès de deux têtes

âgées de 20 et 40 ans, l'intérêt étant à 4 ½ p. 100, et la mortalité conforme aux observations de M. Deparcieux.

La valeur d'une annuité, payable jusqu'au dernier décès de deux têtes âgées de 20 et 40 ans, est, d'après la question VIII, égale à 18,333, qui, multiplié par 0,045 et retranché de l'unité, donne 0,17502 ; cette quantité, divisée par 1,045, donne 0,16748, qui, multiplié par 100, donne 16,748 pour la valeur demandée en un seul paiement.

Si l'on divise cette dernière quantité par 19,333, ou l'unité ajoutée à la valeur d'une annuité, payable jusqu'au dernier décès des deux têtes, on aura 0,866 pour la prime annuelle correspondante, payable jusqu'à l'extinction des deux têtes.

Si les deux têtes avaient 50 et 70 ans, la valeur demandée serait, en un seul paiement, égale à 41,328, qui, divisé par 13,625, donnerait 3,033 pour la prime annuelle correspondante.

Ou si l'assurance dépendait du dernier décès de deux personnes, dont un homme âgé de 46 ans et sa femme de 40, la valeur demandée (l'intérêt étant à 4 p. 100, et la mortalité conforme aux observations faites en Suède) serait 33,031, en un seul paiement, et cette quantité, divisée par 17,412, donnerait 1,897 pour la prime annuelle correspondante.

Et si ces deux têtes étaient âgées de 56 et 50 ans, la valeur demandée serait en un seul paiement 42,723, qui, divisé par 14,892, donnerait 2,869 pour la prime annuelle correspondante.

Exemple 5. Quelle est la valeur actuelle d'un legs

de 100 fr. qu'on doit recevoir à l'extinction de l'une quelconque de trois têtes âgées de 20, 30 et 40 ans, l'intérêt étant à 4 p. 100, et la mortalité conforme aux observations de Northampton?

La valeur d'une annuité sur le groupe des trois têtes est, d'après la table XLIV, égale à 8,986, qui, multiplié par 0,04 et retranché de l'unité, donne 0,64056 : cette quantité, divisée par 1,04, donne 0,61592, qui, multiplié par 100, produira 61,592 pour la valeur actuelle du legs proposé.

De la même manière nous pouvons déterminer la valeur d'un legs, payable à l'extinction de deux quelconques des trois têtes proposées; car la valeur d'une annuité sur deux quelconques de ces trois têtes est, d'après la question X, égale à 15,315 : donc, en opérant comme dans le dernier cas, nous trouverons 37,250 pour la valeur actuelle du legs proposé.

Nous trouverons aussi de la même manière la valeur d'un legs, payable à l'extinction des trois têtes, car la valeur d'une annuité, payable jusqu'à leur dernier décès est, d'après la question IX, égale à 19,710, et en opérant comme ci-dessus nous trouverons 20,346 pour la valeur actuelle demandée.

Scolie.

446. Il ne sera pas inutile de se reporter ici à l'observation faite dans le scolie de 200, au sujet des valeurs relatives de l'assurance d'un capital, ou d'une *propriété* correspondante, observation qu'on peut encore vérifier en comparant les valeurs de deux cas

analogues dans les deux dernières questions. Ainsi, il résulte du premier exemple de la question XXVII, que la valeur de 10,000 fr., payables au décès d'une personne de 20 ans, l'intérêt étant à $4\frac{1}{2}$ p. 100, est égale à 2410,70, et dans le premier exemple de la question XXVI, on voit que la valeur d'une propriéte correspondante, d'un rapport de 450 fr. par an, est égale à 2519,10. Or, il est évident que cette dernière valeur est à la première dans le rapport de 1,045 à 1.

QUESTION XXVIII.

417. Trouver la valeur d'une *assurance différée* d'un capital quelconque, et sur une combinaison quelconque de têtes.

PRÉMIÈRE SOLUTION.

Assurances sur une séule tête ou un groupe de plusieurs têtes.

Trouvez la valeur de l'assurance de la somme proposée sur un même nombre de têtes plus âgées chacune que les têtes proposées du délai fixé; multipliez cette valeur par l'espérance que les têtes proposées ont de recevoir 1 fr. à l'expiration de ce délai : le produit, multiplié par le capital proposé, sera la valeur demandée. (*Voyez* la note de **181**.)

Exemple 1. Quelle est la valeur actuelle de 100 fr., payables à la mort d'un homme âgé de 46 ans, pourvu que ce décès ait lieu *après* un délai de 10 ans : l'intérêt étant à 4 p. 100, et la mortalité conforme aux observations faites en Suède ?

La valeur d'une assurance de 100 fr. sur la tête d'un homme de 56 ans, est, d'après la question XXVII, égale à 58,781, et l'espérance qu'un homme de 46 ans a de recevoir 1 fr. après 10 ans, est, d'après la question II, égale à 0,5241; donc le produit de ces deux quantités ou 30,807 sera la valeur demandée.

Si l'assurance reposait sur l'existence d'une femme âgée de 40 ans, sa valeur actuelle serait égale à 49,812, multiplié par 0,5748, c'est-à-dire à 28,632.

Exemple 2. Quelle est la valeur actuelle de 100 fr., payables à l'extinction de l'une de deux têtes proposées, âgées de 20 et 40 ans, pourvu que cet évènement ait lieu après un délai de 30 ans; l'intérêt étant à 4 ½ p. 100, et la mortalité conforme aux observations de M. Deparcieux.

La valeur de l'assurance de 100 fr. sur un groupe de deux têtes, âgées de 50 et 70 ans est, d'après la question XXVII, égale à 71,936; et l'espérance qu'un groupe de deux têtes, âgées de 20 et 40 ans, a de recevoir 1 fr. après 30 ans, est, d'après la question II, égale à 0,0899 : ainsi, le *produit* de ces deux quantités ou 6,467 sera la valeur demandée.

Si l'assurance reposait sur un groupe de deux personnes, dont un homme âgé de 46 ans et sa femme de 40 ans, pourvu qu'il vînt à se dissoudre après 10 ans; sa valeur actuelle, l'intérêt étant à 4 p. 100 et la mortalité conforme aux observations faites en

Suède, serait trouvée égale à 65,869, multiplié par 0,4459, c'est-à-dire égale à 29,371.

SECONDE SOLUTION.

Assurances payables au dernier décès d'un nombre quelconque de têtes.

418. Multipliez la valeur d'une annuité payable jusqu'au dernier décès des têtes proposées et différée du délai fixé, par le taux de l'intérêt ; retranchez le produit de l'espérance qu'une quelconque des têtes proposées a de recevoir 1 fr. à l'expiration du même délai, et divisez le reste par le produit du placement de 1 fr. après un an : le quotient, multiplié par le montant de la somme assurée, sera la valeur demandée. (*Voyez* **182.**)

Exemple 3. Quelle est la valeur de 100 fr., payables au dernier décès de deux têtes, âgées de 20 et 40 ans, pourvu que cet évènement ait lieu après un délai de 30 ans : l'intérêt étant à $4\frac{1}{2}$ p. 100, et la mortalité conforme aux observations de M. Deparcieux ?

La valeur d'une annuité différée de 30 ans, payable jusqu'au dernier décès des têtes proposées est, d'après la question XI, égale à 2,560, qui, multiplié par 0,045, produit 0,1152 ; et cette quantité, retranchée de 0,2266, ou de l'espérance que l'une de ces deux têtes a de recevoir 1 fr. après un délai de 30 ans, d'après la question II, donne 0,1114, qui, divisé par 1,045, donne 0,10660 ; et cette dernière quantité, multipliée par 100, produit 10,660 pour la valeur demandée.

Si l'assurance dépendait du dernier décès de deux personnes, dont un homme de 46 ans et une femme de 40, pourvu que ce dernier décès n'eût lieu qu'après un délai de 10 ans, sa valeur se trouverait d'une manière semblable. Ainsi l'intérêt étant à 4 p. 100, et la mortalité conforme aux observations faites en Suède, la valeur d'une annuité différée de 10 ans et payable jusqu'au dernier décès de ces deux têtes, est, d'après la question XI, égale à 8,508, qui, multiplié par 0,04, produit 0,3403, et cette quantité, retranchée de 0,6530, ou de l'espérance que l'une des deux têtes a de recevoir 1 fr. après un délai de 10 ans, ainsi que nous l'avons trouvé dans la question II, donne 0,3127, qui, divisé par 1,04, donne 0,30067, et cette dernière quantité, multipliée par 100, produit 30,067 pour la valeur demandée.

QUESTION XXIX.

419. Trouver la valeur d'une *assurance temporaire* sur une combinaison quelconque de têtes.

SOLUTION.

De la valeur de l'assurance de la somme proposée pour la durée entière de l'existence des têtes données, retranchez la valeur d'une assurance de la même somme, différée du temps que doit embrasser l'assurance proposée : le reste sera la valeur demandée. (*Voyez* 184.)

Exemple 1. Quelle est la valeur actuelle de 100 fr., payable au décès d'un homme de 46 ans, pourvu que cet événement ait lieu dans un intervalle de 10 ans : l'intérêt étant à 4 p. 100, et la mortalité conforme aux observations faites en Suède ?

La valeur d'une assurance de 100 fr. pour la vie entière de cette personne, est, d'après la question XXVII, égale à 48,858, et la valeur d'une semblable assurance, différée de 10 ans, est, d'après la question XXVIII, égale à 30,807; cette quantité, retranchée de la première, donne 18,051 pour la valeur demandée, en un seul paiement.

Si nous voulions déterminer la même valeur en primes annuelles, nous devrions diviser cette somme par 7,680, ou l'unité ajoutée à la valeur d'une annuité de 9 ans sur la tête proposée ; nous trouverons ainsi 2,350 pour la prime annuelle correspondante.

Si l'assurance dépendait du décès d'une femme de 40 ans, sa valeur actuelle serait égale à la différence entre 40,765 et 28,632, c'est-à-dire à 12,133 ; et cette valeur, divisée par 7,900, ou l'unité ajoutée à la valeur d'une annuité de 9 ans sur la tête proposée, donnerait 1,536 pour la prime annuelle correspondante.

Exemple 2. Quelle est la valeur d'une assurance de 100 fr. sur un groupe de deux têtes, âgées de 20 et 40 ans, et pour un intervalle de 30 ans, l'intérêt étant à 4 ½ p. 100, et la mortalité conforme aux observations de M. Deparcieux ?

La valeur d'une assurance pour la durée entière de l'existence du groupe proposé est, d'après la question XXVII, égale à 41,672, et la valeur d'une semblable assurance, différée de 30 ans, est, d'après la

question XXVIII, égale à 6,467 : donc cette dernière valeur, retranchée de la première, donnera
35,205 pour la valeur demandée en un seul paiement; et si l'on divise cette somme par 12,959, ou
l'unité ajoutée à la valeur d'une annuité de 29 ans
sur le groupe de deux têtes, on aura 2,717 pour
la prime annuelle correspondante.

S'il s'agissait d'une assurance de 10 ans sur un
groupe de deux personnes, dont un homme âgé de
46 ans et sa femme de 40, sa valeur en un seul paiement, l'intérêt étant à 4 p. 100 et la mortalité conforme aux observations faites en Suède, serait trouvée égale à la différence entre 56,592 et 29,371,
ou à 27,221; et cette somme, divisée par 7,329, ou
l'unité ajoutée à la valeur d'une annuité de 9 ans sur
le groupe des deux têtes, donnerait 3,714 pour la
prime annuelle correspondante.

Exemple 3. Quelle est la valeur d'une assurance
de 100 fr. pendant 30 ans, et dépendant du dernier
décès de deux têtes âgées de 20 et 40 ans; l'intérêt étant à 4 ½ p. 100, et la mortalité conforme aux
observations de M. Deparcieux ?

La valeur de l'assurance pour la vie entière des
têtes proposées est, d'après la question XXVII, égale
à 16,748, et la valeur d'une semblable assurance
différée de 30 ans, est, d'après la question XXVIII,
égale à 10,660 : donc cette dernière valeur, retranchée de la première, donnera 6,088 pour la valeur
demandée, en un seul paiement; et cette somme,
divisée par 16,546, ou l'unité ajoutée à la valeur

d'une annuité de 29 ans sur l'une quelconque des têtes proposées , donnera 0,368 pour la prime annuelle correspondante.

Si l'on voulait déterminer la valeur de cette assurance en primes annuelles, payables durant l'existence simultanée des deux têtes, dans ce cas, 6,086, divisé par 12,959, ou l'unité ajoutée à la valeur d'une annuité de 29 ans sur le groupe des deux têtes, donnerait 0,470 pour la valeur demandée.

De la même manière nous pourrions déterminer la valeur d'une assurance de 100 fr. pendant 10 ans, et dépendant du dernier décès de deux personnes, dont un homme de 46 ans et une femme de 40, l'intérêt étant à 4 p. 100 et la mortalité conforme aux observations faites en Suède.

Car la valeur de cette assurance en un seul paiement est égale à la différence entre 33,031 et 30,067, c'est-à-dire à 2,964, et cette somme , divisée par 8,251, ou l'unité ajoutée à la valeur d'une annuité de 9 ans sur l'une quelconque des deux têtes, donnera 0,359 pour la prime annuelle correspondante, payable jusqu'au dernier décès des têtes proposées; et la même somme , divisée par 7,329, ou l'unité ajoutée à la valeur d'une annuité de 9 ans sur le groupe des deux têtes, donnera 0,404 pour la prime annuelle , payable pendant l'existence simultanée des deux têtes.

Scolie.

420. Lorsque l'on veut déterminer la valeur d'une assurance temporaire pour un très court espace, comme 1, 2, 3, ans, le moyen le plus facile sera de calculer, d'après les tables de mortalité, la valeur de l'espérance de chaque année ; car la probabilité qu'une personne d'un âge donné a de mourir dans le courant d'une année quelconque désignée, est une fraction dont le dénominateur est le nombre de vivans à cet âge et dont le numérateur est le nombre d'individus décédés dans le courant de cette année ; et cette fraction, multipliée par la valeur actuelle de la somme proposée, payable à la fin de l'année désignée, donnera l'espérance qu'on a de recevoir cette somme à cette époque, pourvu que la tête donnée s'éteigne dans le courant de cette année ; et la somme de ces espérances annuelles pour la première année, la seconde, la troisième, etc., sera la valeur de l'assurance pour ces périodes respectives.

Exemple 1. Quelle est la valeur d'une assurance de 100 fr. pour un an, sur la tête d'une femme de 40 ans, l'intérêt étant à 4 p. 100 et la mortalité conforme aux observations faites en Suède ?

La probabilité qu'une femme de 40 ans a de mourir dans la première année, est, d'après la table XIV, égale à $\frac{65}{4733}$, et la valeur actuelle de 100 fr., payables dans un an, est, d'après la table XLVIII, égale à 96,154 : le produit de ces deux quantités donnera 1,321 pour la valeur demandée.

On verra de même que la probabilité qu'une femme de 40 ans a de mourir dans la seconde année, est $\frac{75}{4733}$, et que la valeur actuelle de 100 fr., payables dans

deux ans, est 92,456; le produit de ces deux quantités donnera 1,465 pour la valeur actuelle de 100 fr.,
payables à la fin de la seconde année, si la tête donnée s'éteint dans le courant de cette année; et cette
valeur, ajoutée à celle que nous venons de trouver,
donnera 2,786 pour la valeur de l'assurance pour
deux ans.

En raisonnant encore de même, on verra que
$\frac{76}{4733}$, multiplié par 88,900, donne 1,428 pour la
valeur actuelle de 100 fr., payables à la fin de la
troisième année, si la tête donnée meurt dans le
courant de cette année; et cette valeur, ajoutée aux
deux précédentes, donnera 4,214 pour la valeur
de l'assurance pour trois ans, et ainsi de suite pour
les années suivantes.

Si l'on avait à déterminer la valeur d'une semblable assurance sur la tête d'un homme de 46 ans,
on trouverait que les espérances pour la première,
la seconde et la troisième année sont égales à
$\frac{80}{3991}$(1), multiplié respectivement par 96,154, 92,456
et 88,900, c'est-à-dire à 1,927, 1,853 et 1,782; et
les valeurs de l'assurance pour 1, 2 ou 3 ans seraient donc respectivement égales à 1,927, 3,780
et 5,562.

***

(1) Parce qu'on voit dans la table XIV que $\frac{80}{3991}$ est non-
seulement la probabilité que cette tête a de mourir dans la
première année, mais aussi celle qu'elle a de mourir dans la
seconde et encore dans la troisième.

Les mêmes observations s'appliquent aux assurances pour 1 an sur un groupe quelconque de têtes ; car la probabilité qu'un groupe de deux têtes, par exemple, a de se dissoudre dans la première année, est égale à la différence entre l'unité et le produit des probabilités que chacune d'elles a de vivre à la fin de l'année ; et cette différence, multipliée par la valeur actuelle de la somme proposée payable dans 1 an, donnera l'espérance qu'on a de recevoir cette somme à cette époque, pourvu que l'une des têtes proposées s'éteigne dans le courant de cette année.

Exemple 2. Quelle est la valeur actuelle d'une assurance de 100 fr. pour 1 an, sur un groupe de deux personnes, dont un homme âgé de 46 ans et sa femme de 40, l'intérêt étant 4 p. 100, et la mortalité conforme aux observations faites en Suède.

La probabilité qu'un homme de 46 ans a de vivre à la fin de l'année, est $\frac{3911}{3991}$, et la même probabilité pour une femme de 40 ans, est $\frac{4668}{4733}$; le produit de ces deux fractions, retranché de l'unité, donne 0,0335, qui, multiplié par 96,154, ou la valeur actuelle de 1 fr., payable dans 1 an, donnera 3,221 pour la valeur demandée.

421. Ces exemples montreront la méthode à suivre pour résoudre toutes les questions de ce genre, et j'ai inséré ci-contre un tableau des primes demandées par les diverses compagnies d'assurances pour une assurance de 100 fr. pour 1 an sur une seule tête et à plusieurs âges. J'ai ajouté en regard la valeur de la prime qui devrait être payée pour la même assurance, si l'on suivait les tables d'observations de Deparcieux et l'intérêt de 4 p. 100.

AGES.	NORTHAMPTON, 3 p. 100.	DEPARCIEUX, 4 p. 100.
10	0,890	0,929
20	1,362	0,900
30	1,661	1,037
40	2,030	1,049
50	2,753	1,431
60	3,906	2,983
70	6,184	5,289

On voit donc que les diverses compagnies d'assurances demandent le plus souvent la moitié en sus de ce qu'elles devraient demander, et à quelques âges près du double. Et bien qu'il soit nécessaire de couvrir les frais qu'entraîne toujours l'organisation de ces sociétés, et de rémunérer ceux qui les dirigent, il est cependant évident qu'elles demandent des primes excessives, surtout quand on considère que ceux qui contractent des assurances temporaires n'ont à attendre aucune participation dans les bénéfices de la société.

T. II.   6

QUESTION XXX.

422. Trouver la valeur d'une assurance d'une somme quelconque, payable au décès de A, pourvu qu'il meure *avant* un autre individu B.

Soit O une tête plus âgée de 1 an que A, et Y une tête plus jeune de 1 an que A. Ajoutez l'unité à la valeur d'une annuité sur le groupe OB, et multipliez la somme par le nombre de vivans à l'âge de O ; divisez le résultat par le produit du placement de 1 fr. après 1 an, et réservez le quotient. Multipliez la valeur d'une annuité sur le groupe YB par le nombre de vivans à l'âge de Y, et après avoir retranché le produit du quotient réservé, divisez le reste par le nombre de vivans à l'âge de A. Retranchez ce dernier quotient de la valeur actuelle de 1 fr., payable à la dissolution du groupe AB, et le reste multiplié par la moitié de la somme proposée, sera la valeur demandée. (*Voyez* **231.**)

Exemple 1. Quelle est la valeur actuelle de 100 fr., payables à la mort de A, âgé de 20 ans, pourvu

---

(1) Quand les deux têtes sont du même âge, la valeur demandée est, dans tous les cas, égale à la valeur actuelle de la moitié de la somme proposée, payable à la dissolution du groupe AB : ainsi, dans le premier exemple, si les deux têtes étaient âgées de 20 ans, la valeur actuelle demandée serait 17,695, et si elles avaient 40 ans, cette valeur serait 22,634.

que B, âgé de 40 ans, subsiste alors, l'intérêt étant
à 4 ½ p. 100, et la mortalité conforme aux observations de Deparcieux.

La valeur d'une annuité sur le groupe OB, c'est-à-
dire sur un groupe de deux têtes âgées de 21 et
40 ans, est, d'après la règle du n° **377**, égale à 12,520;
cette valeur ajoutée à l'unité, puis multipliée par 806,
nombre de vivans à 21 ans, d'après la table III,
produit 10897,120, et cette somme divisée par 1,045,
donne 10427,866 pour le quotient à réserver. La
valeur d'une annuité sur le groupe YB, c'est-à-dire
sur un groupe de deux têtes âgées de 19 et 40 ans,
est, d'après la règle du n° **377**, égale à 12,575; cette
quantité, multipliée par 821, nombre de vivans à
19 ans, d'après la table III, produira 10324,075, et
si l'on retranche cette somme du quotient réservé,
et qu'on divise le reste par 814, nombre de vivans à 20 ans, on aura 0,1275. Or la valeur de
1 fr., payable à la dissolution du groupe **AB**, c'est-
à-dire d'un groupe de deux têtes âgées de 20 et
40 ans, est, d'après la question **XXVII**, égale à
0,4167; donc 0,1275, retranché de cette valeur,
donnera 0,2892, qui, multiplié par 50, donnera
14,46 pour la valeur demandée.

Après avoir ainsi trouvé la valeur actuelle de la
somme proposée, payable au décès de A, pourvu que
B subsiste alors, nous pourrons déterminer aisément
la valeur actuelle de la même somme, payable au
décès de B, pourvu que A subsiste alors; car, dans
ce cas, nous n'aurons qu'à retrancher la première valeur de celle de la même somme, payable à la disso-

6..

lution du groupe AB. Ainsi, la valeur actuelle de
100 fr., payables à la dissolution du groupe AB, est,
d'après la question XXVII, égale à 41,67, et si l'on
retranche 14,46 de cette valeur, le reste, 27,21 sera
la valeur actuelle de l'assurance payable au décès
de B, pourvu que A subsiste alors.

Les valeurs trouvées dans ces deux cas sont celles
demandées en un seul paiement : mais si nous voulions
déterminer la prime annuelle correspondante, nous
devrions diviser le prix unique par l'unité ajoutée à
la valeur d'une annuité sur le groupe AB. Ainsi,
14,46, divisé par 13,545, donnera 1,068 pour la
prime annuelle, dans le premier cas, et 27,21, divisé
par 13,545, donnera 2,009 pour la prime annuelle,
dans le dernier cas.

Exemple 2. B âgé de 60 aus, s'il subsiste au décès de A, âgé de 25 ans, doit entrer en possession
d'un legs de 100 fr. Quelle est à son égard la valeur
actuelle de ce legs, l'intérêt étant à 5 p. 100, et
la mortalité conforme aux observations de Northampton.

La valeur d'une annuité sur le groupe OB, c'est-à-
dire sur un groupe de deux têtes âgées de 26 et 60
ans, est égale à 7,365, qui, ajouté à l'unité et multiplié par 4685, nombre de vivans à 26 ans, d'après
la table XXV, donnera 39190,025, et cette somme,
divisée par 1,05, donnera 37323,833 pour le quotient à réserver. La valeur d'une annuité sur le groupe
YB, c'est-à-dire sur un groupe de deux têtes, âgées
de 24 et 60 ans, est égale à 7,399, qui, multiplié par

4835, nombre de vivans à 24 ans, produira 35774,165. Si l'on retranche cette valeur du quotient réservé, et qu'on divise le reste par 4760, nombre de vivans à 25 ans, on aura 0,32556. Or la valeur actuelle de 1 fr., payable à la dissolution du groupe des deux têtes proposées de 25 et 60 ans, est égale à 0,60081 : donc 0,32556, retranché de cette valeur, donnera 0,27525, qui, multiplié par 50, donnera 13,762 pour la valeur actuelle du legs par rapport à B.

Si l'on retranche cette somme de 60,081, valeur actuelle de 100 fr., payables à l'extinction du groupe des deux têtes A et B, âgées de 25 et 60 ans, le reste ou 46,319 sera la valeur actuelle du legs, payable à la mort de B, pourvu que A subsiste alors.

Et chacune de ces valeurs, divisée par l'unité ajoutée à la valeur d'une annuité sur le groupe des deux têtes, donnera la prime annuelle que devra payer B ou A respectivement, pour assurer à ses héritiers, en cas de son prédécès, le même legs à son échéance.

Scolie.

423. Les exemples ci-dessus indiqueront la marche à suivre dans toutes les questions de ce genre ; et ici il peut être utile d'observer que les valeurs de la table LIII, qui sont adoptées par toutes les compagnies d'assurances de Londres, ont été calculées d'après une règle inexacte donnée par M. Simpson, et que l'on ne peut suivre sans erreur grave quand la tête A est très jeune, ou quand il y a une différence considérable entre les âges des deux têtes. Je parlerai plus longuement dans le chapitre XIV de cette singulière erreur.

QUESTION XXXI.

424. Trouver la valeur d'une assurance *temporaire* payable au décès de A, pourvu qu'il meure *avant* un autre individu B.

SOLUTION (1).

Ajoutez 2 au taux de l'intérêt, multipliez la somme par la valeur d'une annuité sur la tête B, et ajoutez l'unité au produit. Appelez le résultat la *première* valeur.

Ajoutez 2 au taux de l'intérêt, multipliez la somme par la valeur d'une annuité sur une tête plus âgée que B de l'espace qu'embrasse l'annuité proposée, ajoutez l'unité au produit, et multipliez la somme par l'espérance que B a de recevoir 1 fr. à la fin de ce laps de temps. Appelez le produit la *seconde* valeur.

Divisez la probabilité que A a de mourir avant la même époque, par le nombre d'années, et multipliez le quotient par la moitié de la somme proposée. Appelez le résultat la *troisième* valeur.

---

(1) Je dois faire observer que cette règle ne donne la valeur demandée que par approximation, et que par conséquent on ne doit s'en servir qu'avec précaution. La valeur exacte peut s'obtenir au moyen de la formule du problème 27, corollaire 4 ; mais comme il serait fort difficile de traduire cette formule en forme de règle, j'ai préféré en employer une moins correcte, mais plus commode.

Retranchez la *seconde* valeur de la *première*, et divisez le reste par le produit du placement de 1 fr. après un an : le quotient, multiplié par la *troisième* valeur, sera la valeur demandée.

Exemple 1. Quelle est la valeur actuelle de 100 fr., payables au décès de A, âgé de 7 ans, pourvu que ce décès survienne dans un intervalle de 14 ans, et pourvu qu'une autre tête B, âgée de 30 ans, subsiste alors, l'intérêt étant à 3 p. 100, et la mortalité conforme aux observations de Northampton?

La valeur d'une annuité sur la tête B, âgée de 30 ans, est, d'après la table XXVII, égale à 16,922, qui, multiplié par 2,03, ou 2 + 0,03, produit 34,35166 ; et cette quantité, ajoutée à l'unité, donnera 35,35166 pour la *première* valeur.

La valeur d'une annuité sur une tête plus âgée que B de 14 ans, c'est-à-dire sur une tête de 44 ans, est égale à 13,929, qui, étant encore multiplié par 2,03, produira 28,27587. Cette quantité, ajoutée à l'unité, donnera 29,27587, qui, multiplié par 0,50144, ou l'espérance que B a de recevoir 1 fr. après 14 ans, produira 14,68069 pour la *seconde* valeur.

La probabilité que A a de mourir avant la fin des 14 ans, est égale à 0,14599, qui, divisé par 14, donne 0,010428 ; et ce quotient, multiplié par 50, ou la moitié de la somme, produira 0,5214 pour la *troisième* valeur.

La différence entre la première et la seconde valeur, est 20,67157, qui, divisé par 1,03, donné 20,0695. Ce quotient, multiplié par 0,5214, donnera

10,464 pour la valeur demandée, en un seul paiement.

Si nous voulions déterminer la même valeur en primes annuelles, nous devrions diviser cette somme par 9,566, ou l'unité ajoutée à la valeur d'une annuité de 13 ans sur le groupe des deux têtes, et le quotient, ou 1,094 serait la prime annuelle correspondante.

Exemple 2. B âgé de 60 ans, s'il subsiste au décès de A, âgé de 25 ans, et pourvu que ce décès survienne dans un intervalle de 15 ans, doit recevoir un legs de 100 fr. Quelle en est la valeur actuelle, l'intérêt étant à 5 p. 100, et la mortalité conforme aux observations de Northampton?

La valeur d'une annuité sur la tête de 60 ans est, d'après la table XXVII, égale à 8,392, qui, multiplié par 2,05 et augmenté de l'unité, donnera 18,2036 pour la *première* valeur.

La valeur d'une annuité sur une tête de 75 ans, est égale à 4,744, qui, multiplié par 2,05 et augmenté de l'unité, donne 10,7252; et cette valeur, multipliée par 0,19637, ou l'espérance que B a de recevoir 1 fr. après 15 ans, produira 2,1061 pour la *seconde* valeur.

La probabilité que A a de mourir avant l'expiration des 15 ans, est, 0,23634, qui, divisé par 15, donne 0,015756; et ce quotient, multiplié par la moitié de la somme proposée, donnera 0,7878 pour la *troisième* valeur.

La différence entre la première et la seconde va-

leur est 16,0975, qui, divisé par 1,05, donne 15,3310.
Ce quotient, multiplié par 0,7878, produira 12,078
pour la valeur demandée en un seul paiement.

Et cette somme, divisée par 7,592, ou l'unité ajoutée à la valeur d'une annuité de 14 ans sur le groupe
des deux têtes, donnera 1,591 pour la prime annuelle correspondante.

Scolie.

425. Si l'intervalle qu'embrasse l'assurance se
trouve compris dans les limites des décroissemens
égaux de la vie de A, indiqués par la table d'observations sur laquelle on opère, cette règle donnera
exactement la valeur demandée. Le second exemple
est dans ce cas : car, en examinant la table XXV, on
verra que, depuis l'âge de 25 ans jusqu'à celui de 40,
les décroissemens de la vie sont exactement égaux,
et par conséquent notre règle sera dans ce cas stric-
tement exacte. Néanmoins, si l'on calcule la valeur
de la même assurance au moyen de la formule du
prob. XXVII, cor. 4, on la trouvera égale à 12,139,
et je ne puis concevoir de raison à cette différence qu'en
supposant qu'il y a eu quelque erreur commise dans
les tables des valeurs des annuités, car il est évident
que les deux résultats devraient être identiques.

QUESTION XXXII.

426. Trouver la valeur d'une assurance payable
au décès de A, pourvu qu'il meure *après* un autre
individu B.

SOLUTION.

De la valeur de l'assurance payable au décès de A,
retranchez la valeur de l'assurance, payable au décès
de A pourvu qu'il meure *avant* B; le reste sera la
valeur demandée. (*Voyez* **241.**)

Exemple 1. Quelle est la valeur actuelle de 100 fr.,
payables au décès de A, âgé de 20 ans, pourvu que
B, âgé de 40 ans, soit mort antérieurement, l'intérêt
étant à $4\frac{1}{2}$ p. 100, et la mortalité conforme aux observations de M. Deparcieux?

La valeur d'une assurance de 100 fr., payables au
décès de A, est, d'après la question XXVII, égale à
24,107, et la valeur de la même somme, payable au
décès de A, pourvu qu'il meure avant B, est, d'après
la question XXX, égale à 14,460 : donc 9,647 sera
la valeur demandée.

Après avoir ainsi trouvé la valeur de la somme,
payable au décès de A, pourvu que B soit mort
précédemment, nous pourrons aisément déterminer
la valeur d'une semblable somme, payable au décès
de B, pourvu que A soit mort précédemment; car
nous n'aurons dans ce cas qu'à retrancher la première
valeur de celle de la même somme, payable au dernier décès des deux têtes. Ainsi, la valeur actuelle
de 100 fr., payables au dernier décès de deux têtes
âgées de 20 et 40 ans, est, d'après la question XXVII,
égale à 16,748; si nous en retranchons 9,647, valeur
trouvée ci-dessus, le reste ou 7,101 sera la valeur de
100 fr., payables au décès de B, pourvu que A soit
mort précédemment.

Nous avons ainsi trouvé en un seul paiement les valeurs qui se rapportent à chacun des deux cas proposés; mais si nous voulions déterminer la prime annuelle correspondante, payable *tant que l'assurance reste indécise*, nous devrions diviser le prix unique déjà obtenu par l'unité ajoutée à la valeur d'une annuité sur le groupe des deux têtes; ou si nous voulions déterminer la valeur de la prime annuelle, payable jusqu'à ce que la somme assurée *soit exigible*, nous devrions diviser le prix unique par l'unité ajoutée à la valeur d'une annuité sur la tête sur laquelle repose l'assurance.

Ainsi, 9,647 étant la valeur en un seul paiement, d'une assurance de 100 fr. sur la tête A, pourvu qu'elle meure après B, il s'ensuit que la prime annuelle correspondante, payable tant que l'assurance reste indécise, est égale à 9,647 divisé par 13,545, c'est-à-dire égale à 0,712; et que la prime annuelle, payable jusqu'à ce que la somme assurée soit exigible, est égale à 9,647 divisé par 17,624, c'est-à-dire à 0,547.

Exemple 2. Quelle est la valeur actuelle de 100 fr., payables au décès de A, âgé de 25 ans, pourvu qu'il meure après B, âgé de 60 ans, l'intérêt étant à 5 p. 100, et la mortalité conforme aux observations de Northampton.

La valeur d'une assurance de 100 fr., payable au décès de A, est, d'après la question XXVII, égale à 30,633, et la valeur de la même assurance payable à la même époque, pourvu que B soit mort précédemment est, d'après la question **XXX**, égale à 13,762 ; par conséquent 16,871 sera la valeur demandée en un seul paiement.

Cette valeur, divisée par 8,383, donnera 2,013 pour la prime annuelle, payable tant que l'assurance reste indécise, ou divisée par 14,567, donnera 1,158 pour la prime annuelle, payable jusqu'à ce que la somme assurée soit exigible.

QUESTION XXXIII.

427. Trouver la valeur d'une assurance *temporaire* payable au décès de **A**, pourvu qu'il meure *après* un autre individu **B**.

SOLUTION.

De la valeur de l'assurance temporaire payable au décès de **A**, retranchez la valeur d'une semblable assurance temporaire payable au décès de **A**, pourvu qu'il meure *avant* **B**, le reste sera la valeur demandée.

Exemple. Quelle est la valeur actuelle d'un legs de 100 fr., payable au décès de **A**, âgé de 25 ans, pourvu qu'il meure dans un intervalle de 15 ans, et pourvu qu'un autre individu **B**, âgé de 60 ans, soit mort précédemment, l'intérêt étant à 5 p. 100, et la mortalité conforme aux observations de Northampton.

La valeur d'une assurance de 100 fr., payable au décès d'une personne de 25 ans, pourvu que ce décès ait lieu dans un intervalle de 15 ans, est, d'après la question **XXIX**, égale à 16,354, et la valeur d'une semblable assurance, payable pourvu qu'une autre personne maintenant âgée de 60 ans, subsiste alors, est, d'après la question XXXI, égale à 12,078 ; donc cette dernière valeur retranchée de la première donnera 4,276 pour la valeur de l'assurance demandée.

Scolie.

428. Cette règle serait encore exacte si l'intervalle proposé était plus grand que le nombre d'années compris entre l'âge de B et celui de la plus vieille tête de la table d'observations ; mais dans ce cas, la valeur de l'assurance payable au décès de A, pourvu qu'il meure *avant* B, assurance qu'on ne peut plus considérer comme temporaire, devrait être calculée au moyen de la question XXX et non de la question XXXI, et la valeur ainsi trouvée étant retranchée de l'assurance temporaire sur la tête A, donnerait la valeur demandée.

Ainsi, si dans le dernier exemple il s'agissait d'un intervalle de 40 ans, la valeur d'une assurance de 40 ans sur la tête A serait, d'après la question XXIX, égale à 27,682, et la valeur de l'assurance sur la même tête, payable pourvu que B subsiste à son décès, serait, d'après la question XXX, égale à 13,762 ; donc cette dernière valeur retranchée de la première donnerait 13,920 pour la valeur demandée en un seul paiement ; et 13,920, divisé par 8,383, ou l'unité ajoutée à la valeur d'une annuité sur le groupe des deux têtes, donnerait 1,661 pour la prime annuelle, payable tant que l'assurance reste

indécise ; ou divisé par 14,164, ou l'unité ajoutée à
la valeur d'une annuité de 39 ans sur la tête A, donnerait 0,983 pour la prime annuelle, payable jusqu'à
ce que le capital assuré soit exigible.

429. Avant de commencer un nouveau chapitre, je
donnerai ici la solution d'une question dont l'application sera souvent trouvée utile, non-seulement aux
individus, mais encore aux sociétés dont l'objet est
de souscrire des assurances sur la vie.

On doit savoir que si une personne s'assurait *pour
un an*, à une compagnie quelconque, et répétait
cette opération à la fin de chaque année consécutive
jusqu'aux dernières limites de son existence, la prime
annuelle de cette assurance s'accroîtrait continuellement jusqu'à sa mort. Mais si elle contractait l'assurance pour la durée entière de son existence, et que
la compagnie en déterminât le prix, comme cela se
fait ordinairement, en primes annuelles toutes égales,
payables jusqu'au décès de l'assuré, il est évident
que cette prime annuelle devrait être *plus grande*
que la prime demandée pour une assurance de 1 an
à l'âge actuel de l'assuré; et *moindre* que la prime
demandée pour une semblable assurance aux époques
les plus avancées de son existence. Il suit de là que
si une personne, d'abord assurée pour la vie entière, désirait renoncer au bénéfice de son assurance et résilier son contrat, on devrait lui res-
tituer une certaine partie des primes annuelles qu'il
a payées, ou en d'autres termes, il aurait droit
à un remboursement qui représentât ce qu'il a payé

de trop dans les primes perçues par la compagnie.
L'objet de la question suivante sera de déterminer
le montant de ce remboursement.

QUESTION XXXIV.

430. Trouver la somme qui doit être payée à une
personne assurée pour la vie entière, pour qu'elle
renonce au bénéfice de son contrat.

SOLUTION.

Multipliez la prime annuelle qui a été payée depuis
le commencement de l'assurance par la valeur augmentée de l'unité (1), d'une annuité sur une tête de l'âge
actuel de l'assuré ; retranchez le produit de la valeur
d'une assurance de la somme proposée sur une tête du
même âge actuel : le reste sera la valeur demandée.

Exemple. Une personne *maintenant* âgée de 50 ans,
qui a payé annuellement (2) 21,790 pour assurer
1000 fr. payables à son décès, désire résilier son contrat. Quel est le remboursement que devra lui faire
la compagnie, l'intérêt étant à 3 p. 100, et la mortalité conforme aux observations de Northampton ?

_____

(1) On suppose que la police est résiliée immédiatement
avant l'échéance de la prime annuelle ; mais si c'était immédiatement *après*, nous devrions multiplier le montant de la
prime par la valeur d'une annuité sur une tête de l'âge actuel de l'assuré, sans y ajouter l'unité.

(2) C'est la prime annuelle d'une assurance de 1000 fr. sur
une tête de 20 ans, comme on le voit à la table LI.

La valeur augmentée de l'unité d'une annuité sur une tête de 5o ans, est, d'après la table XXVII, égale à 15,436, qui, multiplié par 21,790, donne 292,770 ; cette quantité retranchée de 608,660, valeur de l'assurance sur la tête de 5o ans, d'après la table LI, donnera 315,890 pour la valeur demandée (1).

Scolie.

431. Si la somme qui doit être reçue à la mort de l'assuré se trouvait augmentée par quelque participation, comme cela a souvent lieu dans les polices de la *Société Équitable*, nous devrions retrancher le produit résultant de la première partie de la solution, de la valeur de l'assurance de la somme proposée *augmentée de cette participation*, et le reste serait dans ce cas la valeur demandée (2).

---

(1) Le raisonnement suivant rendra évidente la vérité de cette règle. La société peut être considérée comme redevable à l'assuré de la valeur actuelle d'une assurance de 1000 fr. sur une tête de 5o ans, c'est-à-dire de 608, 66 ; et l'assuré peut être considéré comme redevable envers la compagnie de la valeur actuelle de toutes les primes annuelles de 21,790 qu'il eût payées pendant le reste de son existence : le premier paiement en étant supposé fait immédiatement. La valeur de toutes ces primes, est égale à 21,790 multiplié par 13,436, c'est-à-dire à 292,77. La valeur actuelle de la police, par rapport à l'assuré, est donc égale à 315,890, différence entre 608,66 et 292,77.

(2) On obtiendrait le même résultat en ajoutant la valeur d'une assurance du capital additionnel à la valeur trouvée par la solution précédente.

Exemple. Supposons que les diverses additions faites à une police, dans le cas du dernier exemple, se montent à 1800 fr. (1) ; dans ce cas, les héritiers de l'assuré recevraient 2800 fr. à sa mort. Quelle somme devra lui être comptée par la compagnie pour qu'il renonce à sa police, l'intérêt et les tables de mortalité étant les mêmes que dans l'exemple précédent.

La valeur d'une assurance de 2800 fr. sur une tête de 50 ans est 1704,248 ; d'où nous aurons à retrancher 292,770 ; le reste 1411,478 sera la valeur demandée.

On obtiendrait le même résultat en ajoutant 1095,588, valeur de l'assurance du capital additionnel de 1800 fr. sur la tête proposée, à 315,890, valeur trouvée dans l'exemple précédent.

432. Ces deux exemples suffiront à montrer la marche à suivre dans tous les cas semblables, soit que l'assurance repose sur une seule tête, ou sur un groupe de têtes, ou sur toute autre combinaison. Cette méthode servira aussi à montrer quel est la *dette actuelle* ou le *passif* d'une compagnie d'assurances sur la vie, puisqu'on trouve par là quelles sommes elle aurait à rembourser pour résilier chacun de ses contrats, et que par conséquent elle peut être considérée comme redevable de ces sommes. Il fau-

---

(1) C'est ce qui a lieu actuellement à la *Société Équitable.* Ainsi une personne qui ne se serait d'abord fait assurer que pour *mille francs*, en recevrait aujourd'hui plus de *quatorze cents* pour résilier sa police.

dra donc retrancher leur total du capital qui se trouve dans la caisse de la compagnie pour connaître quel est le montant net de sa propriété, et ce dernier résultat peut *seul* être considéré comme le bénéfice de la société, ou comme l'unique fonds qui puisse être divisé entre ses différens membres, à titre d'intérêt, de dividende ou de participation. Une société qui ne serait pas guidée par des principes de ce genre finirait tôt ou tard par s'écrouler infailliblement.

~~~~~~

CHAPITRE XIII.

INSTITUTIONS AYANT POUR BUT D'ASSURER DES ANNUITÉS AUX VIEILLARDS ET AUX VEUVES.

1. *Annuités en faveur de la vieillesse.*

433. La règle par laquelle nous avons résolu la question VI du dernier chapitre a des applications fort utiles, puisque, par son moyen, nous pouvons apprécier la convenance et la sécurité des projets et des établissemens qui se proposent de constituer des *rentes viagères pour la vieillesse.* En effet, si l'on multiplie la valeur actuelle d'une annuité différée de 1 fr. par an, par le montant de toute annuité proposée, on aura la valeur actuelle de cette annuité, différée du même délai, et après avoir trouvé cette valeur actuelle, on déterminera facilement l'annuité qui devrait être servie après un délai quelconque, pour un capital versé immédiatement, ou pour une somme dont une partie serait versée immédiatement et dont le reste serait acquitté en primes annuelles, payables jusqu'à l'expiration du délai.

Ainsi, l'on voit par le second exemple de la question VI, que la valeur actuelle d'une annuité *d'un franc*, différée de 10 ans, sur la tête d'une femme de

7..

40 ans, est, en supposant l'intérêt à 4 p. 100, et la mortalité conforme aux observations faites en Suède, égale à 6,926; conséquemment la valeur d'une annuité de 440 fr., différée du même délai, serait égale à 3047,44, en un seul paiement; et cette dernière valeur, divisée par 7,900, ou l'unité ajoutée à la valeur d'une annuité de 9 ans sur la tête proposée, donnerait 385,75 pour la valeur de la même annuité en primes annuelles, dont la première serait acquittée immédiatement, et les autres au commencement de chacune des années suivantes, pourvu que la tête donnée subsiste alors; et si, sur le prix unique 3047,44, on payait immédiatement 2,000 fr. la prime annuelle qui, dans ce cas, devrait être payée pour représenter le surplus, s'obtiendrait en divisant le reste 1047,44 par 7,900, et serait donc égale à 132,59.

De la même manière, si l'on avait à déterminer l'annuité qu'assurera, après 10 ans, à une tête du même âge, le paiement d'une somme de 735 fr. *immédiatement*, et d'une prime *annuelle* de 67 fr., on devrait opérer comme il suit. Multipliez 67, montant de la prime annuelle, par 7,900, valeur, augmentée de l'unité, d'une annuité de 9 ans sur la tête proposée; le produit 529,30 sera la valeur totale actuelle de toutes les primes annuelles, et si on l'ajoute à 735, ou à la somme qui a été payée comptant, on aura 1264,30 pour la valeur totale actuelle de l'annuité demandée. Si donc l'on divise cette quantité par 6,926, suivant ce qui a été dit dans la note du n° 375, on aura 182,54 pour le montant de l'annuité demandée.

434. Cet exemple indiquera la marche à suivre dans tous les cas semblables, et je l'ai choisi de préférence parce que c'est celui dont Price s'est servi pour démontrer le ridicule et l'absurdité des conditions que publièrent diverses sociétés établies vers l'année 1770, et dont furent victimes les personnes qui eurent la témérité de se fier à leurs promesses. Heureusement pour notre siècle, les efforts de Price ont été couronnés de succès, et ces compagnies n'existent plus. Mais quoiqu'il ait suffisamment prouvé qu'il leur était absolument impossible de remplir leurs engagemens, il n'a pas montré le degré de défectuosité de leurs prix, en les comparant aux valeurs déduites, comme ci-dessus, d'observations réelles (1) sur la mortalité. Au moyen des exemples donnés plus haut, on pourra apprécier aisément la sécurité de toutes les offres semblables, et je ne m'étendrai pas davantage sur ce sujet, puisqu'il est probable que de pareils imposteurs ne se représenteront plus. Le public connaît trop maintenant ces sortes de calculs pour devenir encore leur dupe, et a plutôt à craindre aujourd'hui l'excès contraire.

Il est cependant bien loin de mon idée de prétendre décourager les institutions qui se proposeraient de garantir des rentes viagères à la vieillesse. Je suis au contraire persuadé qu'une société régulière, qui opérerait d'une manière consciencieuse et libérale, serait à la fois fort utile à l'état et aux particuliers. Beau-

---

(1) Price, dans ses calculs sur les valeurs des annuités, s'est servi de l'hypothèse de de Moivre.

coup d'individus, appartenant surtout aux classes in-
férieures, seraient dans ce cas disposés à mettre de
côté, pendant leurs années de force et de jeunesse, de
petites sommes, qu'autrement ils auraient dissipées
dans la débauche; ils acquerraient ainsi des habitudes
d'économie, et parviendraient probablement à s'assurer des moyens d'existence pour l'époque où ils seraient incapables de travailler. Ainsi, la paroisse ne
serait plus grevée du soin de leur subsistance, et ils
deviendraient eux-mêmes des membres plus indépen-
dans et plus utiles du corps social.

Price observe avec raison que « les hommes des
» basses classes sont surtout dignes de compassion,
« quand un accident, une maladie ou un âge trop
» avancé, les mettent dans l'impossibilité de se suffire.
» C'est ce qui les a amenés à former souvent entre
» eux d'utiles associations, pour se secourir les uns
» les autres en cas de besoin, au moyen d'un fonds
» commun, produit d'une contribution hebdoma-
» daire. » Néanmoins, il est fort à craindre que ces
sociétés n'étant pas guidées par des règles sûres et
précises, et n'opérant pas d'après des principes rigou-
reux, ne méritent plutôt notre désapprobation que
notre estime. Quand leurs calculs sont erronés, et
qu'en même temps peut-être leur administration est
négligente et mauvaise, elles ne peuvent qu'augmenter la misère qu'elles étaient destinées à combattre.

435. Dans ces circonstances, il est fort à regretter que la législation n'ait pas adopté quelque mesure efficace pour venir en aide aux personnes des

classes laborieuses, qui voudraient employer leurs économies d'une manière aussi louable. Deux fois la demande d'une institution de cette nature a été portée aux chambres; et cette demande, deux fois admise par les communes, a été opiniâtrement repoussée par la chambre haute. Je profiterai toutefois de cette occasion pour insérer ici les observations judicieuses faites à ce sujet par un fort habile écrivain (1): elles serviront à montrer quel était l'objet de ces deux motions.

« S'assurer des moyens d'existence pour la vieil-
» lesse, c'est une œuvre de prudence si naturelle, qu'on
» s'étonne au premier abord que le pauvre qui tra-
» vaille n'y songe pas aussi généralement que les
» personnes engagées dans une industrie plus élevée,
» dans le commerce ou dans les professions libérales ;
» et l'on ne peut se rendre compte de la négligence
» qu'il témoigne à ce sujet, qu'en l'attribuant au
» manque d'occasions qu'il trouve d'employer ses
» économies d'une manière sûre, facile, et qui lui
» offre un avantage convenable pour les dernières
» années de sa vie. Le plus souvent il connaît à
» peine les fonds publics, et quand il se trouve les
» connaître, la modicité des sommes qu'il recevrait
» pour intérêt de l'argent qu'il pourrait placer de
» cette manière, est peu faite pour l'engager à en
» disposer ainsi. Combien il est, en effet, peu sé-

(1) Le baron Mazères, auteur d'une brochure intitulée : *A proposal for establishing life annuities in parishes for the benefit of the industrious poor. London*, 1772.

» duisant, pour un homme qui aura mis de côté
» deux cent cinquante francs sur ses gages d'une an-
» née, de considérer qu'en les plaçant sur les trois
» pour cent, il en retirera sept ou huit francs par
» an? C'est à peine le prix de trois jours de travail.
» Et s'il prête son argent à un négociant de sa con-
» naissance, il arrive trop souvent que le débiteur
» fait faillite, et que l'argent qui lui avait été compté
» est à jamais perdu, ce qui décourage les autres,
» les détourne de faire aucune économie et les porte
» à tout dissiper dans les plaisirs du moment. Mais
» s'ils connaissaient un moyen facile de placer l'ar-
» gent qu'ils auraient épargné, de manière à s'assu-
» rer une rente considérable à une époque éloignée
» de leur existence, sans courir le risque de le per-
» dre par l'incurie ou les malheurs d'un autre homme,
» ils le saisiraient aussitôt; et ainsi, pour le riche, la
» diminution de la taxe prélevée par le pauvre sur
» ses propriétés; pour le pauvre, l'accroissement de
» son industrie et de sa sobriété, un sort plus doux
» et plus indépendant dans sa vieillesse, seraient les
» heureux effets de cette institution. Maintenant je
» pense qu'on pourrait l'établir comme suit, d'une
» manière claire et facile :
» 1°. Le conseil de chaque paroisse serait autorisé
» par acte du parlement à constituer, en faveur de
» ceux de ses habitans qui voudraient en faire l'ac-
» quisition, des rentes viagères, dont ils entreraient
» en jouissance après un an, deux ans, trois ans, ou
» tout autre délai qu'il leur plairait de fixer, et qui
» seraient servies par la caisse des pauvres de la pa-

» roisse, de manière que toutes les propriétés qui,
» dans la localité, sont soumises à la taxe des pau-
» vres, répondraient du paiement de ces rentes;
» cette condition donnerait à cette institution beau-
» coup de crédit auprès des pauvres habitans, qui
» auraient sous les yeux un gage impérissable et plus
» que suffisant de la régularité du paiement de ces
» rentes.

» 2°. Les rentes ainsi assurées seraient calculées
» d'après l'intérêt de trois pour cent, ou un intérêt
» plus élevé, si le conseil de la paroisse croyait pou-
» voir faire valoir l'argent versé d'une manière plus
» avantageuse.

» 3°. Elles ne pourraient, dans aucun cas, être cal-
» culées d'après un intérêt moindre de trois pour
» cent.

» 4°. On ne pourrait assurer à la même personne
» une rente de plus de cinq cents francs.

» 5°. On ne recevrait pas de capital moindre que
» cent francs. Par là on éviterait la complication et
» la multiplicité des écritures.

» 6°. Le conseil de la paroisse tiendrait un registre
» exact de tous les engagemens par lui souscrits.
» Ce registre contiendrait la copie de chaque contrat,
» signée par le bénéficiaire, ou, s'il ne sait pas signer,
» marquée de sa croix certifiée par deux témoins.
» Ce registre, déposé dans les archives de la paroisse,
» servirait à établir les droits de chaque bénéficiaire,
» s'il venait à perdre le contrat original qui lui aurait
» été délivré lors de la constitution de la rente.

» 7°. Les sommes versées au conseil de la paroisse

» seraient converties en rentes 3 p. 100, au nom
» collectif des membres du conseil, et transférées
» par eux à leurs successeurs à l'expiration de leurs
» fonctions, et ainsi de suite, de manière à être
» toujours légalement la propriété actuelle du con-
» seil de la paroisse. Les intérêts de ces sommes se-
» raient retirés tous les 6 mois, et deviendraient le
» capital d'une nouvelle rente, et ainsi de suite, de
» manière à faire un fonds perpétuel pour le paie-
» ment des rentes viagères constituées. Chaque fois
» qu'une de ces rentes serait échue, le conseil de la
» paroisse l'acquitterait sur ce fonds, en vendant
» à cet effet une partie du principal, si les intérêts
» ne suffisaient pas, comme il arrivera générale-
» ment; et si par hasard le principal et les intérêts
» étaient insuffisans, le surplus se prendrait sur la
» caisse affectée à la taxe des pauvres. Mais il n'ar-
» riverait pour ainsi dire jamais qu'on fût obligé d'y
» avoir recours, si les rentes constituées étaient tou-
» jours proportionnées à l'argent versé, et calculées
» d'après l'intérêt de 3 p. 100, puisque ce taux est
» inférieur à celui que recevrait la paroisse en con-
» vertissant l'argent versé en rentes 3 p. 100, le
» cours étant aujourd'hui de 12 p. 100 au-dessous du
» pair, et devant, suivant toutes les probabilités, se
» maintenir long-temps au-dessous (1). Ainsi tous les

---

(1) Soixante-trois ans se sont écoulés depuis, et le cours
de la rente anglaise est encore de 9 p. 100 au-dessous du pair.
(*Note du traducteur.*)

» propriétaires soumis dans la paroisse à la taxe des
» pauvres n'auraient guère à craindre que leurs pro-
» priétés fussent grevées davantage pour faire face
» au paiement des rentes viagères qu'elles garantis-
» sent. Au contraire, cette institution serait aussi
» un bienfait pour eux, puisque, comme je l'ai
» observé plus haut, beaucoup de pauvres qui autre-
» ment se seraient trouvés dans leur vieillesse à la
» charge de la paroisse, seraient maintenant sou-
» tenus, en partie du moins, par des rentes pro-
» venant de leurs propres économies. »

Une ordonnance conforme à ce projet fut proposée
à la chambre des communes, en 1773, par M. Wil-
liam Dowdeswell, et après une discussion animée,
elle passa à une majorité double du nombre des
opposans; mais elle fut rejetée par la chambre des
Lords, après avoir été combattue par lord Cambden,
qui soutint que cette mesure blessait les intérêts des
propriétaires fonciers, en rendant la taxe des pauvres
responsable des défectuosités du projet en question,
ce qui ne pourrait manquer d'affecter tous les baux
ultérieurs d'une manière fâcheuse. Cependant une
motion analogue, accompagnée de tables calculées
par Price, fut présentée en 1789, et éprouva le
même sort.

2. *Annuités en faveur des veuves.*

436. Les règles qui ont servi à résoudre les questions XIII et XVIII du chapitre précédent, nous met-
tront à même de bien juger les conditions des institutions qui se proposent de constituer des rentes

viagères pour les veuves (1) ; car si l'on multiplie
la valeur actuelle d'une annuité en reversion, différée
ou non, de 1 fr. par an, par le chiffre de toute annuité proposée, on aura la valeur actuelle d'une reversion semblable de cette annuité; et réciproquement, au moyen de cette valeur actuelle, nous
pourrons aisément déterminer le montant de l'annuité que devrait assurer à la tête en reversion
un capital payé immédiatement, ou une somme
dont une partie serait payée comptant, et le reste
en primes annuelles payables jusqu'au décès de
l'assuré, ou tout autre mode de paiement.

Cherchons en effet quelle prime annuelle devrait
payer respectivement un homme de 30, de 40 et
de 50 ans, sa femme étant supposée du même âge
que lui, pour que s'il vit *un* an après la souscription
de son contrat, sa veuve ait droit à une rente
viagère de 200 fr. ; s'il vit *sept* ans, à une rente de
100 fr. de plus ou de 300 fr., et s'il vit *quinze* ans, à
une rente de 100 fr. de plus, ou de 400 fr., l'intérêt
étant supposé à 4 p. 100, et la mortalité conforme
aux observations faites en Suède pour chaque sexe
distinctement, ou encore aux observations de Northampton et de Londres.

En opérant d'après la règle du scolie du n° **394**,
nous trouverons que la prime annuelle qui devrait

---

(1) On doit observer qu'il ne s'agit ici que des *rentes viagères*
au profit des veuves; les règles relatives à l'assurance d'un
capital, payable à la veuve au décès de son mari, sont indiquées à la question XXX du chapitre précédent.

être payée par un homme de chacun des âges qui viennent d'être spécifiés, et d'après ces trois tables d'observations serait comme suit : (1)

AGES.	SUÈDE.	NORTHAMPTON.	LONDRES.
30	69,03	76,60	85,20
40	78,90	80 90	90,60
50	85, »	84, »	95,10

J'ai choisi cet exemple comme faisant partie du système d'après lequel opérait la *Compagnie de rentes viagères au profit des veuves* (2), établie en 1765. La *Société louable* (3), qui fut formée sur un plan pres-

(1) Voici une exemple des divers degrés de ce calcul : la valeur d'une annuité en reversion sur la tête d'une femme âgée de 30 ans après le décès de son mari, aussi âgé de 30 ans, différée de 1 an, et dépendant encore de l'existence simultanée des deux têtes pendant cette année, est, d'après la règle du scolie cité et la table suédoise d'observations, égale à 3,108; conséquemment la valeur actuelle d'une annuité de 200 fr., dans les mêmes circonstances, est 621,60. De même la valeur actuelle d'une annuité de 100 fr. sur la même tête, différée de 7 ans, et dépendant de l'existence simultanée des deux têtes pendant les 7 années, est égale à 216,80, et la valeur actuelle d'une annuité de 100 fr., différée de 15 ans, et dans les mêmes circonstances, est égale à 125,66.

La somme de ces trois valeurs, ou 964,04 sera la valeur actuelle, en un seul paiement, de la totalité de l'espérance, et cette somme, divisée par 13,965, ou l'unité ajoutée à la valeur d'une annuité sur le groupe des deux têtes, donnera 69,03 pour la prime annuelle correspondante. On résoudra d'une manière semblable toutes les questions de ce genre.

(2) *London Annuity Society for the benefit of Widows.*

(3) *Laudable society.*

que semblable , date de 1761. Dans chacune de ces compagnies , la contribution *annuelle* de chaque assuré sans distinction d'âge, n'était que de 50 fr. , payables par semestres ; au moyen du paiement de cette prime , sa veuve avait droit aux rentes spécifiées dans l'exemple ci-dessus, suivant les conditions qu'il renferme. Rien donc n'est plus propre que ces exemples à montrer l'impossibilité où étaient ces compagnies de parvenir à leur but par les moyens qu'elles avaient adoptés. On voit, en effet, qu'en supposant à chacun des assurés le même âge que sa femme , ces compagnies n'eussent reçu qu'environ un peu plus des *trois cinquièmes* de la vraie valeur des rentes qu'elles garantissaient ; mais en supposant à chaque mari *dix ans* de plus que sa femme, ce qui est plus près de la vérité, on trouvera qu'elles ne recevaient que *la moitié* de la valeur de ces rentes. Les conséquences de ces fausses conditions furent très fâcheuses. Les premières personnes dont les rentes échurent en touchèrent la totalité, mais après avoir suivi cette marche fatale pendant quelques années, les administrateurs de ces établissemens écoutèrent enfin la voix de la raison , et cédant à des avertissemens réitérés, reconnurent qu'il était nécessaire d'avoir recours à l'un des deux moyens qui restaient d'empêcher la ruine de l'institution : augmenter les primes ou diminuer les rentes. La *Compagnie de rentes viagères* adopta de bonne heure le premier moyen , et sauva ainsi son honneur et son crédit ; mais la *Société louable*, quoiqu'elle ait réduit à plusieurs reprises les rentes assurées, s'est trop long-temps débattue parmi

les fautes de son origine pour qu'on puisse espérer
un heureux résultat de ce tardif remède. « Si donc
» les circonstances ne lui deviennent plus favorables,
» elle sera bientôt obligée de se liquider, et de par-
» tager le reste de son capital entre les rentières et
» les assurés subsistans, à proportion de l'intérêt de
» chacun d'eux dans les fonds de la société. »

437. Telle sera toujours l'issue de tout système
qui ne sera pas fondé sur des observations exactes et
des principes mathématiques; et quoique mes re-
marques à ce sujet ne s'adressent qu'aux deux établissemens que j'ai nommés, je crains qu'elles ne
s'appliquent avec trop de justesse à plusieurs autres
semblables. « Il y a dans ce royaume plusieurs institu-
» tions en faveur des veuves, outre les deux que j'ai
» citées, et en général, autant que j'ai recueilli des
» renseignemens sur leur compte, elles sont fondées
» sur des bases également dangereuses, dictées par le
» caprice, et sans aucune notion des principes d'après
» lesquels doivent être calculées les valeurs des an-
» nuités en reversion. Les motifs qui ont inspiré les
» fondateurs de ces institutions peuvent être loua-
» bles; mais je pense qu'ils auraient dû prendre des
» informations plus sûres. » — « Plus ces institutions
» durent de temps, plus est grand le mal qu'elles pro-
» duisent. Il y a folie à former un établissement de
» ce genre, en s'imaginant que son sort sera bientôt
» déterminé par l'expérience. Si ses gérans ne sont
» pas plus extravagans que la plus épaisse ignorance
» peut les faire, ils prospéreront pendant 20 ou

» 5o ans, et pour peu que leur administration soit
» seulement passable, ils se soutiendront pendant
» 4o ou 5o ans et trouveront enfin devant eux une
» ruine inévitable. Tout système erroné fonde l'uti-
» lité du présent sur les désastres de l'avenir, et vient
» en aide à un petit nombre d'individus, aux dépens
» d'une foule nombreuse de malheureux. »

L'habile et savant auteur (Price) à qui j'emprunte
ces citations, a consacré ses talens à découvrir la funeste tendance de plusieurs des institutions dont il
vient d'être question. Ses observations à ce sujet sont
inappréciables, et seront toujours utilement consultées. Non-seulement il a montré combien les diverses
sociétés alors existantes s'écartaient de la ligne du
juste et du vrai, prédisant par là leur stérilité et leur
ruine, mais il a de plus indiqué quels seraient les
meilleurs systèmes à suivre pour assurer des rentes
viagères aux veuves, d'une manière sûre, et en même
temps facile et encourageante. Comme je ne pour-
rais rien ajouter aux observations d'un si judicieux
écrivain, je me contente de renvoyer à son ouvrage
ceux qui désireraient des détails plus circonstanciés
à ce sujet.

CHAPITRE XIV.

Société des Amis.

La première institution, par ordre de date, qui souscrivit des assurances sur la vie, est la *Société des Amis* (*Amicable Society*); elle fut fondée par une charte de la reine Anne, en 1706, à une époque où l'intelligence des assurances sur la vie était encore peu répandue. Son plan primitif était donc à beaucoup d'égards défectueux, et quoiqu'il ait subi depuis plusieurs modifications, il n'est pas encore irréprochable. Sa première ordonnance limita ses opérations à un nombre d'engagemens ou d'actions qui ne devait pas excéder 2000, et qui reposaient tous sur une seule tête. Pour chaque action, tout nouveau sociétaire payait à son admission une somme de 7 liv. 10 s., outre une prime annuelle de 6 liv. 4 s. payable en quatre paiemens trimestriels jusqu'à son décès. Comme chaque action donnait droit à un dividende annuel de 1 liv. 4 s. sur les bénéfices de la Société, la prime annuelle se trouvait réduite à 5 liv. Une même personne ne pouvait

T. II.   8

acquérir plus de *trois* actions ; tous les sociétaires devaient être compris dans les âges intermédiaires entre 11 et 46 ans, et entre ces âges étaient tous admis aux mêmes conditions. Toute personne admise devenait membre de la Société ; et à la fin de chaque année, le produit résultant de toutes les primes annuelles (1) était réparti par portions égales aux représentans de ceux des sociétaires qui étaient morts dans l'année. En 1757, la Société s'engagea à ce que ce dividende ne pût jamais être moindre que 125 liv. st., et en 1770 moindre que 150 liv. st. Telle est l'esquisse du plan d'après lequel cette Société opérait à son origine. On reconnaît surtout combien il était défectueux dans ses deux traits les plus saillans : 1° En ce qu'on réglait le dividende à répartir d'après le nombre de décès survenus dans l'année, de sorte qu'il se trouvait dépendre d'une pure éventualité et non de l'importance des primes reçues. 2° En ce qu'on demandait à tous les sociétaires des primes égales, sans tenir aucun compte des différences d'âges. Toutefois, malgré les vices de cette institution, son utilité a été reconnue et ses statuts sanctionnés par trois ordonnances successives, l'une en 1730, qui s'occupa de donner une meilleure administration à la Société ; la seconde en 1790, qui l'autorisa à augmenter le

---

(1) Ce qui faisait 10,000 liv. st. quand toutes les actions étaient prises. La prime d'admission et tous les bénéfices, intérêts ou profits touchés par la Société étaient portés à un compte séparé. Ce capital se montait, en 1757, à 25,300 liv. st. ; en 1770, à 33,300 ; et en 1790, à 64,300.

nombre de ses sociétaires jusqu'à 4000; et la dernière en 1807, qui lui donna plus de liberté dans ses moyens d'action.

En vertu de cette nouvelle ordonnance, la Société peut constituer douze actions en faveur d'une personne d'un âge quelconque compris entre 8 et 67 ans. Elle peut aussi proportionner la prime d'admission et la contribution annuelle de chaque membre à son âge ou à d'autres particularités, et quand les assurés le désirent, leur constituer une rente au lieu du capital garanti, ou au lieu des polices qu'ils veulent résilier. La *totalité* des contributions annuelles de toutes les actions en cours avant cette ordonnance et les *sept huitièmes* des primes annuelles des actions délivrées depuis, sont répartis chaque année aux ayant-droit des membres décédés dans l'année, et la Société s'engage aujourd'hui à ce que le dividende produit par chaque action ne soit jamais moindre que 180 liv. st.

Ces diverses ordonnances stipulent que le capital provenant de l'accumulation du fonds de réserve nécessaire à la garantie de cet engagement, sera à certaines époques réparti de même à tous les sociétaires, suivant leurs intérêts respectifs; et qu'on ne pourra en rien détourner, si ce n'est pour satisfaire aux droits ouverts par le décès des assurés, sans le consentement de deux assemblées générales successives des membres de la Société. La compagnie peut aussi aujourd'hui souscrire des assurances temporaires, sur plusieurs têtes, ou dépendant de toute autre combinaison.

8..

Compagnies de la Bourse Royale et de Londres.

La compagnie de la Bourse Royale (*Royal-Ex-change assurance company*) s'établit en même temps que les extravagantes entreprises de la mer du Sud, et est une des rares institutions qui aient survécu à cette désastreuse époque, et qui aient conservé leur crédit jusqu'à ce jour. Elle fut établie par une ordonnance du 22 juin 1720 comme compagnie d'assurances maritimes; cette ordonnance fut délivrée en vertu d'un acte du Parlement, et l'année suivante, le 29 avril 1721, le roi faisant usage de sa prérogative, lui accorda une autre ordonnance pour l'autoriser à souscrire des assurances sur la vie et contre l'incendie.

La *Compagnie d'Assurances de Londres* (*London assurance Company*) eut une origine semblable, et s'établit en vertu du même acte du Parlement. Elle fut également autorisée à souscrire des assurances sur la vie.

Toutefois, indépendamment des moyens d'action et des priviléges communs à ces deux sociétés, celle de la *Bourse Royale* obtint plus tard la faculté de constituer ou d'acquérir des annuités viagères, immédiates ou en reversion, faculté qui fut cependant soumise à certaines restrictions. Ainsi, pour donner aux rentiers une sécurité parfaite, il fut stipulé que les sommes versées pour constituer des rentes, aussi souvent qu'elles s'éleveraient à 1,000 liv. st., seraient placées sur les fonds publics; que la Compagnie en recevrait les intérêts; mais qu'elle ne pourrait toucher au principal qu'à l'extinction de la tête sur laquelle reposerait la rente. Pour éviter toute fraude à ce sujet, on a de plus exigé que l'époque et le lieu du décès de chaque rentier fussent insérés deux fois au moins dans la *Gazette de Londres*, et qu'un acte de ce décès, annexé au compte de la rente qu'il a éteinte, restât déposé dans les bureaux de la Compagnie, à Londres, pour être communiqué sans frais à toute personne intéressée dans la constitution d'une autre rente. Il est encore stipulé qu'aucun contrat de constitution ou d'acquisition de rente ne sera valable s'il n'a été souscrit d'après les prix indiqués dans un tableau qui doit être affiché dans un lieu apparent des bureaux de la Compagnie, et s'y trouver exposé au moment même où est souscrit le contrat.

Il est difficile de découvrir quels principes a suivis cette Compagnie pour calculer les taux de ses rentes viagères (1). Il est certain que ces taux ne découlent d'aucune des observations qui ont été publiées jusqu'à ce jour, ni même d'aucune loi de mortalité qui me semble probable; aussi je pense qu'ils ont été fixés au hasard, et sans qu'on ait tenu le moindre compte des éléments qui devraient présider à ces calculs. A tous les âges *au-dessous* de 50 ans, les prix demandés sont trop modérés, même comparés aux observations de M. Deparcieux et à l'in-

(1) Ses taux pour les assurances sur la vie, aussi bien que ceux de la *Compagnie d'Assurances de Londres* son les mêmes que ceux adoptés par toutes les autres sociéí nous les examinerons par la suite.

térêt de 4 p. 100; mais *au-dessus* de cet âge, l'erreur est en sens inverse, et beaucoup plus considérable. Si toutefois on compare ces prix avec ceux proposés par le Gouvernement, et dont il sera question à la fin de ce chapitre, on trouvera qu'ils sont *trop élevés à tous les âges*, et il n'est guère de personnes qui, pouvant accepter les offres du gouvernement, consentent à faire un sacrifice aussi considérable pour avoir leurs rentes garanties par la Compagnie de la Bourse Royale, ou toute autre société semblable.

Société Équitable.

440. Ces trois compagnies furent les seules qui souscrivirent des assurances sur la vie jusqu'en 1762 (1), année qui vit s'établir la *Société Équitable* (Equitable Society); on est redevable de sa formation aux ouvrages de M. Simpson, qui recommandait une institution de ce genre. Il paraît aussi que M. Dodson prit une part active à l'organisation de cette société, et composa quelques tables pour son usage. On peut dire avec vérité qu'elle mérite le nom qu'elle porte; car elle est certainement une

---

(1) Plusieurs sociétés avaient cependant déjà été formées, et existent encore aujourd'hui, pour assurer l'existence d'une classe particulière d'individus, tels que les marins et les militaires, les ecclésiastiques, les maîtres d'école, etc. Mais mon intention n'est pas de discuter les principes d'après lesquels ces compagnies ont été établies.

des plus *équitables* et en même temps des plus importantes qui se soient jamais établies pour souscrire des assurances sur la vie.

D'après sa constitution, les assurés sont en même temps assureurs *mutuels* les uns des autres, et participent (1) également à tous les bénéfices de la société. Ces bénéfices s'estiment au moyen d'une évaluation périodique (2) de tous les engagemens de la société, comparée(3) à son avoir actuel. *Le tiers* du bénéfice résultant de cette estimation est porté à un compte séparé, comme un fonds permanent de réserve destiné à garantir les opérations futures de la compagnie. Les deux autres tiers sont divisés entre les assurés, et le montant de chaque police est augmenté en raison du temps depuis lequel l'assuré est entré dans la société, de sorte que ses

---

(1) Cette participation ne profite qu'aux personnes assurées pour la *durée entière* de leur existence, et n'a pas encore été étendue aux assurances *temporaires*, à moins qu'un bénéfice ne vienne à être déclaré pendant le laps de temps qu'embrasse l'assurance, et seulement encore dans le cas où l'assuré meurt *entre l'époque de la déclaration de ce bénéfice et celle où doit expirer son contrat.*

(2) La période de *dix* ans, qui était adoptée par la Société Équitable, est certainement trop éloignée, puisque peu de personnes pouvaient jouir *pleinement* de l'avantage de la participation. Mais la Société vient d'adopter, ainsi que je le dirai tout à l'heure, un nouveau plan qui répond en quelque façon à cette objection, en ce qui concerne les assurés d'un âge avancé.

(3) *Voyez* à la question XXXIV, la manière dont doit être faite cette évaluation.

ayant-droit recevront probablement à son décès une somme beaucoup plus grande que celle qui était primitivement assurée. C'est ce qui a lieu jusqu'ici, comme l'indiquent les résultats suivants :

En 1786, l'addition faite en 1782 *d'autant de fois* 1 ½ p. 100 *sur le capital assuré* par chaque police *qu'il avait été acquitté de primes annuelles* avant cette année, fut portée à 2 ½ p. 100. Dans les années 1791, 1793 et 1795, on arrêta de nouvelles additions qui se montaient ensemble à 4 p. 100. En 1800, elles s'accrurent encore de 2 p. 100, et dernièrement on a encore accordé une augmentation de 2 ½ p. 100 *par an* à toutes les assurances souscrites ayant le 7 décembre 1809; de sorte qu'aujourd'hui (1810) les assurances de l'année 1800 se trouvent augmentées d'une addition de 25 p. 100; celles de 1790, de 86 p. 100; celles de 1780, de 180 p. 100; celles de 1770, de 290 p. 100; et celles de 1762, de 378 p. 100. Ou en d'autres termes, car je ne saurais être trop explicite sur un sujet aussi important, les ayant-droit d'une personne assurée par cette société dans l'année 1800, pour une somme de 10,000 liv. seulement, recevraient à son décès une somme de 12,500 liv.; mais si l'assurance avait été souscrite en 1790, ils auraient droit à 18,600 liv.; en 1780, à 28,000 liv.; en 1770, à 39,000 liv.; et en 1762, lors de l'établissement de la Société, à 47,800 liv. Or *aucune autre* compagnie, à l'exception des avantages partiels offerts par une ou deux sociétés dont je parlerai ci-après, n'augmenterait d'un *shilling* la somme assurée primitivement. Assurément ces faits parlent assez, et montrent d'une manière évidente combien il est désavantageux de s'assurer à ces compagnies, qui ne cherchent qu'à tirer profit de leurs opérations, et par conséquent ne restituent jamais rien des primes énormes qu'elles ont perçues.

Mais le changement le plus important qui ait été adopté par la société dans la répartition de ses bénéfices, est celui qui fut proposé à l'assemblée générale du 7 décembre 1809, et qui consiste à faire à chaque police en cours une addition de 2 p. 100 par an sur la somme assurée pendant les 10 années suivantes ; à l'expiration de ces 10 ans on dressera un autre inventaire, et le bénéfice qu'il démontrera sera réparti de la manière ordinaire entre toutes les polices en cours à cette époque. Quand cette stipulation fut connue du public, les demandes d'admission furent tellement nombreuses qu'on jugea nécessaire d'en restreindre le bénéfice. A l'assemblée générale suivante, il fut donc arrêté qu'on ne ferait jouir de cet avantage que les polices *déjà* souscrites par cette société, et *seulement* celles qui expireraient avant la prochaine répartition des bénéfices. En conséquence les ayant-droit d'une personne déjà assurée par cette société recevront indépendamment des autres bénéfices antérieurement répartis, 2 p. 100 sur la somme primitivement assurée pour chaque année qui se sera écoulée depuis la date de la dernière répartition jusqu'au moment de sa mort ; mais on n'a pas encore étendu le bénéfice de cette mesure aux personnes assurées postérieurement à cette détermination.

Jusqu'à ce jour, cette société a opéré d'une ma-

nière prudente et sûre, et ses administrateurs (1) l'ont
gouvernée avec sagesse; sans s'écarter jamais de la
ligne des principes mathématiques, qui peuvent seuls
soutenir un établissement de ce genre, ils n'ont pas
fait un seul pas qui pût compromettre son avenir, et
afin de perpétuer cette sagesse dans son administration, la société a arrêté par certains réglemens
« qu'il ne pourrait être réparti aucun bénéfice sans
» qu'on eût dressé un inventaire de l'état de ses
» affaires, et sans le concours des *quatre cinquièmes*
» de ses membres à trois assemblées générales suc-
» cessives, et que cette répartition ne pourrait en
» aucun cas surpasser les *deux tiers* du bénéfice
» net et actuel de la société. » Ces précautions pré-
viennent, autant que la prudence humaine peut le faire,
le danger d'une administration moins régulière, et
il y a tout lieu d'espérer qu'une institution guidée
par des principes aussi libéraux et protégée par d'aussi
prudentes restrictions, continuera à inspirer une

---

(1) Les administrateurs sont choisis annuellement par les
membres de la société, et l'on tient dans l'année quatre
assemblées générales, auxquelles sont rendus les comptes
de la société, et qui arrêtent les réglemens qui sont ju-
gés utiles à ses progrès. D'après un arrêté de janvier 1810,
tout membre de la Société admis postérieurement au 19 décembre 1809, n'aura voix à l'assemblée générale que s'il est
assuré depuis 5 ans pour la vie entière et pour une somme
de 2000 liv. st., et ne pourra être membre du conseil d'administration que s'il est assuré depuis 5 ans pour une somme
de 5,090 liv. st.

juste confiance, et augmentera toujours en crédit et
en prospérité.

Autres sociétés.

441. Peu après l'établissement de la *Société
Équitable*, on vit surgir presque simultanément
un grand nombre d'autres compagnies qui prirent
le titre spécieux d'institutions *en faveur de la vieillesse*. Ces institutions furent pour la plupart de gros-
siers mensonges, inventés par des ignorans ou des
fripons et encouragés par des crédules et des fous.
Leurs auteurs étaient principalement des hommes
d'un âge avancé, qui, pensant que leur ouvrage
durerait bien autant qu'eux, s'inquiétèrent peu de
son avenir, et ne s'attachèrent qu'à séduire un grand
nombre de souscripteurs, afin qu'il y eût plus de
pillage. Conséquens à ce principe, les fondateurs
de ces sociétés commencèrent par demander des
prix qui n'étaient même pas le quart ou la cinquième partie des valeurs réelles des rentes viagères
qu'ils prétendaient constituer. Ces viles impostures
destinées à tromper les ignorans et les malheureux
n'eurent que trop de succès, et engagèrent Price à
publier ses *Observations sur les paiemens en reversion*. Mais aussitôt que cet ouvrage parut, l'engoue-
ment des nouvelles sociétés s'arrêta immédiatement ;
plusieurs de celles qui étaient déjà établies se réfor-
mèrent partiellement, et presque toutes, convain-
cues de leurs énormes méprises, entrèrent bientôt
en dissolution. Quelques-unes cependant persévé-
rèrent opiniâtrement dans les fautes de leur origine,

et depuis long-temps elles ont donné une triste preuve de leur extravagance, et de la justesse des reproches qu'elles s'étaient attirés.

La coutume habituelle des fondateurs de ces entreprises était d'attirer les personnes pauvres ou crédules par l'appât des conditions les plus faciles et les plus avantageuses. Cette ruse leur réussissait d'abord à merveille; mais dès que le public était mieux informé sur leur compte, ils tombaient en discrédit, et ne rencontraient plus que le mépris général. Mais, si l'on doit toujours accueillir avec défiance des offres aussi spécieuses, on doit aussi se garder de l'extrême contraire et ne pas se soumettre à des primes exorbitantes, exigées au nom de la stabilité et de la sécurité du contrat. Il doit suffire que la prime représente un peu plus de la valeur du risque, de manière qu'après en avoir déduit cette valeur, on puisse encore couvrir les frais de l'administration, et consacrer le reste à former un fonds de réserve inviolable destiné à faire face aux éventualités fâcheuses qui peuvent contrarier les plans les mieux formés.

Vers la fin du siècle dernier, et le commencement de celui-ci, plusieurs nouvelles compagnies s'organisèrent pour souscrire des assurances sur la vie, constituer des rentes viagères, etc., savoir : la *Société de Westminster*, en 1792; le *Pélican*, en 1797; le *Globe*, en 1799; l'*Albion*, en 1805; le *Rocher* et l'*Institution Prévoyante*, en 1806; et l'*Aigle*, l'*Espérance*, l'*Atlas* et l'*Association*, en 1807. Mais aucune de ces sociétés ne limite ses opérations aux assurances sur

la vie : toutes y réunirent la constitution et l'acquisition de rentes viagères, et cinq d'entre elles
souscrivent en outre des assurances contre l'incendie.
Mon intention n'est pas de discuter la forme et la
nature de toutes ces sociétés diverses, puisque la
majeure partie ne s'annoncent pas comme offrant
au public des avantages particuliers, en ce qui concerne du moins le sujet de cet ouvrage. Mais comme
il s'en trouve *deux* qui diffèrent sensiblement à cet
égard de toutes les autres, je consacrerai quelques
lignes à examiner distinctement chacune d'elles.

Institution Prévoyante.

442. L'*Institution Prévoyante* (*Provident Institution*) s'établit en 1806. Elle se proposait « de fournir aux
» personnes industrieuses et économes les moyens de
» faire valoir leur épargnes, de la manière la plus
» profitable aux divers desseins que leur inspireraient
» leur prévoyance ou leurs affections, et d'encourager
» cette louable disposition en leur offrant une ample
» garantie de sécurité, *sans diminuer le bienfait par des
» vues de spéculation commerciale.* Pour parvenir à
» ce but, *quelques centaines de seigneurs et de gen-
» tilshommes* ont contribué à fournir une somme de
» 250,000 liv. st. qui constitue le premier fonds ca-
» pital (1), et déclarant garder pour eux seuls la respon-

(1) Ces actionnaires ne sont pas tenus de s'assurer, comme le
sont ceux de toutes les autres compagnies récemment établies.

» sabilité de l'établissement, ils rendent *sociétaires* les
» assurés et les rentiers, s'engageant à les faire participer
» *également* aux bénéfices de la société, après qu'on
» en aura déduit les frais d'une administration éco-
» nomique, dans laquelle les fonctions de présidens,
» d'administrateurs et de censeurs seront gratuites.
» Ainsi, au moyen de l'assurance de la somme d'a-
» bord stipulée, et de la répartition des bénéfices
» éventuels, chaque membre de cette société reti-
» rera de ses primes *le plus grand produit possible,*
» sans avoir à craindre aucun rappel, et sans cou-
» rir le moindre risque. »

Cette institution non-seulement souscrit des assurances sur la vie, mais elle constitue et achète des
rentes viagères et assure des dots aux enfans. Ses
conditions semblent d'abord être les mêmes que
celles de la Société Équitable, puisque tous les sociétaires participent *également* à ses bénéfices. Il y a
cependant une grande différence, en ce que, dans la
répartition des bénéfices de l'Institution Prévoyante,
les assurés concourent avec les *quelques centaines
de seigneurs et les gentilshommes* qui ont *garanti*
le fonds capital, et qui, en fondant cette entreprise,
ne paraissent pas avoir été purs de toutes *vues de
spéculation commerciale.*

Le Rocher.

443. La compagnie d'assurances sur la vie *du Rocher* (the Rock) s'établit aussi en 1806, et paraît
sous plusieurs rapports avoir suivi le plan de la So-

ciété Équitable ; elle est cependant de sa nature essentiellement différente. Dans *le Rocher*, les assurés ne sont pas assureurs *mutuels* les uns des autres et ne participent pas *également* aux bénéfices de la société ; car bien qu'à certaines périodes, qui ne peuvent être de moins de sept ans, on doive dresser un inventaire de ces bénéfices, et en répartir les deux tiers, comme dans la Société Équitable, entre toutes les polices, après en avoir déduit toutefois une somme de 5,000 liv. st. : l'autre tiers, au lieu de fructifier dans l'intérêt de tous, demeure la propriété *exclusive des actionnaires*. Ainsi ce tiers est à jamais perdu pour le reste des assurés, et à la répartition suivante, un autre tiers leur est également enlevé, et cette aliénation continuelle opérant en sens inverse de la méthode suivie par la Société Équitable, il se trouvera, après quelques années, une grande différence dans le produit des polices de chacune de ces sociétés.

Observations générales.

444. Quant aux autres institutions du même genre aujourd'hui existantes, je crois qu'elles sont toutes fondées dans des vues d'intérêt privé, et ne se proposent aucun but d'utilité générale. On se rappelle qu'il y a quelques années l'Angleterre s'éprit d'une extravagante passion pour les sociétés par actions, et que les offres diverses que la presse enfantait chaque jour amusèrent beaucoup le public. Les énormes bénéfices que produisaient les assurances

sur la vie et les rentes viagères devinrent un objet d'envie pour beaucoup de personnes, et plusieurs des compagnies dernièrement établies doivent leur origine à cette impression. Le succès qui s'attacha à ces compagnies en fit naître d'autres, non-seulement avec les mêmes propositions, mais avec les plans les plus bizarres, vrais projets de visionnaires, et l'on dut se croire revenu au temps des entreprises de la mer du Sud. On eut donc recours aux mêmes mesures qui avaient mis un terme aux extravagances de cette désastreuse époque; une ordonnance de Georges Ier qui avait dormi pendant plus de 80 ans, vint corriger le désordre et arrêter tous ces projets dérisoires.

Les diverses compagnies d'assurances dont j'ai parlé se ressemblent toutes sur un point, à l'exception de celle *des Amis* et de l'*Equitable*. Dans chacune d'elles, les assurés (1) peuvent se diviser en deux classes, les actionnaires et les non actionnaires. Les premiers sont ceux qui partagent entre eux tous les bénéfices (2); les seconds, ceux qui se sont laissés conduire à ces compagnies par ignorance ou nécessité, et qui, bien qu'ils paient la même prime qu'à la Société Équitable, ne recevront jamais rien de plus que la somme primitivement assurée.

(1) On ne doit pas perdre de vue que tous les actionnaires sont en même temps tenus de s'assurer, excepté ceux de l'Institution Prévoyante.

(2) Cette proposition n'est pas d'une exactitude absolue en ce qui concerne l'Institution Prévoyante et le Rocher, ainsi qu'on l'a vu plus haut.

Car il est nécessaire de remarquer ici, et c'est, je pense, une observation d'une grande importance, que les taux des assurances sur la vie sont les mêmes à toutes les compagnies, et qu'une personne qui s'assure à la Société Équitable, où la somme assurée s'augmente continuellement, *paie précisément la même prime* que si elle s'assurait à toute autre compagnie, où elle n'aurait à attendre aucun avantage ultérieur. Assurément cette circonstance n'est pas assez connue, autrement on ne s'expliquerait pas que les sociétés nouvellement établies pussent avoir d'autres clients que leurs actionnaires (1).

---

(1) Nous reconnaissons volontiers avec l'auteur que de toutes les compagnies d'assurances, l'*Équitable* est celle qui a offert aux assurés les plus grands avantages. Elle a réussi, c'est un grand argument en faveur des sociétés mutuelles ; mais de son succès faut-il conclure que son système est toujours et partout le meilleur système pour les assurés ?

Quand une société mutuelle a pris une vaste extension, que d'heureux événemens ont protégé ses débuts, que sa gestion a été confiée à des administrateurs habiles, alors elle peut devenir la combinaison la plus avantageuse aux assurés. Mais si l'*Équitable* a eu toutes ces circonstances en sa faveur, il ne s'ensuit pas qu'une société nouvelle pût se promettre une pareille réussite. Ce serait raisonner étrangement que de conclure de l'analogie du plan à l'analogie du succès, puisque le sort de ces sociétés dépend souvent de circonstances tout-à-fait indépendantes de leur système.

Supposons qu'un tel établissement fût introduit en France. L'esprit public ayant jusqu'ici froidement accueilli les assurances sur la vie, il est probable que la société mutuelle languirait long-temps ; or une société de cette nature qui languit

T. II.

9

Indépendamment des avantages supérieurs qu'on

est déjà en décadence; car n'ayant pas de capital social, ne trouvant pas dans un nombre considérable de souscriptions les ressources nécessaires pour faire face aux éventualités fâcheuses, elle sera obligée, à la moindre perte, de faire à ses assurés un appel de fonds, et cette démarche suffira pour arrêter tous développemens ultérieurs.

A ces dangers peut se joindre celui d'une administration inhabile. Ainsi plusieurs causes, qui toutes ne sont pas improbables, pourraient tuer l'association, après avoir fait aux assurés un préjudice considérable.

Si des circonstances aussi fâcheuses atteignaient une société commerciale par actions, les assurés n'auraient rien à craindre et ne pourraient se trouver lésés; car les sociétés ainsi constituées ont un capital social très considérable, destiné à parer aux coups de la fortune, à supporter le malheur des temps ou les erreurs de l'administration, et ce capital devrait avoir disparu en entier avant que les intérêts des assurés commençassent à se trouver compromis.

Ainsi les pertes d'une société mutuelle peuvent l'anéantir après avoir rudement frappé les assurés. Les pertes d'une société par actions n'atteindraient que les actionnaires; les intérêts des assurés resteraient intacts.

Au surplus les compagnies par actions ont en France la faculté d'admettre les assurés à une participation dans leurs bénéfices. Si ces compagnies prospèrent, la participation peut produire d'heureux résultats, puisque, sans exposer l'assuré aux mauvaises chances des sociétés mutuelles, elle lui offre une partie de leurs avantages.

Mais ce n'est pas à l'origine d'une compagnie que cette mesure peut être adoptée sans imprudence. Ses débuts sont toujours entourés de difficultés et d'incertitudes; mille événemens imprévus peuvent l'assaillir, et si elle a réparti prématurément les bénéfices accidentels de quelques années heureuses, si elle

rencontre à la Société Équitable, on y trouve aussi une plus grande sécurité. Cette sécurité vient principalement de ce que chaque membre a le droit de donner son opinion et son vote dans tous les actes de la Société, de manière qu'il est impossible qu'une classe particulière d'assurés jouisse d'un avantage dont d'autres seraient exclues. Au contraire, dans toutes les autres compagnies, à l'exception de celle des *Amis*, la direction est entre les mains des actionnaires seulement, et les autres assurés n'ont aucune voix dans l'administration de la société. Il pourrait se faire que les actionnaires se partageassent chaque année de vastes dividendes, dissipant ainsi le capital de la société au lieu de le faire fructifier avec la plus sévère économie, sans que les assurés eussent aucun moyen d'empêcher leur ruine; car la plupart, après avoir continué le paiement de leurs primes pendant quel-

---

ne les a pas mis en réserve avec une sage prévoyance pour parer aux chances fâcheuses de l'avenir, elle ne pourra leur faire face qu'en sacrifiant une partie de son fonds social, et en altérant le gage et les garanties de ses assurés.

Ce n'est donc pas dans l'état actuel des choses que les compagnies françaises peuvent promettre aux assurés, sans imprudence ou sans dérision, une participation dans leurs bénéfices. Un jour viendra où leurs opérations seront assez étendues pour convertir en certitude les chances favorables qui résultent de leurs calculs; alors elles pourront sans doute offrir aux assurés une participation à des avantages réels, et cela, sans compromettre leur avenir. Mais ce jour est encore éloigné, et jusque-là cette spécieuse promesse n'est qu'un appât trompeur, un vain leurre offert au public. (*Note du Traducteur.*)

9..

ques années, trouveront qu'il leur est trop préju-
diciable de résilier leurs polices, et aimeront mieux
courir les chances de l'événement.

Ce n'est pas que j'aie en aucune manière l'intention d'appliquer ces réflexions aux administrateurs
actuels des sociétés dont je parle; plusieurs sont à
ma connaissance des personnes intègres et honorables
qui ne voudraient pas sanctionner une mesure qui
compromettrait la sécurité et la réputation des institutions qu'elles dirigent, mais leur voix peut ne
pas prévaloir toujours contre un corps nombreux
d'actionnaires, et leurs services ne seront pas éter-
nels. D'ailleurs la triste expérience de tous les établissemens semblables qui ont précédé, et qui semblaient
fondés dans l'intérêt de la postérité, prouve que
les craintes que j'indique ne sont pas imaginaires,
et que toute personne engagée dans ces sociétés
doit particulièrement prendre garde qu'on ne ha-
sarde la sûreté de l'établissement en répartissant trop
tôt le bénéfice immédiat de ses opérations. On devrait avoir toujours présens à l'esprit les conseils
qu'adressait Price aux administrateurs de la Société
Équitable, et dont l'exécution a élevé cette institution à l'état de prospérité où nous la voyons aujourd'hui. « Considérez quels désastres amènerait
» dans l'avenir la ruine de votre société, et quels
» sont les dangers que vous devez soigneusement
» éviter pour lui assurer une destinée prospère.
» On ne doit pas penser qu'une compagnie ren-
» contrera des difficultés dans son enfance, car ce
» n'est qu'après de longues années, et quand elle

» aura atteint le maximum de ses membres, qu'elle
» devra aussi satisfaire au maximum des réclama-
» tions annuelles. Si donc elle néglige cette obser-
» vation, et si, encouragée par la possession d'un
» bénéfice considérable, elle le répartit trop tôt,
» les conséquences de cette mesure seront funestes.
» Il est d'une grande importance pour la sûreté
» d'un établissement de cette nature, que ses opé-
» rations soient contrôlées par d'habiles mathéma-
» ticiens. Une déplorable expérience a montré qu'eux
» seuls peuvent avec sécurité fonder et conduire
» ces établissemens. En un mot, on sera exposé à
» de dangereuses méprises si l'on n'administre ces
» sociétés d'une manière sage, prudente et éco-
» nome. »

Taux des assurances sur la vie.

445. Je ne puis clore ce chapitre sans présenter
quelques observations sur les *taux* publiés par les
diverses compagnies pour les assurances sur la vie;
et comme ces taux sont les mêmes dans toutes, ces
observations s'appliqueront également à chacune de ces
différentes sociétés, en exceptant peut-être l'*Équitable*
et la société des *Amis,* dont la constitution mutuelle
rend de beaucoup moins d'importance que les primes
demandées soient trop fortes, pourvu que chaque
membre paie proportionnellement. Les fondateurs
de l'Équitable montrèrent de la sagesse en adop-
tant des tables de mortalité qui fussent plutôt au-
dessus qu'au-dessous de la réalité. Ils firent d'abord

usage des tables de M. Simpson pour Londres,
mais les trouvant trop inexactes, ils les remplacèrent
par les tables de Northampton. L'expérience a con-
firmé la bonté du choix, mais a prouvé en même
temps que les tables de Northampton n'indiquent
pas correctement quelle est la mortalité qui règne
parmi les membres d'une société semblable (1). Elles
ont cependant été adoptées par toutes les autres compagnies, sous prétexte « que l'expérience a démontré
» qu'elles fournissent les meilleurs élémens au moyen
» desquels on puisse calculer une valeur juste à la
» fois pour chacune des parties contractantes. »
Mais quoique ces tables puissent convenir à une
société constituée comme l'*Équitable*, elles ne méritent certainement pas notre approbation quand
le contrat se passe entre l'assuré et une compagnie
commerciale, ou même entre deux individus, si ce
n'est dans des circonstances particulières. Les sociétés
qui ne répartissent pas leurs bénéfices entre leurs assurés devraient adopter des prix plus modérés, et
provoquer ainsi l'accroissement de leurs opérations
d'une manière plus honorable que d'engager par l'appât d'une *commission* des courtiers et des gens d'affaires à amener des assurances dans leurs bureaux,
puisqu'il est notoire qu'on les porte ainsi à sacrifier
l'intérêt de leurs commettans et de leurs amis.

Car il est clair que cette commission est une alié-

(1) Il paraît que la mortalité des assurés de l'Équitable
s'est trouvée inférieure à la mortalité des tables de Northampton, dans un rapport de 2 à 3.

nation faite au préjudice des assurés, et serait bien
plus convenablement consacrée à réduire le taux de
l'assurance, puisque certainement, si la compagnie
peut faire cette concession à l'agent, elle pourrait
également la faire à l'assuré.

Les tables qui indiquent les taux des assurances
sur la vie sont les mêmes dans toutes les compagnies
et sont ordinairement au nombre de trois, dont l'une
pour les assurances sur une seule tête, l'autre sur un
groupe de plusieurs têtes, et la dernière pour la
chance qu'une tête a de mourir avant une autre.
Ces tables sont toutes calculées d'après les observations de Northampton et l'intérêt de 3 p. 100. En
prenant ainsi pour élémens la mortalité la plus rapide, et l'intérêt le moins élevé, on obtient des valeurs qui le plus souvent surpassent d'un tiers celles
beaucoup plus correctes qui résulteraient de l'emploi
des observations faites en Suède et de l'intérêt de
4 p. 100; la différence est encore plus grande quand
on les compare avec les résultats des observations de
M. Deparcieux.

Or comme la mortalité qui règne parmi les personnes assurées par ces compagnies n'est nullement
celle des tables de Northampton, et se trouve indiquée plus exactement par les observations faites
en Suède, ou celles de M. Deparcieux, le public
peut se former une idée des immenses bénéfices
qu'ont rapportés ces opérations, et apprendre à ses
dépens combien il est insensé de souscrire des assurances dans ces compagnies spéculatrices, qui ne
restituent aux assurés aucune partie des primes

qu'ils ont payées. Un exemple éclaircira cette pro-position.

Un personne de 20 ans veut s'assurer pour une somme de 50,000 fr. La prime unique que lui demanderont toutes les compagnies est de 21,401 fr. Or la valeur actuelle de cette somme, d'après les observations faites en Suède, n'est que de 14,225 fr. si nous supposons l'intérêt à 4 p. 100, et de 11,285 fr. si nous supposons l'intérêt à 5 p. 100, et d'après les observations de M. Deparcieux, elle ne serait que de 13581 à l'in-térêt de 4 p. 100, et 10788 à l'intérêt de 5 p. 100. Ainsi une personne de cet âge qui s'assure pour cette somme, à une compagnie sans participation, peut être considérée comme sacrifiant gratuitement de sept à dix mille francs. Je dis que cette somme est sacrifiée en pure perte, car si la même assurance était effec-tuée à la Société Équitable, la prime ainsi payée entre-rait dans la caisse générale, et l'on sait que les béné-fices de l'établissement, après déduction des frais d'une administration économique, sont répartis en totalité à tous les assurés et ajoutés à leurs polices. Je ne conçois donc pas comment les autres compagnies peuvent faire une seule assurance, excepté celles re-fusées par la Société Équitable.

Les mêmes observations s'appliquent aux taux des assurances sur plusieurs têtes réunies, puisqu'ils sont aussi calculés d'après les tables de Northampton, et l'intérêt de 3 p. 100. Quant aux assurances dépen-dant de la chance qu'une tête a de mourir avant une autre, leurs prix sont encore plus dignes de blâme. Car outre qu'ils sont calculés d'après la mortalité la plus rapide et l'intérêt le moins élevé, ils sont encore le résultat d'un règle indiquée par M. Simpson (1) et qui donne des valeurs qui surpassent quelquefois d'un tiers les valeurs exactes obtenues même d'après les tables de Northampton et l'intérêt de 3 p. 100. Un exemple va confirmer ce que j'avance.

On désire assurer une somme de 1,000 fr. sur la tête d'un enfant de 10 ans, et pourvu qu'il meure avant une personne aujourd'hui âgée de 60 ans. Toutes les compagnies d'assurances, sans en excepter l'Équitable, demanderont un prix unique de 129 f. 30 c. ou une prime annuelle de 13 fr. payable pendant l'existence simultanée des deux têtes. Mais les valeurs qu'on obtiendrait par la règle exacte et au moyen des mêmes élémens, ne seraient que de 106 fr. 50 c. pour le prix unique, et de 10 fr. 70 c. pour la prime annuelle ; en conséquence les compagnies demandent environ *un quart* de plus que la vraie valeur qui résulte des élémens mêmes dont elles se servent. Et si l'on se servait des observations de M. Deparcieux et de l'intérêt de $4\frac{1}{2}$ p. 100, on trouverait 91 fr. 50 c. pour le prix unique, et 9 fr. 30 c. pour la prime annuelle ; on voit donc que dans ce cas les compagnies demandent près de la moitié en sus de la vraie valeur.

M. Morgan s'est donné beaucoup de peine pour prouver que la règle de M. Simpson pour trouver la valeur de ces assurances est extrêmement défectueuse et conduit souvent à des résultats qu'il est impossible

---

(1) *Voyez* le scolie du n° 425.

d'admettre. Mais puisqu'il est si facile d'obtenir dans tous les cas les valeurs exactes, il est étonnant que les prix fautifs de la table LIII soient encore suivis par la Société Équitable et par toutes les autres compagnies. Dans ces nombreuses sociétés, il ne se trouvera donc pas un actionnaire qui ait la confiance de proposer une nouvelle table, résultat d'une règle exacte, ou persévéreront-elles toujours dans leurs injustes demandes? Assurément leurs bénéfices seraient assez grands si elles se contentaient d'opérer d'après l'intérêt le moins élevé et la mortalité la plus rapide, sans profiter encore de l'avantage peu loyal que leur offre une règle fausse.

Les tableaux ci-après de la valeur actuelle de 100 fr. payables au décès de A, pourvu que B subsiste alors, montreront combien est incorrecte la règle approximative de M. Simpson, la seule maintenant en usage auprès des compagnies.

Intérêt à 3 p. 100, observations de Northampton.

AGE de A.	AGE de B	VALEUR d'après SIMPSON.	VALEUR EXACTE.	AGE de A.	AGE de B.	VALEUR d'après SIMPSON.	VALEUR EXACTE.
10	10	24,75	24,75	20	20	27,96	27,96
10	20	23,50	22,11	20	50	19,29	18,65
10	30	21,47	19,84	30	30	30,21	30,21
10	40	19,07	17,10	30	60	18,19	17,51
10	50	16,21	14,04	40	40	32,87	32,87
10	60	12,93	10,65	40	60	22,78	21,92
10	70	9,15	7,07	40	70	15,78	15,35

Intérêt à 4 p. 100, observations de Suède.

AGE de A.	AGE de B.	VALEUR d'après SIMPSON.	VALEUR EXACTE.	AGE de A.	AGE de B.	VALEUR d'après SIMPSON.	VALEUR EXACTE.
14	20	17,82	15,42	40	40	26,99	26,99
16	40	16,23	13,71	40	76	9,81	9,21
20	20	19,84	19,84	42	60	19,58	16,11
24	60	13,01	9,39	52	76	14,00	12,58
28	40	20,44	17,60	60	60	36,34	36,34
36	60	16,81	12,29	64	76	22,81	23,81

En comparant ces deux tableaux, on voit que quand les deux têtes sont du même âge, l'une et l'autre règle conduisent à un résultat exact; mais plus est grande la différence d'âge des deux têtes, plus est défectueuse la règle de M. Simpson, et les valeurs qu'elle donne sont quelquefois tellement éloignées de la vérité, qu'elles ne sauraient être employées par une compagnie qui s'annonce comme opérant d'après des principes mathématiques.

Taux des rentes viagères.

446. Les observations que j'ai faites dans le scolie du n° 374, s'appliquent avec une force égale aux conditions de l'*Institution Prévoyante* pour les rentes viagères différées. Par exemple, elle demande une somme de 1164 fr. pour assurer à une personne actuellement âgée de 20 ans, une rente viagère de 200 fr. à partir de l'âge de 40 ans. La même compagnie estime 2960 fr. la valeur d'une rente viagère de la même somme sur une tête de 40 ans : or la somme de 1164 fr. augmentée de ses intérêts accumulés à 5 p. 100 pendant 20 ans devient 3088 fr., c'est-à-dire 128 fr. *de plus* que la somme pour laquelle elle pourrait constituer alors la même rente, sans avoir couru le risque de tout perdre dans l'intervalle.

Quant aux prix des rentes viagères en général, j'observerai ici que cette compagnie, la seule qui les ait publiés jusqu'ici, à l'exception de la *Bourse Royale*, a comme cette dernière, des prétentions *trop modérées* dans les âges peu avancés, et *trop élevées* dans les derniers âges. La cause de cette anomalie est trop claire : c'est que ces rentes viagères sont généralement recherchées par les personnes âgées, et rarement par les jeunes. Je préviens cependant celles qui voudraient désormais constituer des rentes viagères sur leurs têtes, ou celle de toute autre personne, ou sur deux têtes avec réversibilité, qu'elles peuvent le faire aujourd'hui avec plus d'avantage et de sécurité qu'à aucune compagnie. Car, en vertu d'un acte du Parlement, on peut échanger une inscription de rente sur l'état, contre une annuité viagère sur une tête d'un âge quelconque depuis 35 jusqu'à 75 ans; et les conditions de ces échanges sont toujours plus avantageuses que celles d'une constitution directe dans une compagnie quelconque, aussi est-il probable que ce mode sera le seul en usage dans l'avenir, aussi long-temps que l'acte demeurera en vigueur. Toutefois ces observations ne s'appliquent qu'aux personnes qui veulent *acquérir* des rentes viagères. Mais il s'en trouve souvent qui sont obligées, pour diverses raisons, de *vendre* ou de céder des rentes viagères, et plusieurs compagnies ont l'habitude de les acheter, ou de faire des avances sur leur valeur. J'ignore quelles sont les conditions auxquelles se traite cette opération, et je suppose qu'elles ne peuvent pas être appréciées par cette classe d'individus qui sont forcés de recourir à une si onéreuse et si funeste mesure.

447. Comme cette fatale habitude de se procurer de l'argent en aliénant des rentes viagères,

était surtout encouragée par le secret avec lequel se traitait cette opération, il fut ordonné par un
acte du Parlement ordinairement appelé l'Acte des
Annuités (Annuity Act) qu'un état de tous les contrats, actes et obligations relatifs à ces transactions,
serait dans les 20 jours de leur souscription déposé à
la chancellerie ; que cet état contiendrait la date, les
noms de *toutes les parties*, et de ceux pour lesquels
elles agissent, ceux de tous les témoins, le montant
de l'annuité, le prix qui en a été donné, et le nom du
titulaire de la rente : autrement, tout contrat, acte,
etc., sera nul et de non-valeur.

En conséquence, il devenait presque impossible
aux sociétés par actions, de traiter cette nature d'o-
pérations, puisqu'elles n'auraient pu insérer dans
l'acte les noms de tous leurs actionnaires dont le
nombre est quelquefois de plusieurs cents, ou même
de plusieurs mille. Pour obvier à cet inconvénient,
quelques sociétés ont obtenu des actes du parlement
qui les autorisent à enregistrer ces contrats aux noms
seulement des personnes qui y sont intervenues directement, et pourvu que toutes les autres formali-
tés exigées par l'*Acte des Annuités* soient accomplies,
les contrats auront leur plein effet, comme si les noms
de toutes les parties intéressées y étaient insérés.

Les Sociétés qui ont obtenu ces actes sont le *Globe*,
l'*Albion*, l'*Association*, le *Pélican* et l'*Institution
Prévoyante* ; et ces actes renferment une clause qui
les autorise à *poursuivre* en justice au nom d'un de
leurs gérans, quoiqu'elles n'aient pas le privilége de
répondre en justice de la même manière.

Il est de plus expressément stipulé dans chacun de ces actes que les priviléges qu'il consacre ne doivent pas être entendus comme faisant de la compagnie qu'il concerne un seul corps individuel, ou comme déchargeant ladite Société dans son ensemble, ou respectivement chacun de ses membres, de la responsabilité résultant de ses engagemens : cette responsabilité continuant à peser sur chacun d'eux individuellement comme sur la Société entière.

En terminant ce chapitre, j'observerai qu'une autre ordonnance a stipulé qu'il ne sera souscrit aucune assurance sur la vie d'un tiers sans que le bénéficiaire n'ait un intérêt équivalent à son existence ; que toutes les polices contiendront le nom de la partie intéressée, et que celle-ci ne pourra jamais recevoir plus du montant de son intérêt. Il a même été récemment décidé que quoique l'intérêt existât *au moment même de l'ouverture du droit,* la somme ne serait plus exigible si cet intérêt venait à être détruit *postérieurement.*

Voyez, dans le recueil d'East (*East's Reports*), vol. 9, pag. 72, l'affaire de *Godsall* contre *Boldero et autres,* trois des administrateurs du *Pélican,* qui refusèrent de payer une somme de 25,000 liv. st., assurée sur la vie de Pitt, s'appuyant sur ce que ses dettes avaient été payées par le Parlement.

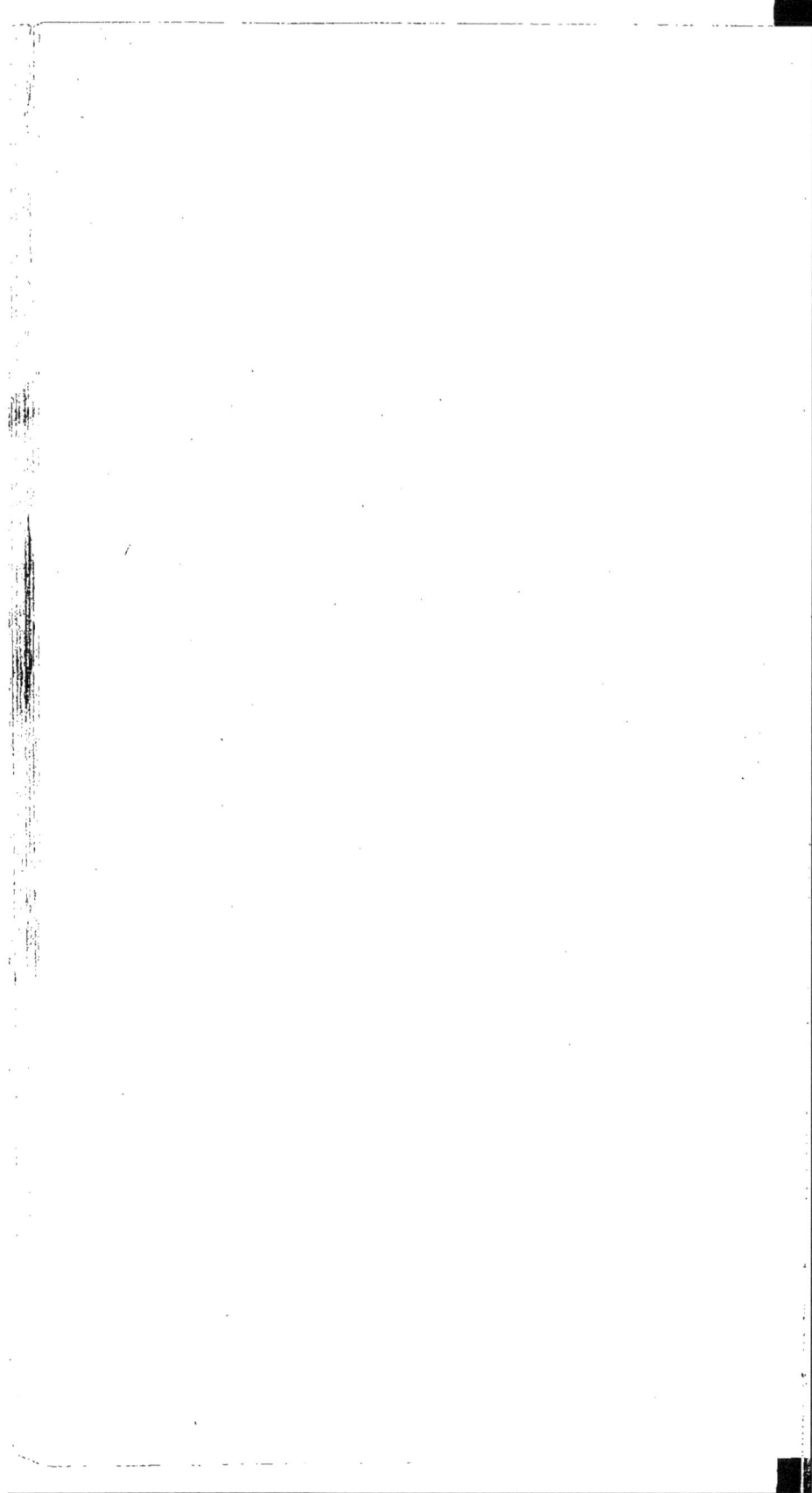

TABLES.

TABl

Nombre des vivans au

Ages.	Londres.	STOCKHOLM.		Vienne.	Berlin.	Norwich.	Northampton.	CHESTE	
		Hommes.	Femmes.					Hommes.	Fem
0	1000	1000	1000	1000	1000	1000	1000	1000	10
1	680	577	611	542	633	730	743	773	8
2	548	497	521	471	528	595	625	678	7
3	492	443	468	430	485	544	582	624	6
4	452	405	433	400	434	517	553	588	6
5	426	381	413	377	403	498	536	571	6
6	410	366	398	357	387	481	521	556	6
7	397	355	386	344	376	467	509	543	6
8	388	346	377	337	367	457	499	537	5
9	380	338	370	331	361	447	492	528	5
10	373	330	364	327	356	440	487	524	5
11	367	325	359	322	353	434	483	521	5
12	361	321	356	318	350	429	478	519	5
13	356	317	354	314	347	424	474	516	5
14	351	314	351	310	344	419	470	513	5
15	347	310	348	306	341	415	465	511	5
16	343	306	345	302	338	411	461	506	5
17	338	301	342	299	335	407	457	501	5
18	334	296	339	295	332	403	452	496	5
19	329	291	335	291	328	398	446	490	5
20	325	285	331	288	324	394	441	485	5
21	321	279	327	284	320	389	434	479	5
22	316	273	323	280	315	384	428	473	5
23	310	267	319	276	310	379	421	467	5
24	305	261	315	273	305	374	415	461	5
25	299	254	311	269	297	369	409	454	5
26	294	247	306	265	293	364	402	448	5
27	288	240	302	261	287	358	396	441	5
28	283	233	297	256	281	352	389	434	5
29	278	226	291	251	275	346	383	428	4
30	272	219	285	247	269	341	376	422	4

EMIÈRE.

érens âges et dans différens lieux.

Breslaw.	SUÈDE.			Brandebourg.	Holy Cros, près de Shrewbury.	Canton de Vaud.	Annuitaires en Hollande.	Tontines de France.
	Hommes.	Femmes.	Deux sexes.					
1000	1000	1000	1000	1000	1000	1000	1000	1000
769	770	791	780	775	817	811	804	745
658	720	739	730	718	754	765	768	709
614	686	704	695	687	708	735	736	682
585	662	679	671	664	677	715	709	662
563	647	666	656	642	651	701	689	647
546	635	654	644	622	630	688	676	634
532	624	643	634	607	614	677	664	624
523	615	635	625	595	601	667	652	615
515	608	628	618	585	594	659	646	607
508	601	622	611	577	589	653	639	600
502	596	616	606	570	585	648	633	595
497	591	612	602	564	582	643	627	590
492	587	608	597	559	579	639	621	585
488	583	604	594	554	576	635	616	581
483	579	601	590	549	573	631	611	578
479	575	597	586	544	569	626	606	574
474	571	593	582	539	565	622	601	570
470	567	589	578	535	561	618	596	565
465	563	585	574	531	557	614	590	561
461	558	581	570	527	553	610	584	556
456	553	577	565	522	548	606	577	551
451	548	572	560	517	542	602	571	545
446	543	568	555	512	537	597	566	540
441	538	564	551	507	531	592	559	534
436	532	559	546	502	525	587	551	529
431	527	555	541	498	519	582	543	523
426	521	550	535	495	512	577	535	517
421	516	544	530	492	506	572	526	512
415	510	539	525	489	500	567	517	506
409	505	533	519	486	494	563	508	500

Suite

Ages.	Londres.	STOCKHOLM.		Vienne.	Berlin.	Norwich.	Northampton.	CHESTER	
		Hommes.	Femmes.					Hommes.	Fem
31	266	212	279	243	264	336	370	417	4
32	260	205	273	239	259	331	364	412	4
33	254	198	267	235	254	326	357	407	4
34	248	192	261	231	249	321	351	402	4
35	242	185	254	226	243	316	344	397	4
36	236	179	248	221	237	311	338	391	4
37	230	172	242	216	230	306	331	385	4
38	224	166	236	211	223	300	325	379	4
39	218	160	230	205	216	295	318	373	4
40	212	154	223	199	209	290	312	366	4
41	207	148	217	194	203	284	305	360	4
42	201	142	210	189	197	279	299	352	4
43	194	136	204	185	192	274	292	345	4
44	187	130	197	181	187	268	285	337	3
45	180	124	190	176	182	263	279	329	3
46	174	119	184	171	177	257	272	322	3
47	167	113	177	165	172	251	265	314	3
48	159	108	171	159	167	245	259	306	3
49	153	102	164	153	162	239	252	298	3
50	147	97	158	147	157	233	245	290	3
51	141	91	152	142	152	227	238	281	3
52	135	86	146	137	147	221	231	273	3
53	130	81	141	133	142	215	224	264	3
54	125	76	135	128	137	208	217	256	3
55	120	71	130	123	132	202	210	249	3
56	116	67	125	117	127	195	203	241	3
57	111	62	120	111	121	188	196	234	3
58	106	58	115	106	115	181	189	226	3
59	101	54	110	101	109	175	182	219	2
60	96	50	105	96	103	168	175	211	2
61	92	46	100	91	97	161	168	201	2
62	87	42	94	87	92	154	161	190	2
63	83	38	88	82	88	147	154	178	2
64	78	35	82	77	84	139	147	167	2
65	74	31	77	72	80	132	140	156	2

table première.

Breslaw.	SUÈDE.			Brandebourg.	Holy Cross, près de Shrewbury.	Canton de Vaud.	Annuitaires en Hollande.	Tontines de France.
	Hommes.	Femmes.	Deux sexes.					
403	499	527	513	482	489	558	499	495
397	493	521	507	477	483	553	490	490
391	487	515	501	472	478	548	482	484
384	481	508	495	467	472	544	474	479
377	475	502	488	462	466	539	467	474
370	469	496	482	456	460	533	460	469
363	463	490	477	450	453	527	453	464
356	457	485	471	444	447	520	446	459
349	451	479	465	438	441	513	439	454
342	445	473	459	432	435	506	432	449
335	438	467	453	427	428	500	425	444
328	431	459	445	422	422	494	419	439
321	423	452	437	417	416	488	413	434
314	415	444	430	412	409	482	407	429
307	407	437	422	407	402	476	400	424
299	399	429	414	400	394	469	393	419
291	391	423	407	394	387	461	386	413
283	383	416	400	388	380	451	378	408
275	375	410	392	381	373	441	370	402
267	367	403	385	374	365	431	362	396
259	357	395	376	367	358	422	354	390
250	348	387	367	359	351	414	345	384
241	338	379	358	351	344	406	336	378
232	329	370	349	343	335	397	327	371
224	319	362	340	334	327	388	318	363
216	310	353	331	324	319	377	309	355
209	300	345	322	314	310	364	300	346
201	290	336	312	304	301	348	291	338
193	280	327	303	293	292	331	282	329
186	270	317	293	282	283	314	273	319
178	260	306	282	271	273	299	264	309
170	249	294	271	260	264	286	255	299
163	237	282	259	248	255	274	245	288
155	226	270	247	236	245	262	235	278
147	214	258	235	224	236	250	225	267

Suite d

Ages.	Londres.	STOCKHOLM.		Vienne.	Berlin.	Norwich.	Northampton.	CHESTER.	
		Hommes.	Femmes.					Hommes.	Femm
66	70	28	72	67	75	124	133	148	22
67	65	26	67	62	70	116	126	141	21
68	61	23	62	57	65	109	119	136	21
69	56	21	57	52	60	101	113	130	20
70	52	20	52	48	55	94	106	123	19
71	47	17	47	44	51	86	99	115	18
72	43	15	42	40	47	79	92	103	16
73	39	13	38	36	43	73	85	92	15
74	35	11	33	33	39	66	78	81	13
75	32	10	28	30	35	59	71	72	12
76	28	8	23	27	32	52	65	64	11
77	25	6	19	24	29	46	58	58	10
78	22	5	16	21	26	40	52	52	9
79	19	4	13	18	23	35	46	47	8
80	17	3	10	16	20	31	40	41	7
81	14	2	8	14	18	27	35	36	6
82	12	2	6	12	16	24	30	31	5
83	10	1	4	10	14	20	25	26	4
84	8	1	3	8	12	17	20	22	3
85	7	1	2	7	10	14	16	19	2
86	6	0	1	6	8	12	12	15	2
87	5	0	1	5	7	9	9	13	1
88	4	0	0	4	6	8	7	11	1
89	3	0	0	3	5	6	5	9	1
90	2	0	0	2	4	4	4	7	1
91	1	0	0	1	3	2	3	6	1
92	0	0	0	0	2	1	2	4	
93	0	0	0	0	1	0	1	2	
94	0	0	0	0	0	0	1	1	
95	0	0	0	0	0	0	0	0	
96	0	0	0	0	0	0	0	0	
97	0	0	0	0	0	0	0	0	

a table première.

	Breslaw.	SUÈDE.			Brandebourg.	Holy Cross, près de Shrewbury.	Canton de Vaud.	Annuitaires en Hollande.	Tontines de France.
		Hommes.	Femmes.	Deux sexes.					
56	140	203	246	224	213	226	236	215	256
57	132	191	234	212	202	216	220	205	245
58	124	179	222	200	190	206	202	195	234
59	117	167	210	187	178	195	184	185	222
70	109	154	198	175	166	185	168	175	211
71	101	142	185	162	153	175	153	165	199
72	93	129	171	149	138	164	140	155	187
73	85	117	156	135	122	155	129	145	175
74	77	105	140	121	107	144	119	135	162
75	69	94	125	108	93	134	109	125	148
76	61	84	111	96	80	124	98	114	134
77	53	74	98	84	68	115	85	103	120
78	45	65	86	75	59	106	71	92	106
79	38	56	75	65	51	96	58	82	94
80	32	48	65	56	44	87	46	72	81
81	26	41	55	47	38	78	36	62	70
82	22	34	46	38	32	69	29	53	59
83	18	27	38	31	25	61	24	45	49
84	15	21	30	24	21	53	20	38	40
85	12	16	22	19	15	44	17	31	33
86	9	12	17	14	11	36	14	25	26
87	6	9	13	11	8	29	11	19	21
88	4	7	10	8	6	23	9	14	16
89	2	5	8	6	4	18	7	10	12
90	1	4	6	5	3	13	5	7	8
91	0	3	4	3	2	10	4	5	5
92	0	2	3	2	1	8	3	4	3
93	0	1	2	1	0	6	2	2	1
94	0	0	1	0	0	4	1	1	1
95	0	0	1	0	0	2	0	0	0
96	0	0	0	0	0	1	0	0	0
97	0	0	0	0	0	0	0	0	0

TABL

VIE MOYENNE *à différens âg*

Ages.	Londres.	STOCKHOLM.		Vienne.	Berlin.	Norwich.	Northampton.	CHESTE	
		Hommes.	Femmes.					Hommes.	Fe
Birth.	17.90	14.25	18.10	16.37	17.85	23.16	25.18	28.13	33
5	35.28	31.05	37.12	36.54	28.67	40.22	40.84	43.20	47
10	34.91	30.00	36.89	37.02	37.15	40.26	39.78	41.92	45
15	32.32	26.74	33.43	34.11	33.65	37.50	36.51	38.05	41
20	29.37	23.85	30.01	31.39	30.34	34.37	33.43	34.86	38
25	26.66	21.40	26.80	28.32	27.47	31.56	30.85	32.00	34
30	24.11	19.42	23.98	25.62	25.25	28.93	28.27	29.25	32
35	21.76	17.58	21.62	22.66	22.76	26.06	25.68	25.97	29
40	19.50	15.61	19.25	20.49	20.91	23.18	23.08	22.92	26
45	17.63	13.78	17.17	17.82	18.85	20.30	20.52	20.20	23
50	15.84	11.95	15.12	15.88	16.40	17.55	17.99	17.64	20
55	13.91	10.30	12.89	13.50	14.14	14.88	15.58	15.14	17
60	11.69	8.69	10.45	11.65	12.49	12.36	13.21	12.36	14
65	9.69	7.39	8.39	9.51	10.48	10.06	10.88	10.79	11
70	8.00	5.81	6.16	8.30	8.69	8.12	8.60	8.05	8
75	6.27	4.09	4.39	6.37	7.08	6.44	6.54	7.00	7
80	4.86	3.20	3.09	5.50	6.07	5.15	4.75	5.43	5
85	3.04	1.78	2.02	3.33	4.50	3.50	3.37	4.25	4
90	0.00	0.00	0.00	1.50	2.83	1.50	2.41	2.50	3
95	0.00	0.00	0.00	0.00	0.00	0.00	0.75	0.00	1

II.

et dans différens lieux.

Âges.	Breslaw.	SUÈDE.			Brandebourg.	Holy Cross, près de Shrewbory.	Canton de Vaud.	Annuitaires en Hollande.	Tontines de France.
		Hommes.	Femmes.	Deux sexes.					
Naiss.	26.60	33.20	35.70	34.42	32.51	33.93	37.56	34.47	34.79
5	41.47	45.62	48.00	46.79	45.08	46.30	47.11	44.45	48.19
10	40.40	43.94	46.25	45.07	44.93	46.00	45.66	42.71	46.76
15	37.40	40.56	42.76	41.64	42.10	42.25	42.17	39.55	43.46
20	34.15	36.95	39.15	38.02	38.76	38.66	38.53	36.31	40.08
25	30.89	33.63	35.58	34.53	35.56	35.58	34.84	33.27	37.01
30	27.81	30.34	32.17	31.21	31.66	32.66	31.33	30.92	33.96
35	24.92	27.09	29.03	28.03	28.17	29.43	27.61	28.36	30.73
40	22.19	23.75	25.21	24.66	24.95	26.40	24.24	25.49	27.30
45	19.56	20.71	22.57	21.61	21.33	23.35	20.62	22.34	23.77
50	17.07	17.72	19.26	18.46	17.98	20.40	17.49	19.41	20.24
55	14.77	14.98	16.15	15.53	14.83	17.47	14.14	16.72	16.88
60	12.31	12.24	13.08	12.63	12.09	14.86	11.84	14.10	13.86
65	9.86	9.78	10.49	10.10	9.57	12.30	9.26	11.56	11.07
70	7.45	7.60	7.91	7.72	7.01	10.00	7.52	9.15	8.34
75	5.51	5.89	6.03	5.91	5.53	7.87	5.36	7.81	5.79
80	4.07	4.27	4.47	4.28	4.27	5.75	4.24	5.05	4.73
85	2.37	3.16	3.40	3.23	2.83	3.90	3.21	3.38	3.45
90	0.00	2.02	2.55	2.05	1.50	2.89	0.00	2.47	1.79
95	0.00	0.00	1.07	1.00	0.00	1.00	0.00	0.00	0.83

TABLE III.

Nombre de VIVANS *et de* DÉCÉDÉS *à chaque âge d'apr[ès]*
les observations de M. Deparcieux.

Ages.	Vivans.	Décédés.	Ages.	Vivans.	Décédés.	Ages.	Vivans.	Décédés.
3	1000	30	34	702	8	65	395	15
4	970	22	35	694	8	66	380	16
5	948	18	36	686	8	67	364	17
6	930	15	37	678	7	68	347	18
7	915	13	38	671	7	69	329	19
8	902	12	39	664	7	70	310	19
9	890	10	40	657	7	71	291	20
10	880	8	41	650	7	72	271	20
11	872	6	42	643	7	73	251	20
12	866	6	43	636	7	74	231	20
13	860	6	44	629	7	75	211	19
14	854	6	45	622	7	76	192	19
15	848	6	46	615	8	77	173	19
16	842	7	47	607	8	78	154	18
17	835	7	48	599	9	79	136	18
18	828	7	49	590	9	80	118	17
19	821	7	50	581	10	81	101	16
20	814	8	51	571	11	82	85	14
21	806	8	52	560	11	83	71	12
22	798	8	53	549	11	84	59	11
23	790	8	54	538	12	85	48	10
24	782	8	55	526	12	86	38	9
25	774	8	56	514	12	87	29	7
26	766	8	57	502	13	88	22	6
27	758	8	58	489	13	89	16	5
28	750	8	59	476	13	90	11	4
29	742	8	60	463	13	91	7	3
30	734	8	61	450	13	92	4	2
31	726	8	62	437	14	93	2	1
32	718	8	63	423	14	94	1	1
33	710	8	64	409	14	95	0	0

TABLE IV.

VIE MOYENNE *d'après les observations de*
M. Deparcieux.

Ages.	Vie moyenne.	Ages.	Vie moyenne.	Ages.	Vie moyenne.
3	47.71	34	31.52	65	11.26
4	48.17	35	30.88	66	10.69
5	48.27	36	30.23	67	10.14
6	48.20	37	29.58	68	9.61
7	47.98	38	28.89	69	9.11
8	47.66	39	28.18	70	8.64
9	47.30	40	27.48	71	8.17
10	46.83	41	26.77	72	7.73
11	46.26	42	26.06	73	7.31
12	45.58	43	25.34	74	6.90
13	44.89	44	24.62	75	6.50
14	44.20	45	23.89	76	6.10
15	43.51	46	23.15	77	5.71
16	42.82	47	22.45	78	5.36
17	42.17	48	21.74	79	5.00
18	41.52	49	21.07	80	4.69
19	40.87	50	20.38	81	4.39
20	40.22	51	19.73	82	4.01
21	39.62	52	19.11	83	3.84
22	39.00	53	18.48	84	3.52
23	38.40	54	17.85	85	3.21
24	37.78	55	17.25	86	2.92
25	37.17	56	16.64	87	2.67
26	36.55	57	16.02	88	2.36
27	35.93	58	15.44	89	2.06
28	35.30	59	14.84	90	1.77
29	34.69	60	14.25	91	1.50
30	34.06	61	13.65	92	1.25
31	33.29	62	13.04	93	1.00
32	32.80	63	12.43	94	0.00
33	32.16	64	11.86		

TABLE V.

Valeur d'une annuité sur UNE TÊTE, *d'après les observations*
de **M. Deparcieux.**

Ages.	3 pour cent.	3 ½ pour cent.	4 pour. cent.	4 ½ pour cent.	5 pour cent.	6 pour cent.
3	22.028	19.980	18.242	16.756	15.475	13.391
4	22.390	20.319	18.559	17.052	15.752	13.633
5	22.597	20.518	18.749	17.233	15.923	13.787
6	22.726	20.647	18.877	17.357	16.043	13.897
7	22.791	20.720	18.953	17.435	16.121	13.972
8	22.813	20.754	18.996	17.482	16.171	14.024
9	22.815	20.770	19.022	17.515	16.209	14.066
10	22.766	20.742	19.008	17.512	16.213	14.079
11	22.664	20.665	18.949	17.468	16.179	14.061
12	22.506	20.536	18.844	17.380	16.106	14.007
13	22.343	20.403	18.734	17.289	16.029	13.951
14	22.175	20.266	18.620	17.194	15.949	13.892
15	22.002	20.123	18.502	17.095	15.865	13.830
16	21.823	19.976	18.380	16.991	15.777	13.765
17	21.666	19.849	18.275	16.905	15.705	13.713
18	21.505	19.717	18.167	16.815	15.629	13.658
19	21.339	19.581	18.054	16.721	15.551	13.601
20	21.168	19.441	17.938	16.624	15.469	13.541
21	21.020	19.321	17.841	16.544	15.403	13.496
22	20.867	19.197	17.740	16.462	15.336	13.450
23	20.711	19.071	17.637	16.377	15.265	13.401
24	20.550	18.940	17.530	16.289	15.193	13.350
25	20.386	18.805	17.420	16.198	15.117	13.298
26	20.217	18.667	17.306	16.104	15.039	13.243
27	20.043	18.524	17.188	16.006	14.957	13.185
28	19.864	18.377	17.066	15.905	14.873	13.126
29	19.681	18.225	16.940	15.800	14.785	13.063
30	19.492	18.069	16.810	15.691	14.693	12.998

Suite de la table **V**.

âges.	3 pour cent.	3 ¹/₂ pour cent.	4 pour cent.	4 ¹/₂ pour cent.	5 pour cent.	6 pour cent.
31	19.298	17.907	16.675	15.578	14.598	12.930
32	19.099	17.741	16.535	15.460	14.499	12.858
33	18.893	17.568	16.390	15.338	14.395	12.783
34	18.682	17.390	16.240	15.211	14.287	12.704
35	18.464	17.207	16.084	15.078	14.175	12.622
36	18.240	17.017	15.922	14.941	14.057	12.535
37	18.009	16.820	15.755	14.797	13.934	12.444
38	17.742	16.590	15.556	14.624	13.783	12.329
39	17.467	16.352	15.349	14.444	13.625	12.206
40	17.183	16.105	15.133	14.254	13.459	12.076
41	16.889	15.848	14.907	14.056	13.284	11.939
42	16.585	15.581	14.673	13.849	13.100	11.793
43	16.271	15.304	14.427	13.631	12.906	11.638
44	15.946	15.016	14.171	13.403	12.702	11.473
45	15.609	14.716	13.904	13.164	12.487	11.299
46	15.260	14.405	13.625	12.913	12.261	11.113
47	14.925	14.105	13.357	12.672	12.044	10.935
48	14.578	13.794	13.076	12.419	11.815	10.746
49	14.244	13.494	12.807	12.176	11.595	10.564
50	13.899	13.183	12.526	11.921	11.363	10.372
51	13.567	12.883	12.255	11.675	11.140	10.187
52	13.248	12.596	11.995	11.440	10.927	10.010
53	12.919	12.298	11.725	11.195	10.703	9.823
54	12.579	11.989	11.443	10.938	10.468	9.625
55	12.252	11.692	11.173	10.691	10.242	9.436
56	11.914	11.383	10.891	10.433	10.006	9.235
57	11.565	11.063	10.597	10.163	9.757	9.024
58	11.228	10.755	10.314	9.902	9.517	8.819
59	10.881	10.436	10.020	9.631	9.266	8.604
60	10.522	10.104	9.713	9.346	9.003	8.376
61	10.151	9.760	9.393	9.049	8.726	8.135
62	9.766	9.402	9.060	8.738	8.435	7.880
63	9.392	9.053	8.734	8.433	8.150	7.629
64	9.005	8.691	8.394	8.114	7.850	7.363
65	8.604	8.314	8.039	7.780	7.535	7.082

Suite de la table **V**.

Ages.	3 pour cent.	3 ¹/₂ pour cent.	4 pour cent.	4 ¹/₂ pour cent.	5 pour cent.	6 pour cent.
66	8.212	7.944	7.691	7.451	7.224	6.80
67	7.830	7.584	7.350	7.129	6.918	6.528
68	7.460	7.234	7.019	6.814	6.620	6.256
69	7.104	6.896	6.699	6.511	6.331	5.997
70	6.766	6.575	6.394	6.221	6.055	5.747
71	6.424	6.250	6.084	5.925	5.773	5.489
72	6.105	5.946	5.794	5.648	5.505	5.248
73	5.789	5.644	5.506	5.373	5.246	5.006
74	5.479	5.348	5.222	5.101	4.985	4.766
75	5.178	5.060	4.945	4.836	4.730	4.531
76	4.862	4.755	4.652	4.553	4.458	4.278
77	4.557	4.462	4.370	4.281	4.195	4.033
78	4.273	4.188	4.105	4.025	3.948	3.802
79	3.984	3.908	3.834	3.763	3.694	3.563
80	3.730	3.662	3 596	3.533	3.471	3.353
81	3.448	3.428	3.370	3.313	3.258	3.153
82	3.269	3.216	3.164	3.114	3.065	2.971
83	3.031	2.984	2.939	2 895	2.853	2.770
84	2.757	2 717	2.679	2.641	2.604	2.534
85	2.490	2.457	2.424	2.392	2.361	2.301
86	2.240	2.212	2.185	2.158	2.132	2.081
87	2.023	2.000	1.977	1.955	1.933	1.891
88	1.747	1.728	1.711	1.693	1.675	1.642
89	1.474	1.460	1.446	1.433	1.418	1.394
90	1.208	1.198	1.187	1.178	1.166	1.149
91	0.955	0.948	0.941	0.934	0.924	0.913
92	0.721	0.716	0.712	0.707	0.703	0.694
93	0.485	0.483	0.481	0.478	0.476	0.472
94	0.000	0.000	0.000	0.000	0.000	0.000

TABLE VI.

aleur d'une annuité sur DEUX TÊTES RÉUNIES, *d'après les observations de* M. Deparcieux.

Différence d'âge, o ans.

ges.	3½ p. cent.	4½ p. cent.	Ages.	3½ p. cent.	4½ p. cent.	Ages.	3½ p. cent.	4½ p. cent.
			36	13.839	12.408	71	3.968	3.871
			37	13.663	12.274	72	3.735	3.599
3	15.785	13.571	38	13.438	12.095	73	3.507	3.384
4	16.364	14.072	39	13.203	11.907	74	3.285	3.176
5	16.732	14.396	40	12.958	11.710	75	3.075	2.977
6	16.994	14.632	41	12.702	11.502	76	2.844	2.758
7	17.171	14.796	42	12.434	11.282	77	2.625	2.549
8	17.287	14.910	43	12.154	11.051	78	2.429	2.362
9	17.378	15.004	44	11.861	10.807	79	2.224	2.165
0	17.398	15.038	45	11.554	10.549	80	2.057	2.005
1	17.338	15.004	46	11.232	10.276	81	1.906	1.860
2	17.195	14.897	47	10.934	10.023	82	1.786	1.745
3	17.046	14.786	48	10.621	9.756	83	1.649	1.614
4	16.891	14.669	49	10.331	9.508	84	1.472	1.442
5	16.731	14.547	50	10.026	9.246	85	1.301	1.276
6	16.564	14.419	51	9.743	9.004	86	1.149	1.128
7	16.432	14.321	52	9.485	8.782	87	1.042	1.024
8	16.296	14.220	53	9.214	8.549	88	0.873	0.860
9	16.155	14.114	54	8.930	8.303	89	0.709	0.699
0	16.010	14.004	55	8.669	8.077	90	0.552	0.545
1	15.901	13.926	56	8.397	7.839	91	0.410	0.405
2	15.789	13.846	57	8.111	7.588	92	0.300	0.296
3	15.674	13.764	58	7.847	7.357	93	0.242	0.239
4	15.556	13.679	59	7.572	7.114	94	0.000	0.000
5	15.435	13.591	60	7.283	6.857			
6	15.311	13.501	61	6.979	6.585			
7	15.183	13.408	62	6.660	6.297			
8	15.051	13.312	63	6.357	6.024			
9	14.916	13.213	64	6.037	5.733			
0	14.776	13.110	65	5.700	5.423			
a	14.632	13.004	66	5.374	5.123			
b	14.484	12.893	67	5.062	4.835			
3	14.331	12.779	68	4.765	4.560			
4	14.172	12.660	69	4.486	4.300			
5	14.008	12.536	70	4.230	4.062			

TABLE VII.

Valeur d'une annuité sur DEUX TÊTES RÉUNIES, *d'après observations de* M. Deparcieux.

Différence d'âge, 5 ans.

Ages.	3½ p. cent.	4½ p. cent.	Ages.	3½ p. cent.	4½ p. cent.	Ages.	3½ p. cent.	4 p.c
			31—36	14.199	12.680	61—66	6.065	5.
			32—37	14.035	12.556	62—67	5.749	5.
3— 8	16.510	14.219	33—38	13.843	12.408	63—68	5.448	5.
4— 9	16.854	14.525	34—39	13.644	12.252	64—69	5.151	4.
5—10	17.052	14.708	35—40	13.436	12.089	65—70	4.858	4.
6—11	17.155	14.811	36—41	13.220	11.918	66—71	4.568	4.
7—12	17.172	14.840	37—42	12.995	11.739	67—72	4.300	4.
8—13	17.154	14.841	38—43	12.740	11.531	68—73	4.040	3.
9—14	17.121	14.828	39—44	12.473	11.313	69—74	3.792	3.
10—15	17.048	14.783	40—45	12.194	11.082	70—75	3.561	3.
11—16	16.934	14.701	41—46	11.902	10.839	71—76	3.314	3.
12—17	16.796	14.598	42—47	11.617	10.601	72—77	3.088	2.
13—18	16.653	14.491	43—48	11.318	10.349	73—78	2.877	2.
14—19	16.505	14.380	44—49	11.025	10.102	74—79	2.663	2.
15—20	16.351	14.264	45—50	10.718	9.841	75—80	2.478	2.
16—21	16.213	14.161	46—51	10.416	9.583	76—81	2.293	2.
17—22	16.091	14.071	47—52	10.137	9.345	77—82	2.130	2.
18—23	15.965	13.979	48—53	9.845	9.095	78—83	1.964	1.
19—24	15.835	13.884	49—54	9.557	8.846	79—84	1.770	1.
20—25	15.701	13.784	50—55	9.274	8.602	80—85	1.596	1.
21—26	15.583	13.699	51—56	8.994	8.360	81—86	1.437	1.
22—27	15.462	13.612	52—57	8.719	8.120	82—87	1.316	1.
23—28	15.338	13.522	53—58	8.449	7.886	83—88	1.150	1.
24—29	15.210	13.429	54—59	8.168	7.639	84—89	0.969	0.
25—30	15.079	13.333	55—60	7.889	7.394	85—90	0.793	0.
26—31	14.943	13.233	56—61	7.597	7.136	86—91	0.630	0.
27—32	14.804	13.131	57—62	7.291	6.862	87—92	0.495	0.
28—33	14.660	13.024	58—63	7.003	6.605	88—93	0.351	0.
29—34	14.511	12.914	59—64	6.701	6.333	89—94	0.000	0.
30—35	14.358	12.799	60—65	6.383	6.045			

TABLE VIII.

leur d'une annuité sur DEUX TÊTES RÉUNIES, *d'après les observations de* M. Deparcieux.

Différence d'âge, 10 ans.

es.	3½ p. cent.	4½ p. cent.	Ages.	3½ p. cent.	4½ p. cent.	Ages.	3½ p. cent.	4½ p. cent.
			31—41	13.500	12.133	61—71	5.054	4.828
			32—42	13.282	11.960	62—72	4.784	4.578
—13	16.366	13.535	33—43	13.055	11.778	63—73	4.523	4.337
—14	16.586	14.345	34—44	12.818	11.587	64—74	4.261	4.093
—15	16.689	14.446	35—45	12.571	11.385	65—75	3.999	3.848
—16	16.733	14.498	36—46	12.312	11.174	66—76	3.728	3.594
—17	16.750	14.528	37—47	12.063	10.970	67—77	3.471	3.351
—18	16.734	14.531	38—48	11.784	10.738	68—78	3.233	3.126
—19	16.703	14.521	39—49	11.513	10.512	69—79	2.996	2.902
—20	16.635	14.479	40—50	11.230	10.274	70—80	2.793	2.709
—21	16.547	14.421	41—51	10.954	10.042	71—81	2.598	2.524
—22	16.418	14.326	42—52	10.686	9.817	72—82	2.431	2.365
—23	16.285	14.228	43—53	10.406	9.579	73—83	2.253	2.195
—24	16.147	14.126	44—54	10.112	9.329	74—84	2.049	1.999
—25	16.004	14.020	45—55	9.825	9.083	75—85	1.853	1.811
—26	15.856	13.909	46—56	9.525	8.824	76—86	1.663	1.627
—27	15.724	13.811	47—57	9.227	8.566	77—87	1.503	1.473
—28	15.586	13.710	48—58	8.935	8.312	78—88	1.303	1.279
—29	15.445	13.605	49—59	8.645	8.060	79—89	1.100	1.082
—30	15.299	13.496	50—60	8.342	7.793	80—90	0.909	0.895
—31	15.168	13.400	51—61	8.039	7.526	81—91	0.727	0.717
—32	15.032	13.301	52—62	7.736	7.257	82—92	0.566	0.559
—33	14.893	13.199	53—63	7.437	6.992	83—93	0.401	0.398
—34	14.750	13.092	54—64	7.124	6.711	84—94	0.000	0.000
—35	14.601	12.982	55—65	6.809	6.428			
—36	14.448	12.868	56—66	6.496	6.145			
—37	14.290	12.749	57—67	6.187	5.864			
—38	14.104	12.606	58—68	5.895	5.598			
—39	13.911	12.455	59—69	5.611	5.339			
—40	13.710	12.298	60—70	5.337	5.088			

TABLE IX

Valeur d'une annuité sur DEUX TÊTES RÉUNIES*, d'après observations de* M. Deparcieux.

Différence d'âge, 20 ans.

Ages.	3 ¹/₂ p. cent.	4 ¹/₂ p. cent.	Ages.	3 ¹/₂ p. cent.	4 ¹/₂ p. cent.	Ages.	3 ¹/₂ p. cent.	4 p.
			31—51	11.398	10.407	61—81	3.039	2
			32—52	11.163	10.212	62—82	2.849	2
3—23	15.560	13.566	33—53	10.918	10.008	63—83	2.647	2
4—24	15.773	13.765	34—54	10.663	9.794	64—84	2.409	2
5—25	15.876	13.870	35—55	10.418	9.589	65—85	2.173	2
6—26	15.925	13 929	36—56	10.163	9.374	66—86	1.954	1
7—27	15.929	13.951	37—57	9 897	9.148	67—87	1.766	1
8—28	15.903	13.946	38—58	9.625	8.916	68—88	1.528	1
9—29	15.861	13.929	39—59	9.342	8.673	69—89	1.293	1
10—30	15.784	13 882	40—60	9.046	8.417	70—90	1.066	1
11—31	15.668	13.801	41—61	8.737	8.147	71—91	0 846	0
12—32	15.511	13.684	42—62	8.413	7.862	72—92	0.646	0
13—33	15.348	13.562	43—63	8.095	7.582	73—93	0.445	0
14—34	15.179	13.434	44—64	7.762	7.285	74—94	0.000	0
15—35	15.004	13.301	45—65	7.412	6.972			
16—36	14.822	13.162	46—66	7.065	6.659			
17—37	14 652	13.033	47—67	6.734	6.360			
18—38	14.452	12.878	48—68	6.409	6.065			
19—39	14.245	12.716	49—69	6.103	5.787			
20—40	14.028	12.545	50—70	5.807	5.517			
21—41	13.821	12.382	51—71	5.515	5.250			
22—42	13.606	12.211	52—72	5 250	5.007			
23—43	13.381	12.032	53—73	4.984	4.762			
24—44	13 147	11.843	54—74	4.720	4.518			
25—45	12.902	11.645	55—75	4.470	4.286			
26—46	12.647	11.436	56—76	4.203	4.037			
27—47	12.402	11.236	57—77	3.943	3.794			
28—48	12.146	11.025	58—78	3 706	3.573			
29—49	11.901	10.823	59—79	3.463	3.343			
30—50	11.645	10.611	60—80	3.246	3.140			

TABLE X.

Valeur d'une annuité SUR DEUX TÊTES RÉUNIES, *d'après les observations de* M. Deparcieux.

Différence d'âge, 30 ans.

Ages.	3 1/2 -p. cent.	4 1/2 p. cent.	Ages.	3 1/2 p. cent.	4 1/2 p. cent.
3—33	14.605	12.893	36—66	7.357	6.920
4—34	14.761	13.048	37—67	7.043	6.639
5—35	14.813	13.112	38—68	6.726	6.353
6—36	14.810	13.130	39—69	6.420	6.076
7—37	14.764	13.111	40—70	6.127	5.811
8—38	14.662	13.043	41—71	5.828	5.538
9—39	14.542	12.960	42—72	5.548	5.282
10—40	14.384	12.843	43—73	5.268	5.025
11—41	14.186	12.690	44—74	4.990	4.770
12—42	13.946	12.498	45—75	4.718	4.518
13—43	13.694	12.296	46—76	4.427	4.248
14—44	13.432	12.084	47—77	4.152	3.991
15—45	13.158	11.860	48—78	3.892	3.748
16—46	12.872	11.624	49—79	3.632	3.503
17—47	12.611	11.410	50—80	3.399	3.284
18—48	12.339	11.185	51—81	3.182	3.080
19—49	12.076	10.968	52—82	2.991	2.899
20—50	11.801	10.739	53—83	2.780	2.700
21—51	11.551	10.532	54—84	2.533	2.464
22—52	11.313	10.335	55—85	2.296	2.238
23—53	11.064	10.128	56—86	2.072	2.023
24—54	10.805	9.911	57—87	1.877	1.836
25—55	10.557	9.702	58—88	1.629	1.596
26—56	10.298	9.484	59—89	1.381	1.356
27—57	10.029	9.255	60—90	1.138	1.119
28—58	9.769	9.034	61—91	0.904	0.891
29—59	9.499	8.803	62—92	0.686	0.677
30—60	9.218	8.561	63—93	0.467	0.463
31—61	8.924	8.306	64—94	0.000	0.000
32—62	8.617	8.038			
33—63	8.318	7.775			
34—64	8.005	7.499			
35—65	7.678	7.207			

TABLE XI.

Valeur d'une annuité sur DEUX TÊTES RÉUNIES, *d'après les observations de* M. Deparcieux.

Différence d'âge, 4o ans.

Ages.	3 1/2 p. cent.	4 1/2 p. cent.	Ages.	3 1/2 p. cent.	4 1/2 p. cent.
3—43	12.996	11.665	31—71	5.874	5.578
4—44	13.021	11.706	32—72	5.601	5.329
5—45	12.944	11.658	33—73	5.329	5.081
6—46	12.812	11.560	34—74	5.062	4.835
7—47	12.656	11.440	35—75	4.802	4.595
8—48	12.465	11.289	36—76	4.525	4.338
9—49	12.275	11.138	37—77	4.259	4.091
10—50	12.048	10.954	38—78	4.004	3.852
11—51	11.804	10.754	39—79	3.742	3.607
12—52	11.543	10.538	40—80	3.511	3.390
13—53	11.272	10.311	41—81	3.292	3.184
14—54	10.989	10.073	42—82	3.092	2.996
15—55	10.715	9.843	43—83	2.874	2.790
16—56	10.430	9.601	44—84	2.619	2.547
17—57	10.145	9.359	45—85	2.370	2.309
18—58	9.871	9.125	46—86	2.133	2.082
19—59	9.585	8.879	47—87	1.931	1.888
20—60	9.287	8.621	48—88	1.670	1.636
21—61	8.987	8.362	49—89	1.413	1.387
22—62	8.675	8.088	50—90	1.160	1.141
23—63	8.369	7.820	51—91	0.919	0.906
24—64	8.050	7.538	52—92	0.698	0.689
25—65	7.717	7.241	53—93	0.473	0.469
26—66	7.389	6.948	54—94	0.000	0.000
27—67	7.068	6.659			
28—68	6.755	6.378			
29—69	6.454	6.105			
30—70	6.166	5.845			

TABLE XII.

Valeur d'une annuité sur DEUX TÊTES RÉUNIES, *d'après les observations de* M. Deparcieux.

Différence d'âge, 50 ans.

Ages.	3 ½. p. cent.	4 ½. p. cent.	Ages.	3 ½. p. cent.	4 ½. p. cent.
3—53	10 680	9.770	26—76	4.529	4.342
4—54	10.629	9.741	27—77	4.258	4.089
5—55	10.513	9.653	28—78	4.003	3.851
6—56	10.351	9.522	29—79	3.742	3 607
7—57	10.149	9 356	30—80	3.513	3.391
8—58	9.939	9.181	31—81	3.294	3.186
9—59	9.710	8.989	32—82	3.097	3.000
10—60	9.449	8.767	33—83	2.880	2.796
11—61	9.155	8.513	34—84	2.628	2.556
12—62	8.825	8.224	35—85	2.382	2.320
13—63	8 502	7.941	36—86	2.150	2.099
14—64	8.164	7.643	37—87	1.951	1.908
15—65	7.812	7.328	38—88	1.689	1.655
16—66	7.464	7.017	39—89	1.430	1.403
17—67	7.132	6.719	40—90	1 175	1.156
18—68	6.809	6.428	41—91	0.932	0 918
19—69	6.496	6.145	42—92	0.706	0.697
20—70	6.197	5.873	43—93	0.478	0.473
21—71	5.901	5.603	44—94	0.000	0.000
22—72	5.624	5.351			
23—73	5.348	5.098			
24—74	5.076	4.848			
25—75	4.811	4.604			

TABLE III.

Valeur d'une annuité sur DEUX TÊTES RÉUNIES, *d'après* *les observations de* M. Deparcieux.

Différence d'âge, 60 ans.

Ages.	3 ¹/₂ pour cent.	4 ¹/₂ pour cent.
3—63	8.049	7.520
4—64	7.883	7.379
5—65	7.644	7.169
6—66	7.383	6.938
7—67	7.108	6.693
8—68	6.828	6.443
9—69	6.554	6.197
10—70	6.281	5.951
11—71	5.989	5.685
12—72	5.702	5.424
13—73	5.417	5.162
14—74	5.134	4.903
15—75	4.859	4.649
16—76	4.566	4.377
17—77	4.289	4.119
18—78	4.029	3.876
19—79	3.762	3.625
20—80	3.526	3.404
21—81	3.306	3.197
22—82	3.107	3.010
23—83	2.889	2.804
24—84	2.635	2.562
25—85	2.386	2.325
26—86	2.152	2.100
27—87	1.950	1.907
28—88	1.689	1.654
29—89	1.429	1.403
30—90	1.175	1.155
31—91	0.931	0.918
32—92	0.706	0.697
33—93	0.478	0.473
34—94	0.000	0.000

TABLE XIV.

nbre de VIVANS *et de* DÉCÉDÉS *à chaque âge, d'après les observations faites en Suède.*

es.	HOMMES.		FEMMES.		DEUX SEXES.	
	Vivans.	Décédés.	Vivans.	Décédés.	Vivans.	Décédés.
0	10000	2300	10000	2090	10000	2195
1	7700	500	7910	518	7805	509
2	7200	337	7392	350	7296	344
3	6863	240	7042	250	6952	245
4	6623	150	6792	135	6707	143
5	6473	125	6657	120	6564	122
6	6348	105	6537	105	6442	105
7	6243	90	6432	85	6337	87
8	6153	75	6347	70	6250	73
9	6078	65	6277	60	6177	62
10	6013	55	6217	52	6115	54
11	5958	45	6165	46	6061	45
12	5913	45	6119	40	6016	42
13	5868	40	6079	35	5974	38
14	5828	40	6044	35	5936	37
15	5788	39	6009	35	5899	37
16	5749	39	5974	40	5862	40
17	5710	39	5934	40	5822	40
18	5671	44	5894	42	5782	42
19	5627	44	5852	43	5740	43
20	5583	50	5809	43	5697	47
21	5533	50	5766	43	5650	47
22	5483	50	5623	43	5603	48
23	5433	55	5680	44	5555	48
24	5378	55	5636	45	5507	50
25	5323	55	5591	45	5457	50
26	5268	55	5546	50	5407	52
27	5213	55	5496	52	5355	54
28	5158	55	5444	55	5301	55
29	5103	56	5389	55	5246	55
30	5047	59	5334	60	5191	59

Suite de la table XIV.

Ages.	HOMMES.		FEMMES.		DEUX SEXES	
	Vivans.	Décédés.	Vivans.	Décédés.	Vivans.	Décéd
31	4988	60	5274	60	5132	6
32	4928	60	5214	65	5072	6
33	4868	60	5149	65	5010	6
34	4808	60	5084	65	4947	6
35	4748	60	5019	60	4884	5
36	4688	60	4959	56	4825	5
37	4628	60	4903	56	4767	5
38	4568	60	4847	56	4709	5
39	4508	60	4791	58	4651	6
40	4448	65	4733	65	4591	6
41	4383	72	4668	75	4526	7
42	4311	80	4593	76	4453	7
43	4231	80	4517	76	4375	7
44	4151	80	4441	75	4297	7
45	4071	80	4366	72	4219	7
46	3991	80	4294	67	4143	7
47	3911	80	4227	65	4069	7
48	3831	80	4162	65	3997	7
49	3751	85	4097	70	3924	7
50	3666	95	4027	75	3846	8
51	3571	95	3952	80	3761	8
52	3476	95	3872	85	3674	9
53	3381	95	3787	85	3584	9
54	3286	95	3702	85	3494	9
55	3191	95	3617	85	3403	9
56	3096	95	3532	85	3312	9
57	3001	100	3447	90	3220	9
58	2901	100	3357	90	3125	9
59	2801	100	3267	100	3030	10
60	2701	105	3167	110	2930	10
61	2596	110	3057	118	2822	11
62	2486	115	2939	120	2708	11
63	2371	115	2819	120	2590	11
64	2256	115	2699	120	2472	11
65	2141	115	2579	120	2354	11

Suite de la table XIV.

ges.	HOMMES.		FEMMES.		DEUX SEXES.	
	Vivans.	Décédés.	Vivans.	Décédés.	Vivans.	Décédés.
66	2026	115	2459	120	2236	118
67	1911	120	2339	120	2118	121
68	1791	125	2219	120	1997	124
69	1666	125	2099	120	1873	124
70	1541	125	1979	130	1749	127
71	1416	125	1849	140	1622	133
72	1291	120	1709	150	1489	135
73	1171	120	1559	160	1354	140
74	1051	110	1399	150	1214	130
75	941	105	1249	140	1084	121
76	836	100	1109	130	963	115
77	736	90	979	120	848	105
78	646	85	859	110	743	95
79	561	80	749	100	648	90
80	481	75	649	95	558	90
81	406	70	554	90	468	84
82	336	65	464	85	384	75
83	271	60	379	80	309	65
84	211	50	299	75	244	55
85	161	40	224	55	189	45
86	121	30	169	40	144	35
87	91	22	129	30	109	27
88	69	17	99	23	82	20
89	52	14	76	18	62	15
90	38	12	58	15	47	14
91	26	9	43	12	33	12
92	17	7	31	10	21	10
93	10	6	21	8	11	6
94	4	3	13	6	5	3
95	1	1	7	4	2	1
96	0	0	3	2	1	1
97	0	0	1	1	0	0

TABLE XV.

Vie moyenne, *d'après les observations faites en Suède.*

Ages.	Hommes.	Femmes.	Deux sexes.	Ages.	Hommes.	Femmes.	Deux sexes.
1	42.45	44.00	42.95	31	29.69	31.54	30.57
2	43.83	46.05	44.92	32	29.04	30.91	29.94
3	44.96	47.31	46.11	33	28.39	30.28	29.30
4	45.57	48.04	46.78	34	27.74	29.66	28.67
5	45.62	48.00	46.79	35	27.09	29.03	28.03
6	45.50	47.87	46.66	36	26.43	28.26	27.31
7	45.26	47.64	46.43	37	25.76	27.50	26.68
8	44.91	47.28	46.07	38	25.09	26.74	26.01
9	44.46	46.80	45.61	39	24.42	25.97	25.33
10	43.94	46.25	45.07	40	23.75	25.21	24.66
11	43.26	45.55	44.38	41	23.15	24.68	24.05
12	42.58	44.85	43.70	42	22.54	24.75	23.44
13	41.91	44.15	43.01	43	21.93	23.62	22.83
14	41.24	43.46	42.33	44	21.32	23.10	22.22
15	40.56	42.76	41.64	45	20.71	22.57	21.61
16	39.83	42.04	40.92	46	20.12	21.91	20.98
17	39.11	41.31	40.19	47	19.52	21.24	20.35
18	38.39	40.59	39.47	48	18.92	20.58	19.72
19	37.67	39.87	38.74	49	18.32	19.92	19.09
20	36.95	39.15	38.02	50	17.72	19.26	18.46
21	36.28	38.43	37.33	51	17.17	18.64	17.87
22	35.62	37.72	36.64	52	16.63	18.01	17.29
23	34.96	37.01	35.96	53	16.08	17.39	16.70
24	34.30	36.29	35.27	54	15.53	16.77	16.12
25	33.63	35.58	34.58	55	14.98	16.15	15.53
26	32.98	34.90	33.91	56	14.43	15.53	14.95
27	32.32	34.21	33.23	57	13.87	14.92	14.37
28	31.66	33.53	32.56	58	13.33	14.31	13.79
29	31.00	32.85	31.88	59	12.79	13.69	13.21
30	30.34	32.17	31.21	60	12.24	13.08	12.63

Suite dè là table **XV**.

Ages.	Hommes.	Femmes.	Deux sexes.	Ages.	Hommes.	Femmes.	Deux sexes.
61	11.72	12.56	12.12	81	3.96	4.13	4.01
62	11.21	12.04	11.62	82	3.69	3.84	3.80
63	10.73	11.52	11.11	83	3.45	3.59	3.57
64	10.26	11.01	10.61	84	3.30	3.42	3.39
65	9.78	10.49	10.10	85	3.16	3.40	3.23
66	9.36	9.97	9.62	86	3.04	3.34	3.09
67	8.84	9.46	9.15	87	2.88	3.22	2.92
68	8.40	8.94	8.67	88	2.64	3.05	2.71
69	7.99	8.42	8.20	89	2.34	2.82	2.43
70	7.60	7.91	7.72	90	2.02	2.55	2.05
71	7.22	7.53	7.32	91	1.73	2.27	1.71
72	6.87	7.16	6.89	92	1.38	1.95	1.40
73	6.53	6.78	6.53	93	1.00	1.64	1.23
74	6.22	6.40	6.23	94	0.75	1.35	1.10
75	5.89	6.03	5.91	95	0.00	1.07	1.00
76	5.56	5.73	5.59	96	0.00	0.83	0.00
77	5.25	5.43	5.28	97	0.00	0.00	0.00
78	4.92	5.11	4.96				
79	4.59	4.79	4.61				
80	4.27	4.47	4.28				

TABLE XVI.

Valeur d'une annuité sur UNE TÊTE (HOMME *ou* FEMME)
d'après les observations faites en Suède.

Ages.	HOMMES.		FEMMES.	
	4 pour cent.	5 pour cent.	4 pour cent.	5 pour cent.
1	16.503	14.051	16.820	14.271
2	17.355	14.778	17.719	15.034
3	17.935	15.279	18.344	15.571
4	18.328	15.624	18.780	15.951
5	18.503	15.786	18.927	16.088
6	18.622	15.901	19.045	16.203
6	18.693	15.977	19.131	16.291
8	18.725	16.021	19.162	16.335
9	18.715	16.030	19.151	16.343
10	18.674	16.014	19.109	16.325
11	18.600	15.970	19.041	16.286
12	18.491	15.896	18.952	16.229
13	18.378	15.819	18.840	16.153
14	18.246	15.724	18.707	16.059
15	18.105	15.624	18.568	15.960
16	17.958	15.517	18.424	15.856
17	17.803	15.404	18.290	15.761
18	17.643	15.285	18.151	15.662
19	17.492	15.175	18.013	15.563
20	17.335	15.059	17.872	15.462
21	17.192	14.955	17.725	15.356
22	17.042	14.846	17.573	15.245
23	16.887	14.732	17.414	15.129
24	16.742	14.627	17.252	15.009
25	16.592	14.517	17.087	14.886
26	16.436	14.402	16.915	14.757
27	16.274	14.282	16.751	14.636
28	16.105	14.156	16.588	14.515
29	15.930	14.024	16.427	14.396
30	15.751	13.889	16.261	14.272

Suite de la table XVI.

Ages.	HOMMES.		FEMMES.	
	4 pour cent.	5 pour cent.	4 pour cent.	5 pour cent.
31	15.575	13.756	16.104	14.156
32	15.395	13.619	15.941	14.035
33	15.208	13.477	15.787	13.923
34	15.014	13.327	15.629	13.806
35	14.812	13.170	15.465	13.684
36	14.601	13.006	15.278	13.542
37	14.382	12.833	15.070	13.382
38	14.154	12.652	14.854	13.213
39	13.916	12.462	14.629	13.036
40	13.668	12.261	14.401	12.856
41	13.426	12.065	14.185	12.687
42	13.196	11.880	13.994	12.538
43	12.984	11.710	13.798	12.387
44	12.763	11.532	13.596	12.229
45	12.535	11.347	13.383	12.061
46	12.297	11.153	13.151	11.876
47	12.051	10.951	12.894	11.668
48	11.795	10.738	12.620	11.443
49	11.528	10.516	12.333	11.205
50	11.267	10.298	12.049	10.970
51	11.030	10.100	11.769	10.737
52	10.785	9.895	11.492	10.507
53	10.531	9.682	11.220	10.280
54	10.269	9.460	10.937	10.042
55	9.998	9.229	10.642	9.792
56	9.717	8.988	10.334	9.529
57	9.425	8.736	10.012	9.253
58	9.140	8.489	9.692	8.976
59	8.845	8.232	9.358	8.684
60	8.540	7.963	9.039	8.406
61	8.241	7.700	8.739	8.144
62	7.950	7.442	8.453	7.895
63	7.669	7.193	8.166	7.643
64	7.382	6.938	7.870	7.382
65	7.090	6.676	7.566	7.111

Suite de la table XVI.

Ages.	HOMMES.		FEMMES.	
	4 pour cent.	5 pour cent.	4 pour cent.	5 pour cent.
66	6.792	6.408	7.252	6.831
67	6.489	6.134	6.930	6.541
68	6.201	5.872	6.596	6.239
69	5.933	5.628	6.253	5.926
70	5.670	5.389	5.897	5.599
71	5.418	5.158	5.564	5.293
72	5.180	4.940	5.261	5.013
73	4.940	4.719	4.998	4.770
74	4.724	4.521	4.792	4.581
75	4.487	4.302	4.582	4.388
76	4.253	4.084	4.367	4.189
77	4.024	3.871	4.145	3.983
78	3.768	3.631	3.913	3.767
79	3.512	3.390	3.668	3.536
80	3.260	3.152	3.402	3.285
81	3.017	2.921	3.145	3.041
82	2.792	2.706	2.905	2.812
83	2.600	2.523	2.699	2.615
84	2.473	2.403	2.559	2.480
85	2.371	2.306	2.552	2.476
86	2.281	2.222	2.518	2.446
87	2.154	2.103	2.431	2.365
88	1.955	1.912	2.294	2.236
89	1.698	1.664	2.168	2.059
90	1.417	1.392	1.873	1.833
91	1.154	1.136	1.628	1.596
92	0.835	0.824	1.349	1.325
93	0.477	0.471	1.071	1.054
94	0.240	0.238	0.799	0.788
95	0.000	0.000	0.544	0.537
96	0.000	0.000	0.320	0.317

TABLE XVII.

aleur d'une annuité sur DEUX TÊTES RÉUNIES, *sans distinction de sexe, d'après les observations faites en Suède.*

Différence d'âge, o ans.

Ages.	4 p. cent.	Ages.	4 p. cent.	Ages.	4 p. cent.	Ages.	4 p. cent.
1	12.252	26	13.671	51	8.469	76	2.490
2	13.583	27	13.495	52	8.230	77	2.340
3	14.558	28	13.323	53	7.994	78	2.170
4	15.267	29	13.148	54	7.748	79	1.967
5	15.577	30	12.965	55	7.495	80	1.758
6	15.820	31	12.795	56	7.229	81	1.600
7	16.003	32	12.624	57	6.954	82	1.472
8	16.109	33	12.456	58	6.678	83	1.364
9	16.152	34	12.286	59	6.388	84	1.276
10	16.141	35	12.109	60	6.104	85	1.212
11	16.087	36	11.904	61	5.844	86	1.172
12	15.982	37	11.683	62	5.600	87	1.127
13	15.855	38	11.452	63	5.367	88	1.071
14	15.701	39	11.209	64	5.128	89	0.949
15	15.535	40	10.954	65	4.881	90	0.718
16	15.361	41	10.732	66	4.626	91	0.516
17	15.196	42	10.531	67	4.362	92	0.326
18	15.023	43	10.346	68	4.103	93	0.236
19	14.854	44	10.154	69	3.851	94	0.190
20	14.682	45	9.954	70	3.593	95	0.024
21	14.525	46	9.736	71	3.345	96	0.000
22	14.360	47	9.497	72	3.128		
23	14.194	48	9.236	73	2.935		
24	14.020	49	8.966	74	2.797		
25	13.849	50	8.707	75	2.648		

TABLE XVIII.

Valeur d'une annuité sur DEUX TÊTES RÉUNIES, *sans distinctio*
de sexe, d'après les observations faites en Suède.

Différence d'âge, 6 ans.

Ages.	4 p. cent.	Ages.	4 p. cent.	Ages.	4 p. cent.
1— 7	13.989	31—37	12.192	61—67	4.984
2— 8	14.780	32—38	11.988	62—68	4.729
3— 9	15.323	33—39	11.779	63—69	4.482
4—10	15.685	34—40	11.568	64—70	4.231
5—11	15.817	35—41	11.361	65—71	3.982
6—12	15.887	36—42	11.156	66—72	3.750
7—13	15.914	37—43	10.953	67—73	3.527
8—14	15.888	38—44	10.741	68—74	3.340
9—15	15.824	39—45	10.519	69—75	3.147
10—16	15.729	40—46	10.286	70—76	2.946
11—17	15.617	41—47	10.049	71—77	2.752
12—18	15.477	42—48	9.813	72—78	2.558
13—19	15.327	43—49	9.581	73—79	2.355
14—20	15.164	44—50	9.351	74—80	2.172
15—21	15.001	45—51	9.129	75—81	2.017
16—22	14.832	46—52	8.897	76—82	1.877
17—23	14.665	47—53	8.658	77—83	1.756
18—24	14.491	48—54	8.402	78—84	1.639
19—25	14.320	49—55	8.139	79—85	1.524
20—26	14.144	50—56	7.874	80—86	1.416
21—27	13.976	51—57	7.613	81—87	1.320
22—28	13.807	52—58	7.351	82—88	1.225
23—29	13.635	53—59	7.083	83—89	1.094
24—30	13.455	54—60	6.814	84—90	0.902
25—31	13.284	55—61	6.555	85—91	0.725
26—32	13.108	56—62	6.299	86—92	0.556
27—33	12.935	57—63	6.045	87—93	0.459
28—34	12.763	58—64	5.788	88—94	0.396
29—35	12.586	59—65	5.519	89—95	0.364
30—36	12.390	60—66	5.249	90—96	0.000

TABLE XIX.

'aleur d'une annuité sur DEUX TÊTES RÉUNIES, *sans distinction de sexe, d'après les observations faites en Suède.*

Différence d'âge, 12 ans.

Ages.	4 p. cent.	Ages.	4 p. cent.	Ages.	4 p. cent.
1—13	13.894	31—43	11.359	61—73	3.927
2—14	14.557	32—44	11.170	62—74	3.747
3—15	14.988	33—45	10.978	63—75	3.563
4—16	15.259	34—46	10.775	64—76	3.370
5—17	15.326	35—47	10.557	65—77	3.180
6—18	15.354	36—48	10.314	66—78	2.974
7—19	15.351	37—49	10.059	67—79	2.743
8—20	15.310	38—50	9.805	68—80	2.514
9—21	15.244	39—51	9.558	69—81	2.324
10—22	15.149	40—52	9.308	70—82	2.155
11—23	15.033	41—53	9.066	71—83	2.004
12—24	14.889	42—54	8.830	72—84	1.875
13—25	14.736	43—55	8.597	73—85	1.768
14—26	14.566	44—56	8.354	74—86	1.692
15—27	14.392	45—57	8.101	75—87	1.605
16—28	14.216	46—58	7.841	76—88	1.497
17—29	14.042	47—59	7.563	77—89	1.339
18—30	13.860	48—60	7.281	78—90	1.097
19—31	13.687	49—61	7.008	79—91	0.863
20—32	13.512	50—62	6.749	80—92	0.638
21—33	13.345	51—63	6.505	81—93	0.511
22—34	13.173	52—64	6.256	82—94	0.427
23—35	12.997	53—65	6.004	83—95	0.379
24—36	12.801	54—66	5.743	84—96	0.000
25—37	12.599	55—67	5.474		
26—38	12.387	56—68	5.204		
27—39	12.170	57—69	4.936		
28—40	11.953	58—70	4.664		
29—41	11.742	59—71	4.395		
30—42	11.543	60—72	4.149		

TABLE XX.

Valeur d'une annuité sur DEUX TÊTES RÉUNIES, *sans distincti*
de sexe, d'après les observations faites en Suède.

Différence d'âge, 18 ans.

Ages.	4 p. cent.	Ages.	4 p. cent.	Ages.	4 p. cent.
1—19	13.389	31—49	10.365	61—79	2.974
2—20	14.008	32—50	10.128	62—80	2.744
3—21	14.417	33—51	9.905	63—81	2.557
4—22	14.671	34—52	9.679	64—82	2.396
5—23	14.725	35—53	9.452	65—83	2.252
6—24	14.740	36—54	9.207	66—84	2.123
7—25	14.727	37—55	8.951	67—85	2.010
8—26	14.673	38—56	8.683	68—86	1.910
9—27	14.590	39—57	8.404	69—87	1.798
10—28	14.484	40—58	8.124	70—88	1.661
11—29	14.357	41—59	7.839	71—89	1.464
12—30	14.202	42—60	7.569	72—90	1.189
13—31	14.045	43—61	7.318	73—91	0.937
14—32	13.874	44—62	7.075	74—92	0.708
15—33	13.700	45—63	6.836	75—93	0.575
16—34	13.520	46—64	6.586	76—94	0.481
17—35	13.340	47—65	6.323	77—95	0.421
18—36	13.141	48—66	6.048	78—96	0.000
19—37	12.934	49—67	5.764		
20—38	12.720	50—68	5.487		
21—39	12.505	51—69	5.221		
22—40	12.286	52—70	4.953		
23—41	12.073	53—71	4.694		
24—42	11.873	54—72	4.455		
25—43	11.683	55—73	4.231		
26—44	11.485	56—74	4.043		
27—45	11.284	57—75	3.844		
28—46	11.072	58—76	3.637		
29—47	10.847	59—77	3.430		
30—48	10.606	60—78	3.210		

TABLE XXI.

aleur d'une annuité sur DEUX TÊTES RÉUNIES, *sans distinction de sexe , d'après les observations faites en Suède.*

Différence d'âge, 24 ans.

Ages.	4 p. cent.	Ages.	4 p. cent.	Ages.	4 p. cent.
1—25	12.832	26—50	10.364	51—75	4.008
2—26	13.409	27—51	10.130	52—76	3.803
3—27	13.778	28—52	9.894	53—77	3.605
4—28	14.003	29—53	9.659	54—78	3.389
5—29	14.037	30—54	9.413	55—79	3.150
6—30	14.033	31—55	9.167	56—80	2.909
7—31	14.006	32—56	8.912	57—81	2.700
8—32	13.944	33—57	8.651	58—82	2.539
9—33	13.855	34—58	8.389	59—83	2.385
10—34	13.741	35—59	8.114	60—84	2.248
11—35	13.604	36—60	7.833	61—85	2.135
12—36	13.428	37—61	7.561	62—86	2.037
13—37	13.234	38—62	7.296	63—87	1.926
14—38	13.023	39—63	7.033	64—88	1.790
15—39	12.798	40—64	6.763	65—89	1.585
16—40	12.570	41—65	6.492	66—90	1.290
17—41	12.351	42—66	6.225	67—91	1.017
18—42	12.146	43—67	5.957	68—92	0.764
19—43	11.951	44—68	5.689	69—93	0.617
20—44	11.751	45—69	5.426	70—94	0.514
21—45	11.550	46—70	5.153	71—95	0.441
22—46	11.335	47—71	4.884	72—96	0.000
23—47	11.107	48—72	4.633		
24—48	10.862	49—73	4.398		
25—49	10.612	50—74	4.205		

TABLE XXII.

Valeur d'une annuité sur DEUX TÊTES RÉUNIES, *sans distinctio*
de sexe, d'après les observations faites en Suède.

Différence d'âge, 30 ans.

Ages.	4 p. cent.	Ages.	4 p. cent.	Ages.	4 p. cent.
1—31	12.196	26—56	9.080	51—81	2.792
2—32	12.730	27—57	8.807	52—82	2.623
3—33	13.066	28—58	8.534	53—83	2.475
4—34	13.264	29—59	8.250	54—84	2.344
5—35	13.277	30—60	7.967	55—85	2.232
6—36	13.242	31—61	7.702	56—86	2.130
7—37	13.170	32—62	7.446	57—87	2.010
8—38	13.059	33—63	7.196	58—88	1.864
9—39	12.913	34—64	6.942	59—89	1.644
10—40	12.743	35—65	6.679	60—90	1.333
11—41	12.563	36—66	6.402	61—91	1.050
12—42	12.379	37—67	6.115	62—92	0.789
13—43	12.196	38—68	5.828	63—93	0.639
14—44	11.997	39—69	5.543	64—94	0.533
15—45	11.787	40—70	5.254	65—95	0.456
16—46	11.562	41—71	4.977	66—96	0.000
17—47	11.328	42—72	4.730		
18—48	11.076	43—73	4.507		
19—49	10.819	44—74	4.322		
20—50	10.567	45—75	4.128		
21—51	10.332	46—76	3.921		
22—52	10.092	47—77	3.715		
23—53	9.852	48—78	3.489		
24—54	9.602	49—76	3.238		
25—55	9.347	50—80	2.990		

(181)

TABLE XXIII.

Valeur d'une annuité sur DEUX TÊTES RÉUNIES, *sans distinction de sexe, d'après les observations faites en Suède.*

Différence d'âge, 36 ans.

Ages.	4 p. cent.	Ages.	4 p. cent.
1—37	11.465	31—67	6.197
2—38	11.913	32—68	5.917
3—39	12.164	33—69	5.642
4—40	12.284	34—70	5.364
5—41	12.242	35—71	5.093
6—42	12.185	36—72	4.840
7—43	12.112	37—73	4.603
8—44	12.004	38—74	4.405
9—45	11.865	39—75	4.195
10—46	11.694	40—76	3.975
11—47	11.493	41—77	3.762
12—48	11.259	42—78	3.539
13—49	11.011	43—79	3.295
14—50	10.759	44—80	3.052
15—51	10.514	45—81	2.854
16—52	10.264	46—82	2.684
17—53	10.018	47—83	2.533
18—54	9.761	48—84	2.396
19—55	9.500	49—85	2.277
20—56	9.228	50—86	2.171
21—57	8.953	51—87	2.050
22—58	8.675	52—88	1.901
23—59	8.385	53—89	1.681
24—60	8.097	54—90	1.366
25—61	7.823	55—91	1.078
26—62	7.557	56—92	0.810
27—63	7.297	57—93	0.655
28—64	7.032	58—94	0.546
29—65	6.761	59—95	0.464
30—66	6.481	60—96	0.000

TABLE XXIV.

Valeur d'une annuité sur DEUX TÊTES RÉUNIES, *sans distinctio*
de sexe, d'après les observations faites en Suède.

Différence d'âge, 42 ans.

Ages.	4 p. cent.	Ages.	4 p. cent.
1—43	10.546	31—73	4.646
2—44	10.946	32—74	4.453
3—45	11.168	33—75	4.251
4—46	11.260	34—76	4.040
5—47	11.183	35—77	3.833
6—48	11.064	36—78	3.605
7—49	10.915	37—79	3.352
8—50	10.743	38—80	3.098
9—51	10.560	39—81	2.889
10—52	10.357	40—82	2.710
11—53	10.140	41—83	2.553
12—54	9.898	42—84	2.418
13—55	9.644	43—85	2.305
14—56	9.371	44—86	2.203
15—57	9.087	45—87	2.083
16—58	8.799	46—88	1.933
17—59	8.503	47—89	1.708
18—60	8.208	48—90	1.385
19—61	7.928	49—91	1.090
20—62	7.658	50—92	0.818
21—63	7.396	51—93	0.662
22—64	7.127	52—94	0.551
23—65	6.851	53—95	0.468
24—66	6.566	54—96	0.000
25—67	6.275		
26—68	5.986		
27—69	5.702		
28—70	5.415		
29—71	5.136		
30—72	4.881		

TABLE XXV.

Nombre de VIVANS *et de* DÉCÉDÉS *à chaque âge , d'après les observations de* Northampton.

Ages.	Vivans.	Décédés.	Ages.	Vivans.	Décédés.	Ages.	Vivans.	Décédés.
0	11650	1340						
1	8650	1367	36	3935	75	71	1152	80
2	7283	502	37	3860	75	72	1072	80
3	6781	335	38	3785	75	73	992	80
4	6446	197	39	3710	75	74	912	80
5	6249	184	40	3635	76	75	832	80
6	6065	140	41	3559	77	76	752	77
7	5925	110	42	3482	78	77	675	73
8	5815	80	43	3404	78	78	602	68
9	5735	60	44	3326	78	79	534	65
10	5675	52	45	3248	78	80	469	63
11	5623	50	46	3170	78	81	406	60
12	5573	50	47	3092	78	82	346	57
13	5523	50	48	3014	78	83	289	55
14	5473	50	49	2936	79	84	234	48
15	5423	50	50	2857	81	85	186	41
16	5373	53	51	2776	82	86	145	34
17	5320	58	52	2694	82	87	111	28
18	5262	63	53	2612	82	88	83	21
19	5199	67	54	2530	82	89	62	16
20	5132	72	55	2448	82	90	46	12
21	5060	75	56	2366	82	91	34	10
22	4985	75	57	2284	82	92	24	8
23	4910	75	58	2202	82	93	16	7
24	4835	75	59	2120	82	94	9	5
25	4760	75	60	2038	82	95	4	3
26	4685	75	61	1956	82	96	1	1
27	4610	75	62	1874	81	97	0	0
28	4535	75	63	1793	81			
29	4460	75	64	1712	80			
30	4385	75	65	1632	80			
31	4310	75	66	1552	80			
32	4235	75	67	1472	80			
33	4160	75	68	1392	80			
34	4085	75	69	1312	80			
35	4010	75	70	1232	80			

TABLE XXVI.

VIE MOYENNE *à chaque âge, d'après les observations*
de Northampton.

Ages.	Vie moyenne.	Ages.	Vie moyenne.	Ages.	Vie moyenne.	Ages.	Vie moyenne.
1	32.74	26	30.33	51	17.50	76	6.18
2	37.79	27	29.82	52	17.02	77	5.83
3	39.55	28	29.30	53	16.54	78	5.48
4	40.58	29	28.79	54	16.06	79	5.11
5	40.84	30	28.27	55	15.58	80	4.75
6	41.07	31	27.76	56	15.10	81	4.41
7	41.03	32	27.24	57	14.63	82	4.09
8	40.79	33	26.72	58	14.15	83	3.80
9	40.36	34	26.20	59	13.68	84	3.58
10	39.78	35	25.68	60	13.21	85	3.37
11	39.14	36	25.16	61	12.75	86	3.19
12	38.49	37	24.64	62	12.28	87	3.01
13	37.83	38	24.12	63	11.81	88	2.86
14	37.17	39	23.60	64	11.35	89	2.66
15	36.51	40	23.08	65	10.88	90	2.41
16	35.85	41	22.56	66	10.42	91	2.09
17	35.20	42	22.04	67	9.96	92	1.75
18	34.58	43	21.54	68	9.50	93	1.37
19	33.99	44	21.03	69	9.05	94	1.05
20	33.43	45	20.52	70	8.60	95	0.75
21	32.90	46	20.02	71	8.17	96	0.50
22	32.39	47	19.51	72	7.74	97	0.00
23	31.88	48	19.00	73	7.33		
24	31.36	49	18.49	74	6.92		
25	30.85	50	17.99	75	6.54		

TABLE XXVII.

Valeur d'une annuité sur UNE TÉTE, *d'après les observations de* **Northampton.**

Ages.	3 p. cent.	4 p. cent.	5 p. cent.	6 p. cent.	7 p. cent.	8 p. cent.
1	16.021	13.465	11.563	10.107	8.963	8.046
2	18.599	15.633	13.420	11.724	10.391	9.321
3	19.575	16.462	14.135	12.348	10.941	9.812
4	20.210	17.010	14.613	12.769	11.315	10.147
5	20.473	17.248	14.827	12.962	11.489	10.304
6	20.727	17.482	15.041	13.156	11.666	10.466
7	20.853	17.611	15.166	13.275	11.777	10.570
8	20.885	17.662	15.226	13.337	11.840	10.631
9	20.812	17.625	15.210	13.335	11.846	10.641
10	20.663	17.523	15.139	13.285	11.809	10.614
11	20.480	17.393	15.043	13.202	11.752	10.569
12	20.283	17.251	14.937	13.130	11.687	10.517
13	20.084	17.103	14.826	13.044	11.618	10.461
14	19.872	16.950	14.710	12.953	11.545	10.401
15	19.657	16.791	14.588	12.857	11.467	10.337
16	19.435	16.625	14.460	12.755	11.384	10.268
17	19.218	16.462	14.334	12.655	11.302	10.260
18	19.013	16.309	14.217	12.562	11.226	10.137
19	18.820	16.167	14.108	12.477	11.157	10.081
20	18.638	16.033	14.007	12.398	11.094	10.030
21	18.470	15.912	13.917	12.329	11.042	9.986
22	18.311	15.797	13.833	12.265	10.993	9.947
23	18.148	15.680	13.746	12.200	10.942	9.907
24	17.983	15.560	13.658	12.132	10.890	9.865
25	17.814	15.438	13.567	12.063	10.836	9.823
26	17.642	15.312	13.473	11.992	10.780	9.778
27	17.467	15.184	13.377	11.917	10.723	9.732
28	17.289	15.053	13.278	11.841	10.663	9.685
29	17.107	14.918	13.177	11.763	10.602	9.635
30	16.922	14.781	13.072	11.682	10.539	9.584

T. II.

15

Suite de la table **XXVII.**

Ages.	3 p. cent.	4 p. cent.	5 p. cent.	6 p. cent.	7 p. cent.	8 p. cent
31	16.732	14.639	12.965	11.598	10.473	9.531
32	16.540	14.495	12.854	11.512	10.404	9.476
33	16.343	14.347	12.740	11.423	10.333	9.418
34	16.142	14.195	12.623	11.331	10.260	9.350
35	15.938	14.039	12.502	11.236	10.183	9.296
36	15.729	13.880	12.377	11.137	10.104	9.231
37	15.515	13.716	12.249	11.035	10.021	9.164
38	15.298	13.548	12.116	10.929	9.935	9.093
39	15.075	13.375	11.979	10.819	9.845	9.019
40	14.848	13.197	11.837	10.705	9.752	8.941
41	14.620	13.018	11.695	10.589	9.657	8.863
42	14.391	12.838	11.551	10.473	9.562	8.783
43	14.162	12.657	11.407	10.356	9.466	8.703
44	13.929	12.472	11.258	10.235	9.366	8.620
45	13.692	12.283	11.105	10.110	9.262	8.533
46	13.450	12.089	10.947	9.980	9.154	8.443
47	13.203	11.890	10.784	9.846	9.042	8.348
48	12.951	11.685	10.616	9.707	8.925	8.249
49	12.693	11.475	10.443	9.563	8.804	8.146
50	12.436	11.264	10.269	9.417	8.681	8.041
51	12.183	11.057	10.097	9.273	8.559	7.937
52	11.930	10.849	9.925	9.129	8.437	7.833
53	11.674	10.637	9.748	8.980	8.311	7.725
54	11.414	10.421	9.567	8.827	8.181	7.614
55	11.150	10.201	9.382	8.670	8.047	7.499
56	10.882	9.977	9.193	8.509	7.909	7.379
57	10.611	9.749	8.999	8.343	7.766	7.256
58	10.337	9.516	8.801	8.173	7.619	7.128
59	10.058	9.280	8.599	7.999	7.468	6.996
60	9.777	9.039	8.392	7.820	7.312	6.860
61	9.493	8.795	8.181	7.637	7.152	6.719
62	9.205	8.547	7.966	7.449	6.988	6.574
63	8.910	8.291	7.742	7.253	6.815	6.421
64	8.611	8.030	7.514	7.052	6.637	6.262
65	8.304	7.761	7.276	6.841	6.449	6.095

Suite de la table **XXVII.**

ges.	3 p. cent.	4 p. cent.	5 p. cent.	6 p. cent.	7 p. cent.	8 p. cent.
66	7.994	7.488	7.034	6.625	6.256	5.922
67	7.682	7.211	6.787	6.405	6.058	5.743
68	7.367	6.930	6.536	6.179	5.855	5.559
69	7.051	6.647	6.281	5.949	5.646	5.370
70	6.734	6.361	6.023	5.716	5.434	5.176
71	6.418	6.075	5.764	5.479	5.218	4.978
72	6.103	5.790	5.504	5.241	5.000	4.778
73	5.794	5.507	5.245	5.004	4.781	4.576
74	5.491	5.230	4.990	4.769	4.565	4.375
75	5.199	4.962	4.744	4.542	4.354	4.180
76	4.925	4.710	4.511	4.326	4.154	3.994
77	4.652	4.457	4.277	4.109	3.952	3.806
78	4.372	4.197	4.035	3.884	3.742	3.609
79	4.077	3.921	3.776	3.641	3.514	3.394
80	3.781	3.643	3.515	3.394	3.281	3.174
81	3.499	3.377	3.263	3.156	3.055	2.960
82	3.229	3.122	3.020	2.926	2.836	2.751
83	2.982	2.887	2.797	2.713	2.632	2.557
84	2.793	2.708	2.627	2.551	2.479	2.410
85	2.620	2.543	2.471	2.402	2.337	2.275
86	2.462	2.393	2.328	2.266	2.207	2.151
87	2.312	2.251	2.193	2.138	2.085	2.035
88	2.185	2.131	2.080	2.031	1.984	1.939
89	2.013	1.967	1.924	1.882	1.842	1.803
90	1.794	1.758	1.723	1.689	1.656	1.625
91	1.501	1.474	1.447	1.422	1.398	1.374
92	1.190	1.171	1.153	1.136	1.118	1.102
93	0.839	0.827	0.816	0.806	0.795	0.785
94	0.536	0.530	0.524	0.518	0.512	0.507
95	0.242	0.240	0.238	0.236	0.234	0.232
96	0.000	0.000	0.000	0.000	0.000	0.000

TABLE XXVIII.

Valeur d'une annuité sur DEUX TÊTES RÉUNIES, *d'après les observations de* Northampton.

Différence d'âge, o ans.

Ages.	3 p. cent.	4 p. cent.	5 p. cent.	6 p. cent.
1	9.491	8.252	7.287	6.515
2	12.789	11.107	9.793	8.741
3	14.196	12.325	10.862	9.689
4	15.181	13.185	11.621	10.365
5	15.638	13.591	11.984	10.691
6	16.099	14.005	12.358	11.031
7	16.375	14.224	12.596	11.251
8	16.510	14.399	12.731	11.382
9	16.483	14.396	12.744	11.404
10	16.339	14.277	12.665	11.345
11	16.142	14.133	12.546	11.249
12	15.926	13.966	12.411	11.139
13	15.702	13.789	12.268	11.023
14	15.470	13.604	12.118	10.899
15	15.229	13.411	11.960	10.767
16	14.979	13.212	11.793	10.626
17	14.737	13.019	11.630	10.489
18	14.516	12.841	11.483	10.365
19	14.316	12.679	11.351	10.255
20	14.133	12.535	11.232	10.156
21	13.974	12.409	11.131	10.074
22	13.830	12.293	11.042	10.002
23	13.683	12.179	10.951	9.928
24	13.534	12.062	10.858	9.853
25	13.383	11.944	10.764	9.776
26	13.230	11.822	10.667	9.697
27	13.074	11.699	10.567	9.616
28	12.915	11.573	10.466	9.533
29	12.754	11.445	10.362	9.448
30	12.589	11.313	10.255	9.360

Suite de la table **XXVIII.**

Ages.	3 p. cent.	4 p. cent.	5 p. cent.	6 p. cent.
31	12.422	11.179	10.146	9.270
32	12.252	11.042	10.034	9.178
33	12.079	10.902	9.919	9.082
34	11.902	10.759	9.801	8.984
35	11.722	10.612	9.680	8.883
36	11.539	10.462	9.555	8.778
37	11.351	10.307	9.427	8.670
38	11.160	10.149	9.294	8.558
39	10.964	9.986	9.158	8.442
40	10.764	9.820	9.016	8.322
41	10.565	9.654	8.876	8.202
42	10.369	9.491	8.737	8.083
43	10.175	9.326	8.599	7.965
44	9.978	9.160	8.457	7.843
45	9.776	8.990	8.312	7.718
46	9.571	8.815	8.162	7.589
47	9.362	8.637	8.008	7.455
48	9.149	8.453	7.849	7.316
49	8.931	8.266	7.686	7.173
50	8.714	8.081	7.522	7.030
51	8.507	7.900	7.366	6.893
52	8.304	7.724	7.213	6.758
53	8.099	7.544	7.056	6.620
54	7.891	7.362	6.897	6.480
55	7.681	7.179	6.735	6.336
56	7.470	6.993	6.571	6.190
57	7.256	6.805	6.404	6.041
58	7.041	6.614	6.234	5.890
59	6.824	6.421	6.062	5.735
60	6.606	6.226	5.888	5.579
61	6.387	6.030	5.712	5.420
62	6.166	5.831	5.533	5.259
63	5.938	5.626	5.347	5.089
64	5.709	5.417	5.158	4.917
65	5.471	5.201	4.960	4.736

Suite de la table XXVIII.

Ages.	3 p. cent.	4 p. cent.	5 p. cent.	6 p. cent.
66	5.231	4.982	4.759	4.551
67	4.990	4.760	4.555	4.363
68	4.747	4.537	4.348	4.171
69	4.504	4.312	4.140	3.977
70	4.261	4.087	3.930	3.781
71	4.020	3.862	3.719	3.584
72	3.781	3.639	3.510	3.387
73	3.548	3.421	3.304	3.193
74	3.324	3.211	3.105	3.005
75	3.114	3.015	2.917	2.827
76	2.926	2.833	2.750	2.668
77	2.741	2.656	2.583	2.511
78	2.550	2.470	2.410	2.346
79	2.338	2.271	2.217	2.161
80	2.122	2.068	2.018	1.969
81	1.917	1.869	1.827	1.786
82	1.719	1.681	1.642	1.606
83	1.538	1.510	1.472	1.441
84	1.416	1.387	1.357	1.330
85	1.309	1.339	1.256	1.232
86	1.218	1.195	1.171	1.149
87	1.141	1.124	1.098	1.078
88	1.103	1.030	1.063	1.044
89	1.036	1.015	1.001	0.984
90	0.938	0.922	0.909	0.895
91	0.769	0.756	0.748	0.737
92	0.591	0.583	0.576	0.569
93	0.369	0.365	0.361	0.357
94	0.203	0.201	0.199	0.197
95	0.060	0.060	0.059	0.058
96	0.000	0.000	0.000	0.000

TABLE XXIX.

Valeur d'une annuité sur DEUX TÊTES RÉUNIES, *d'après les observations de* Northampton.

Différence d'âge, 5 ans.

Ages.	3 p. cent.	4 p. cent.	5 p. cent.	6 p. cent.
1— 6	12.347	10.741	9.479	8.467
2— 7	14.461	12.581	11.100	9.911
3— 8	15.300	13.319	11.755	10.498
4— 9	15.809	13.775	12.165	10.869
5—10	15.974	13.933	12.315	11.010
6—11	16.110	14.068	12.447	11.136
7—12	16.137	14.111	12.498	11.192
8—13	16.089	14.089	12.492	11.197
9—14	15.957	13.992	12.421	11.144
10—15	15.762	13.841	12.302	11.048
11—16	15.538	13.664	12.158	10.929
12—17	15.308	13.480	12.009	10.805
13—18	15.086	13.303	11.864	10.685
14—19	14.870	13.130	11.723	10.568
15—20	14.660	12.961	11.585	10.453
16—21	14.457	12.799	11.452	10.342
17—22	14.265	12.646	11.327	10.239
18—23	14.082	12.500	11.209	10.140
19—24	13.908	12.361	11.096	10.048
20—25	13.741	12.229	10.989	9.960
21—26	13.584	12.105	10.890	9.879
22—27	13.433	11.987	10.796	9.803
23—28	13.280	11.866	10.699	9.724
24—29	13.124	11.743	10.600	9.643
25—30	12.966	11.618	10.499	9.561
26—31	12.805	11.489	10.396	9.476
27—32	12.641	11.359	10.289	9.389
28—33	12.474	11.225	10.181	9.299
29—34	12.304	11.088	10.069	9.207
30—35	12.131	10.948	9.954	9.112

Suite de la table **XXIX**.

Ages.	3 p. cent.	4 p. cent.	5 p. cent.	6 p. cent.
31—36	11.955	10.805	9.837	9.014
32—37	11.775	10.659	9.716	8.913
33—38	11.592	10.508	9.591	8.808
34—39	11.404	10.354	9.463	8.701
35—40	11.213	10.196	9.331	8.589
36—41	11.021	10.037	9.198	8.476
37—42	10.828	9.877	9.062	8.362
38—43	10.635	9.716	8.927	8.246
39—44	10.437	9.550	8.787	8.127
40—45	10.236	9.381	8.643	8.003
41—46	10.033	9.210	8.497	7.878
42—47	9.829	9.037	8.350	7.751
43—48	9.624	8.862	8.200	7.621
44—49	9.414	8.683	8.046	7.488
45—50	9.204	8.503	7.891	7.353
46—51	8.997	8.326	7.737	7.219
47—52	8.790	8.147	7.582	7.084
48—53	8.579	7.965	7.424	6.945
49—54	8.366	7.780	7.262	6.802
50—55	8.152	7.593	7.098	6.658
51—56	7.941	7.409	6.936	6.515
52—57	7.730	7.225	6.774	6.371
53—58	7.518	7.039	6.609	6.225
54—59	7.304	6.850	6.442	6.076
55—60	7.088	6.659	6.272	5.924
56—61	6.870	6.465	6.100	5.770
57—62	6.651	6.270	6.925	5.613
58—63	6.427	6.070	5.744	5.450
59—64	6.201	5.867	5.561	5.284
60—65	5.970	5.658	5.372	5.112
61—66	5.737	5.447	5.180	4.938
62—67	5.503	5.285	4.986	4.760
63—68	5.265	5.017	4.786	4.576
64—69	5.025	4.798	4.585	4.390
65—70	4.783	4.573	4.378	4.199

Suite de la table XXIX.

Ages.	3 p. cent.	4 p. cent.	5 p. cent.	6 p. cent.
66—71	4.540	4.349	4.169	4.005
67—72	4.298	4.124	3.960	3.811
68—73	4.059	3.901	3.752	3.616
69—74	3.825	3.683	3.547	3.423
70—75	3.599	3.471	3.347	3.236
71—76	3.386	3.270	3.159	3.059
72—77	3.176	3.070	2.971	2.882
73—78	2.963	2.869	2.780	2.701
74—79	2.743	2.659	2.580	2.511
75—80	2.526	2.448	2.381	2.323
76—81	2.325	2.258	2.195	2.147
77—82	2.131	2.077	2.013	1.975
78—83	1.947	1.899	1.838	1.810
79—84	1.793	1.751	1.750	1.672
80—85	1.645	1.608	1.573	1.539
81—86	1.511	1.478	1.447	1.417
82—87	1.385	1.356	1.329	1.303
83—88	1.284	1.259	1.235	1.212
84—89	1.188	1.164	1.145	1.124
85—90	1.074	1.054	1.038	1.021
86—91	0.921	0.902	0.892	0.879
87—92	0.756	0.738	0.734	0.725
88—93	0.562	0.554	0.547	0.541
89—94	0.377	0.373	0.369	0.365
90—95	0.179	0.177	0.175	0.174
91—96	0.000	0.000	0.000	0.000

(194)

TABLE XXX.

Valeur d'une annuité sur DEUX TÊTES RÉUNIES, *d'après les observations de* Northampton.

Différence d'âge, 10 ans.

Ages.	3 p. cent.	4 p. cent.	5 p. cent.	6 p. cent.
1—11	12.346	10.782	9.544	8.547
2—12	14.239	12.438	11.010	9.857
3—13	14.895	13.019	11.528	10.324
4—14	15.287	13.374	11.850	10.617
5—15	15.391	13.479	11.954	10.716
6—16	15.486	13.578	12.052	10.812
7—17	15.490	13.599	12.083	10.849
8—18	15.436	13.569	12.070	10.847
9—19	15.316	13.482	12.006	10.799
10—20	15.151	13.355	11.906	10.719
11—21	14.974	13.217	11.797	10.631
12—22	14.795	13.078	11.686	10.541
13—23	14.612	12.934	11.570	10.446
14—24	14.424	12.784	11.450	10.348
15—25	14.230	12.630	11.324	10.244
16—26	14.030	12.470	11.193	10.135
17—27	13.832	12.311	11.063	10.027
18—28	13.642	12.158	10.939	9.924
19—29	13.461	12.013	10.820	9.826
20—30	13.286	11.873	10.707	9.732
21—31	13.121	11.742	10.600	9.644
22—32	12.961	11.615	10.498	9.561
23—33	12.798	11.485	10.393	9.474
24—34	12.632	11.352	10.285	9.386
25—35	12.463	11.217	10.175	9.295
26—36	12.291	11.078	10.062	9.201
27—37	12.116	10.936	9.946	9.105
28—38	11.937	10.791	9.826	9.005
29—39	11.755	10.642	9.703	8.902
30—40	11.568	10.490	9.576	8.795

Suite de la table **XXX.**

Ages.	3 p. cent.	4 p. cent.	5 p. cent.	6 p. cent.
31—41	11.382	10.336	9.448	8.688
32—42	11,195	10.182	9.320	8.580
33—43	11.007	10.027	9.190	8.471
34—44	10.817	9.869	9.058	8.358
35—45	10.622	9.706	8.921	8.242
36—46	10.424	9.440	8.781	8.122
37—47	10.221	9 370	8.636	7.998
38—48	10.014	9.195	8.487	7.870
39—49	9.803	9.015	8.333	7.737
40—50	9.590	8.834	8.177	7.602
41—51	9.383	8.658	8.025	7.470
42—52	9.179	8.483	7.875	7.340
43—53	8.975	8.308	7.724	7.208
44—54	8.767	8.130	7.569	7.073
45—55	8 557	7.948	7.411	6.935
46—56	8.344	7.763	7.249	6.793
47—57	8.127	7.574	7.084	6.648
48—58	7.907	7.382	6.915	6.498
49—59	7.684	7.186	6.742	6.344
50—60	7.461	6.989	6.568	6.189
51—61	7.240	6.795	6.395	6.035
52—62	7.021	6.600	6.222	5.880
53—63	6.795	6.399	6.042	5.719
54—64	6.568	6.196	5.860	5.555
55—65	6.334	5 986	5.671	5.384
56—66	6.098	5.774	5.479	5.209
57—67	5.860	5.559	5.283	5.031
58—68	5.621	5.341	5.084	4.849
59—69	5.380	5.121	4.883	4.665
60—70	5.139	4.900	4.680	4.478
61—71	4.898	4.679	4.476	4.289
62—72	4.659	4.458	4.272	4.099
63—73	4.420	4.236	4.066	3.908
64—74	4.186	4.019	3 864	3.719
65—75	3.958	3.806	3.665	3.333

Suite de la table XXX.

Ages.	3 p. cent.	4 p. cent.	5 p. cent.	6 p. cent.
66—76	3.743	3.606	3.477	3.357
67—77	3.529	3.405	3.289	3.180
68—78	3.310	3.199	3.095	2.996
69—79	3.077	2.979	2.887	2.799
70—80	2.843	2.757	2.675	2.598
71—81	2.618	2.542	2.470	2.402
72—82	2.401	2.334	2.271	2.211
73—83	2.199	2.141	2.085	2.032
74—84	2.043	1.991	1.941	1.894
75—85	1.903	1.856	1.811	1.769
76—86	1.781	1.739	1.699	1.661
77—87	1.670	1.633	1.597	1.562
78—88	1.580	1.546	1.514	1.483
79—89	1.456	1.427	1.400	1.373
80—90	1.302	1.278	1.255	1.234
81—91	1.096	1.078	1.061	1.044
82—92	0.877	0.864	0.852	0.840
83—93	0.622	0.614	0.606	0.599
84—94	0.408	0.403	0.398	0.394
85—95	0.189	0.187	0.185	0.183
66—96	0.000	0.000	0.000	0.000

TABLE XXXI.

Valeur d'une annuité sur DEUX TÊTES RÉUNIES, *d'après les observations de* Northampton.

Différence d'âge, 15 ans.

Âges.	3 p. cent.	4 p. cent.	5 p. cent.	6 p. cent.
1—16	11.864	10.406	9.243	8.301
2—17	13.659	11.981	10.642	9.555
3—18	14.277	12.531	11.134	9.998
4—19	14.657	12.876	11.447	10.284
5—20	14.776	12.993	11.561	10.391
6—21	14.904	13.121	11.685	10.510
7—22	14.950	13.178	11.748	10.576
8—23	14.929	13.178	11.761	10.597
9—24	14.834	13.112	11.715	10.566
10—25	14.683	12.998	11.627	10.497
11—26	14.508	12.861	11.519	10.410
12—27	14.323	12.715	11.402	10.314
13—28	14.132	12.564	11.280	10.215
14—29	13.936	12.408	11.153	10.110
15—30	13.734	12.246	11.021	10.001
16—31	13.527	12.078	10.883	9.886
17—32	13.320	11.911	10.746	9.771
18—33	13.121	11.750	10.613	9.660
19—34	12.930	11.595	10.486	9.554
20—35	12.744	11.445	10.363	9.451
21—36	12.567	11.302	10.246	9.354
22—37	12.394	11.163	10.132	9.260
23—38	12.218	11.020	10.015	9.163
24—39	12.038	10.874	9.895	9.063
25—40	11.854	10.725	9.771	8.960
26—41	11.670	10.574	9.647	8.855
27—42	11.486	10.423	9.522	8.751
28—43	11.302	10.272	9.396	8.645
29—44	11.114	10.117	9.267	8.536
30—45	10.923	9.959	9.135	8.424

Suite de la table XXXI.

Ages.	3 p. cent.	4 p. cent.	5 p. cent.	6 p. cent.
31—46	10.728	9.797	8 998	8.309
32—47	10.530	9.631	8.858	8.189
33—48	10.327	9.461	8.714	8.066
34—49	10.120	9.286	8.565	7.938
35—50	9 912	9.110	8.415	7.809
36—51	9.707	8.937	8.267	7.681
37—52	9.503	8.763	8.119	7.553
38—53	9.296	8.586	7.966	7.421
39—54	9.085	8.406	7.810	7.286
40—55	8.870	8.221	7.651	7.146
41—56	8.655	8.035	7.489	7.005
42—57	8.439	7.848	7.326	6.862
43—58	8.222	7.660	7.162	6.718
44—59	8.003	7.469	6.994	6.570
45—60	7.781	7.274	6.822	6.418
46—61	7.556	7.076	6.648	6.263
47—62	7.328	6.875	6.469	6.104
48—63	7.093	6.667	6.283	5.937
49—64	6.854	6.454	6.093	5.767
50—65	6 611	6.236	5.897	5.590
51—66	6.369	6.019	5.701	5.412
52—67	6.127	5.801	5.504	5.233
53—68	5.884	5.580	5.303	5.050
54—69	5.638	5.357	5.100	4.864
55—70	5.391	5.132	4.893	4.674
56—71	5.145	4.905	4.685	4 482
57—72	4.899	4.679	4.477	4.289
58—73	4.656	4.455	4.269	4.096
59—74	4.418	4.234	4.064	3.906
60—75	4.189	4.021	3.866	3.721
61—76	3.974	3.821	3.679	3.546
62—77	3.760	3.621	3.492	3.371
63—78	3.538	3.414	3.297	3.188
64—79	3.303	3.192	3.088	2.990
65—80	3.063	2.965	2 873	2.786

Suite de la table XXXI.

Ages.	3 p. cent.	4 p. cent.	5 p. cent.	6 p. cent.
66—81	2.833	2.746	2.664	2.587
67—82	2.610	2.533	2.461	2.393
68—83	2.403	2.336	2.272	2.211
69—84	2.244	2.183	2.126	2.071
70—85	2.097	2.042	1.991	1.941
71—86	1.963	1.914	1.867	1.823
72—87	1.838	1.794	1.753	1.713
73—88	1.736	1.697	1.660	1.625
74—89	1.603	1.570	1.538	1.508
75—90	1.440	1.413	1.387	1.361
76—91	1.221	1.200	1.180	1.160
77—92	0.985	0.970	0.955	0.942
78—93	0.706	0.697	0.688	0.679
79—94	0.458	0.453	0.448	0.443
80—95	0.210	0.208	0.206	0.204
81—96	0.000	0.000	0.000	0.000

TABLE XXXII.

Valeur d'une annuité sur DEUX TÊTES RÉUNIES, *d'après*
les observations de Northampton.

Différence d'âge, 20 ans.

Âges.	3 p. cent.	4 p. cent.	5 p. cent.	6 p. cent.
1—21	11.413	10.053	8.961	8.070
2—22	13.172	11.605	10.344	9.313
3—23	13.794	12.161	10.843	9.764
4—24	14.178	12.511	11.163	10.057
5—25	14.301	12.633	11.281	10.170
6—26	14.420	12.754	11.400	10.285
7—27	14.451	12.798	11.452	10.341
8—28	14.417	12.786	11.455	10.354
9—29	14.310	12.710	11.401	10.315
10—30	14.150	12.586	11.304	10.239
11—31	13.965	12.441	11.188	10.144
12—32	13.770	12.286	11.062	10.042
13—33	13.570	12.125	10.932	9.934
14—34	13.363	11.959	10.796	9.822
15—35	13.151	11.787	10.655	9.703
16—36	12.932	11.609	10.507	9.579
17—37	12.714	11.430	10.358	9.454
18—38	12.502	11.257	10.214	9.333
19—39	12.297	11.089	10.074	9.215
20—40	12.096	10.924	9.937	9.100
21—41	11.906	10.768	9.809	8.992
22—42	11.723	10.619	9.685	8.889
23—43	11.540	10.470	9.562	8.785
24—44	11.354	10.317	9.435	8.670
25—45	11.164	10.160	9.304	8.569
26—46	10.970	10.000	9.170	8.455
27—47	10.773	9.836	9.032	8.338
28—48	10.572	9.667	8.890	8.217
29—49	10.366	9.495	8.744	8.092
30—50	10.160	9.321	8.596	7.966
31—51	9.957	9.151	8.451	7.841
32—52	9.756	8.980	8.306	7.716
33—53	9.550	8.806	8.157	7.588
34—54	9.342	8.629	8.005	7.457
35—55	9.131	8.448	7.849	7.322

Suite de la table XXXII.

Âges.	3 p. cent.	4 p. cent.	5 p. cent.	6 p. cent.
36—56	8.916	8.264	7.690	7.183
37—57	8.699	8.076	7.527	7.041
38—58	8.477	7.884	7.360	6.894
39—59	8.253	7.689	7.189	6.744
40—60	8.025	7.490	7.015	6.590
41—61	7.796	7.290	6.838	6.434
42—62	7.567	7.088	6.660	6.276
43—63	7.332	6.881	6.477	6.112
44—64	7.095	6.671	6.289	5.944
45—65	6.850	6.453	6.094	5.769
46—66	6.602	6.230	5.894	5.588
47—67	6.351	6.004	5.690	5.403
48—68	6.096	5.774	5.481	5.213
49—69	5.839	5.541	5.268	5.019
50—70	5.582	5.306	5.054	4.822
51—71	5.328	5.074	4.841	4.626
52—72	5.077	4.845	4.630	4.430
53—73	4.829	4.614	4.417	4.234
54—74	4.585	4.389	4.208	4.040
55—75	4.350	4.171	4.006	3.852
56—76	4.129	3.966	3.815	3.674
57—77	3.908	3.761	3.623	3.494
58—78	3.682	3.549	3.424	3.308
59—79	3.440	3.322	3.210	3.105
60—80	3.197	3.092	2.992	2.899
61—81	2.964	2.870	2.782	2.699
62—82	2.739	2.656	2.578	2.504
63—83	2.530	2.457	2.387	2.321
64—84	2.371	2.305	2.242	2.182
65—85	2.223	2.163	2.107	2.053
66—86	2.089	2.035	1.984	1.936
67—87	1.963	1.915	1.870	1.826
68—88	1.860	1.817	1.777	1.737
69—89	1.722	1.685	1.650	1.616
70—90	1.545	1.515	1.486	1.459
71—91	1.303	1.280	1.259	1.238
72—92	1.044	1.028	1.012	0.997
73—93	0.743	0.733	0.723	0.714
74—94	0.480	0.474	0.469	0.464
75—95	0.219	0.217	0.215	0.213

TABLE XXXIII.

Valeur d'une annuité sur DEUX TÊTES RÉUNIES, *d'après les observations de* Northampton.

Différence d'âge, 25 ans.

Ages.	3. p. cent.	4 p. cent.	5 p. cent.	6 p. cent.
1—26	11.037	9.770	8.742	7.897
2—27	12.722	11.264	10.080	9.104
3—28	13.307	11.790	10.555	9.537
4—29	13.661	12.116	10.855	9.813
5—30	13.762	12.220	10.959	9.913
6—31	13.859	12.322	11.062	10.015
7—32	13.871	12.350	11.100	10.060
8—33	13.820	12.323	11.090	10.061
9—34	13.698	12.234	11.024	10.012
10—35	13.525	12.098	10.916	9.925
11—36	13.328	11.941	10.788	9.820
12—37	13.120	11.773	10.651	9.707
13—38	12.906	11.600	10.509	9.588
14—39	12.686	11.420	10.360	9.464
15—40	12.459	11.234	10.205	9.333
16—41	12.229	11.044	10.046	9.198
17—42	12.002	10.856	9.889	9.065
18—43	11.785	10.677	9.739	8.938
19—44	11.574	10.502	9.592	8.814
20—45	11.367	10.330	9.448	8.692
21—46	11.167	10.165	9.310	8.574
22—47	10.969	10.001	9.173	8.458
23—48	10.768	9.833	9.031	8.338
24—49	10.562	9.661	8.886	8.214
25—50	10.356	9.488	8.739	8.089
26—51	10.154	9.318	8.595	7.966
27—52	9.952	9.148	8.451	7.842
28—53	9.748	8.975	8.304	7.716
29—54	9.540	8.799	8.153	7.686
30—55	9.329	8.619	7.999	7.453
31—56	9.115	8.436	7.841	7.316
32—57	8.897	8.250	7.680	7.175
33—58	8.677	8.060	7.515	7.031
34—59	8.454	7.866	7.346	6.884
35—60	8.227	7.669	7.174	6.732

Suite de la table **XXXIII.**

Ages.	3 p. cent.	4 p. cent.	5 p. cent.	6 p. cent.
36—61	7.997	7.469	6.998	6.577
37—62	7.765	7.265	6.819	6.418
38—63	7.525	7.053	6.631	6.252
39—64	7.281	6.838	6.440	6.081
40—65	7.030	6.614	6.240	5.901
41—66	6.776	6.388	6.037	5.718
42—67	6.522	6.159	5.831	5.532
43—68	6.266	5.929	5.622	5.343
44—69	6.008	5.696	5.411	5.150
45—70	5.749	5.460	5.195	4.953
46—71	5.488	5.222	4.978	4.753
47—72	5.228	4.983	4.758	4.551
48—73	4.970	4.746	4.539	4.348
49—74	4.716	4.511	4.322	4.146
50—75	4.472	4.285	4.112	3.951
51—76	4.245	4.074	3.916	3.768
52—77	4.019	3.864	3.720	3.586
53—78	3.787	3.648	3.518	3.396
54—79	3.540	3.416	3.299	3.189
55—80	3.291	3.180	3.076	2.978
56—81	3.051	2.953	2.861	2.774
57—82	2.820	2.733	2.651	2.574
58—83	2.608	2.530	2.457	2.388
59—84	2.446	2.376	2.310	2.247
60—85	2.297	2.234	2.174	2.118
61—86	2.162	2.105	2.051	2.000
62—87	2.036	1.985	1.937	1.891
63—88	1.932	1.886	1.843	1.802
64—89	1.790	1.751	1.714	1.678
65—90	1.606	1.575	1.544	1.515
66—91	1.354	1.330	1.307	1.285
67—92	1.083	1.067	1.050	1.035
68—93	0.770	0.760	0.750	0.740
69—94	0.497	0.491	0.485	0.480
70—95	0.227	0.224	0.222	0.220
71—96	0.000	0.000	0.000	0.000

TABLE XXXIV.

Valeur d'une annuité sur DEUX TÊTES RÉUNIES, *d'après les observations de* Northampton.

Différence d'âge, 30 ans.

Ages.	3 p. cent.	4 p. cent.	5 p. cent.	6 p. cent.
1—31	10.605	9.438	8.483	7.691
2—32	12.203	10.865	9.767	8.855
3—33	12.743	11.355	10.213	9.263
4—34	13.061	11.651	10.488	9.518
5—35	13.136	11.732	10.572	9.602
6—36	13.207	11.812	10.656	9.687
7—37	13.195	11.819	10.676	9.715
8—38	13.122	11.772	10.648	9.701
9—39	12.981	11.665	10.565	9.637
10—40	12.791	11.513	10.442	9.537
11—41	12.580	11.342	10.302	9.420
12—42	12.363	11.165	10.156	9.298
13—43	12.144	10.985	10.007	9.173
14—44	11.918	10.799	9.852	9.042
15—45	11.687	10.607	9.690	8.905
16—46	11.448	10.408	9.522	8.762
17—47	11.210	10.208	9.353	8.617
18—48	10.975	10.011	9.186	8.473
19—49	10.746	9.818	9.021	8.332
20—50	10.523	9.630	8.861	8.195
21—51	10.313	9.454	8.712	8.067
22—52	10.111	9.284	8.568	7.944
23—53	9.905	9.111	8.421	7.818
24—54	9.696	8.934	8.270	7.688
25—55	9.484	8.754	8.116	7.555
26—56	9.269	8.570	7.958	7.419
27—57	9.051	8.383	7.797	7.279
28—58	8.830	8.193	7.632	7.135
29—59	8.605	7.999	7.464	6.988
30—60	8.378	7.802	7.292	6.837

Suite de la table **XXXIV.**

Ages.	3 p. cent.	4 p. cent.	5 p. cent.	6 p. cent.
31—61	8.147	7.601	7.116	6.682
32—62	7.914	7.397	6.937	6.524
33—63	7.673	7.186	6.750	6.359
34—64	7.429	6.971	6.559	6.189
35—65	7.177	6.747	6.360	6.010
36—66	6.922	6.520	6.156	5.827
37—67	6.663	6.288	5.948	5.639
38—68	6.401	6.052	5.735	5.446
39—69	6.137	5.813	5.518	5.249
40—70	5.871	5.571	5.298	5.047
41—71	5.605	5.329	5.076	4.844
42—72	5.341	5.087	4.854	4.640
43—73	5.081	4.848	4.634	4.436
44—74	4.826	4.613	4.417	4.235
45—75	4.580	4.386	4.206	4.040
46—76	4.348	4.171	4.006	3.853
47—77	4.115	3.954	3.805	3.666
48—78	3.875	3.731	3.596	3.469
49—79	3.619	3.490	3.369	3.256
50—80	3.362	3.247	3.140	3.039
51—81	3.117	3.015	2.920	2.829
52—82	2.882	2.792	2.707	2.627
53—83	2.665	2.585	2.510	2.438
54—84	2.501	2.428	2.360	2.295
55—85	2.349	2.284	2.222	2.164
56—86	2.211	2.153	2.097	2.044
57—87	2.082	2.030	1.980	1.932
58—88	1.975	1.928	1.883	1.841
59—89	1.828	1.788	1.750	1.713
60—90	1.641	1.608	1.577	1.547
61—91	1.382	1.358	1.334	1.311
62—92	1.105	1.088	1.071	1.055
63—93	0.785	0.774	0.764	0.754
64—94	0.506	0.500	0.494	0.489
65—95	0.230	0.228	0.226	0.224
66—96	0.000	0.000	0.000	0.000

TABLE XXXV.

Valeur d'une annuité sur DEUX TÊTES RÉUNIES, *d'après les observations de* Northampton.

Différence d'âge, 35 ans.

Âges.	3 p. cent.	4 p. cent.	5 p. cent.	6 p. cent.
1—36	10.104	9.047	8.173	7.442
2—37	11.600	10.392	9.390	8.551
3—38	12.087	10.838	9.800	8.928
4—39	12.362	11.097	10.043	9.157
5—40	12.405	11.150	10.102	9.219
6—41	12.446	11.203	10.163	9.283
7—42	12.412	11.190	10.165	9.296
8—43	12.325	11.130	10.124	9.270
9—44	12.174	11.012	10.031	9.197
10—45	11.976	10.851	9.900	9.088
11—46	11.756	10.697	9.774	8.962
12—47	11.525	10.481	9.592	8.827
13—48	11.288	10.284	9.425	8.686
14—49	11.045	10.080	9.252	8.538
15—50	10.799	9.872	9.076	8.386
16—51	10.554	9.665	8.899	8.234
17—52	10.313	9.461	8.724	8.083
18—53	10.076	9.260	8.552	7.934
19—54	9.845	9.063	8.383	7.788
20—55	9.617	8.869	8.216	7.643
21—56	9.394	8.679	8.053	7.502
22—57	9.174	8.491	7.891	7.362
23—58	8.951	8.299	7.725	7.218
24—59	8.725	8.104	7.556	7.070
25—60	8.495	7.906	7.383	6.919
26—61	8.263	7.704	7.207	6.764
27—62	8.028	7.499	7.027	6.605
28—63	7.785	7.286	6.839	6.439
29—64	7.539	7.069	6.648	6.268
30—65	7.286	6.844	6.447	6.089

Suite de la table **XXXV.**

Ages.	3 p. cent.	4 p. cent.	5 p. cent.	6 p. cent.
31—66	7.028	6.615	6.243	5.965
32—67	6.768	6.382	6.033	5.717
33—68	6.504	6.146	5.820	5.524
34—69	6.239	5.906	5.663	5.326
35—70	5.971	5.663	5.382	5.125
36—71	5.703	5.419	5.159	4.920
37—72	5.435	5.174	4.934	4.714
38—73	5.169	4.930	4.710	4.507
39—74	4.908	4.696	4.488	4.301
40—75	4.656	4.457	4.272	4.101
41—76	4.420	4.238	4.069	3.912
42—77	4.184	4.019	3.865	3.722
43—78	3.942	3.794	3.655	3.525
44—69	3.685	3.552	3.428	3.312
45—80	3.426	3.308	3.197	3.093
46—81	3.176	3.072	2.973	2.881
47—82	2.936	2.843	2.756	2.673
48—83	2.714	2.632	2.554	2.481
49—84	2.544	2.470	2.460	2.334
50—85	2.388	2.322	2.258	2.198
51—86	2.248	2.188	2.131	2.077
52—87	2.117	2.063	2.012	1.963
53—88	2.008	1.960	1.914	1.870
54—89	1.858	1.817	1.778	1.740
55—90	1.666	1.633	1.601	1.570
56—91	1.402	1.377	1.353	1.330
57—92	1.120	1.102	1.085	1.069
58—93	0.794	0.784	0.773	0.763
59—94	0.511	0.505	0.499	0.494
60—95	0.238	0.230	0.228	0.226
61—96	0.000	0.000	0.000	0.000

TABLE XXXVI.

Valeur d'une annuité sur DEUX TÊTES RÉUNIES, *d'après les observations de* Northampton.

Différence d'âge, 40 ans.

Ages.	3 p. cent.	4 p. cent.	5 p. cent.	6 p. cent.
1—41	9.523	8.585	7.800	7.135
2—42	10.907	9.839	8.942	8.182
3—43	11.343	10.242	9.315	8.728
4—44	11.578	10.468	9.531	8.733
5—45	11.597	10.500	9.571	8.778
6—46	11.610	10.528	9.609	8.823
7—47	11.550	10.491	9.589	8.815
8—48	11.435	10.404	9.524	8.767
9—49	11.260	10.263	9.409	8.673
10—50	11.044	10.085	9.260	8.548
11—51	10.816	9.894	9.100	8.411
12—52	10.582	9.698	8.934	8.270
13—53	10.344	9.497	8.763	8.123
14—54	10.100	9.290	8.586	7.970
15—55	9.851	9.077	8.403	7.812
16—56	9.595	8.858	8.214	7.648
17—57	9.340	8.639	8.024	7.481
18—58	9.089	8.422	7.835	7.316
19—59	8.841	8.207	7.648	7.153
20—60	8.597	7.995	7.463	6.990
21—61	8.357	7.787	7.281	6.830
22—62	8.119	7.580	7.100	6.670
23—63	7.874	7.365	6.910	6.503
24—64	7.626	7.147	6.717	6.331
25—65	7.370	6.920	6.515	6.151
26—66	7.110	6.689	6.309	5.966
27—67	6.847	6.454	6.098	5.776
28—68	6.581	6.215	5.883	5.581
29—69	6.313	5.973	5.664	5.383
30—70	6.043	5.729	5.442	5.180

Suite de la table XXXVI.

Ages.	3 p. cent.	4 p. cent.	5 p. cent.	6 p. cent.
31—71	5.772	5.483	5.218	4.974
32—72	5.502	5.236	4.992	4.767
33—73	5.235	4.991	4.766	4.559
34—74	4.973	4.749	4.543	4.353
35—75	4.720	4.516	4.327	4.152
36—76	4.481	4.295	4.123	3.962
37—77	4.242	4.073	3.916	3.776
38—78	3.996	3.844	3.702	3.570
39—79	3.734	3.598	3.471	3.352
40—80	3.469	3.349	3.236	3.130
41—81	3.216	3.109	3.009	2.914
42—82	2.973	2.878	2.789	2.705
43—83	2.750	2.666	2.587	2.511
44—84	2.581	2.505	2.433	2.365
45—85	2.424	2.356	2.291	2.230
46—86	2.282	2.221	2.162	2.107
47—87	2.148	2.093	2.041	1.991
48—88	2.036	1.987	1.941	1.895
49—89	1.882	1.840	1.800	1.761
50—90	1.685	1.651	1.619	1.590
51—91	1.417	1.391	1.367	1.343
52—92	1.130	1.113	1.095	1.079
53—93	0.801	0.790	0.780	0.770
54—94	0.515	0.509	0.503	0.498
55—95	0.234	0.232	0.230	0.228
56—96	0.000	0.000	0.000	0.000

TABLE XXXVII.

Valeur d'une annuité sur DEUX TÊTES RÉUNIES, *d'après*
les observations de Northampton.

Différence d'âge, 45 ans.

Ages.	3 p. cent.	4 p. cent.	5 p. cent.	6 p. cent.
1—46	8.888	8.071	7.379	6.787
2—47	10.147	9.221	8.435	7.760
3—48	10.515	9.566	8.759	8.063
4—49	10.697	9.744	8.932	8.230
5—50	10.679	9.742	8.941	8.248
6—51	10.664	9.745	8.956	8.271
7—52	10.586	9.690	8.919	8.248
8—53	10.458	9.591	8.841	8.188
9—54	10.276	9.442	8.718	8.085
10—55	10.055	9.256	8.560	7.951
11—56	9.814	9.052	8.386	7.801
12—57	9.566	8.839	8.203	7.643
13—58	9.312	8.622	8.015	7.479
14—59	9.053	8.399	7.821	7.310
15—60	8.790	8.170	7.622	7.135
16—61	8.521	7.935	7.416	6.953
17—62	8.252	7.700	7.208	6.770
18—63	7.981	7.462	6.998	6.583
19—64	7.714	7.226	6.789	6.396
20—65	7.444	6.986	6.576	6.205
21—66	7.177	6.749	6.364	6.015
22—67	6.911	6.512	6.151	5.824
23—68	6.643	6.271	5.934	5.628
24—69	6.372	6.027	5.713	5.427
25—70	6.099	5.780	5.489	5.223
26—71	5.826	5.532	5.263	5.016
27—72	5.554	5.283	5.035	4.807
28—73	5.284	5.036	4.808	4.597
29—74	5.019	4.792	4.583	4.390
30—75	4.764	4.557	4.365	4.188

Suite de la table XXXVII.

Ages.	3 p. cent.	4 p. cent.	5 p. cent.	6 p. cent.
31—76	4.523	4.335	4.160	3.997
32—77	4.282	4.111	3.952	3.804
33—78	4.035	3.881	3.737	3.602
34—79	3.771	3.633	3.505	3.384
35—80	3.506	3.383	3.268	3.160
36—81	3.251	3.142	3.040	2.944
37—82	3.005	2.909	2.818	2.733
38—83	2.779	2.694	2.613	2.537
39—84	2.607	2.530	2.457	2.388
40—85	2.448	2.379	2.313	2.251
41—86	2.304	2.241	2.182	2.126
42—87	2.168	2.113	2.060	2.009
43—88	2.055	2.006	1.959	1.914
44—89	1.901	1.859	1.818	1.779
45—90	1.702	1.668	1.635	1.604
46—91	1.431	1.405	1.380	1.356
47—92	1.140	1.122	1.105	1.089
48—93	0.808	0.797	0.786	0.776
49—94	0.519	0.512	0.507	0.501
50—95	0.235	0.233	0.231	0.229
51—96	0.000	0.000	0.000	0.000

TABLE XXXVIII.

Valeur d'une annuité sur DEUX TÊTES RÉUNIES *, d'après les observations de* Northampton.

Différence d'âge, 5o ans.

Ages.	3 p. cent.	4 p. cent.	5 p. cent.	6 p. cent.
1—51	8.171	7.479	6.885	6.370
2—52	9.300	8.520	7.848	7.264
3—53	9.611	8.815	8.128	7.529
4—54	9.751	8.957	8.269	7.668
5—55	9.707	8.931	8.256	7.665
6—56	9.659	8.902	8.241	7.662
7—57	9.549	8.817	8.176	7.612
8—58	9.395	8.691	8.073	7.527
9—59	9.191	8.519	7.927	7.403
10—60	8.952	8.314	7.750	7.259
11—61	8.696	8.092	7.557	7.081
12—62	8.433	7.863	7.357	6.905
13—63	8.161	7.625	7.147	6.719
14—64	7.884	7.381	6.931	6.527
15—65	7.597	7.127	6.705	6.325
16—66	7.304	6.866	6.472	6.115
17—67	7.012	6.604	6.236	5.903
18—68	6.721	6.343	6.001	5.689
19—69	6.434	6.084	5.766	5.476
20—70	6.149	5.826	5.532	5.262
21—71	5.870	5.572	5.300	5.050
22—72	5.595	5.321	5.070	4.840
23—73	5.323	5.072	4.841	4.628
24—74	5.056	4.827	4.615	4.419
25—75	4.799	4.589	4.396	4.216
26—76	4.556	4.365	4.188	4.024
27—77	4.313	4.140	3.979	3.829
28—78	4.064	3.908	3.762	3.626
29—79	3.798	3.659	3.528	3.406
30—80	3.530	3.406	3.290	3.181

Suite de la table XXXVIII.

Ages.	3 p. cent.	4 p. cent.	5 p. cent.	6 p. cent.
31—81	3.274	3.164	3.060	2.963
32—82	3.027	2.929	2.838	2.751
33—83	2.800	2.713	2.632	2.555
34—84	2.627	2.549	2.476	2.406
35—85	2.468	2.398	2.331	2.268
36—86	2.323	2.260	2.200	2.143
37—87	2.187	2.130	2.077	2.026
38—88	2.072	2.022	1.974	1.929
39—89	1.915	1.872	1.832	1.792
40—90	1.713	1.679	1.646	1.614
41—91	1.439	1.413	1.388	1.364
42—92	1.146	1.128	1.111	1.094
43—93	0.811	0.800	0.790	0.779
44—94	0.521	0.515	0.509	0.563
45—95	0.236	0.234	0.232	0.230
46—96	0.000	0.000	0.000	0.000

TABLE XXXIX.

Valeur d'une annuité sur DEUX TÊTES RÉUNIES, *d'après les observations de* **Northampton.**

Différence d'âge, 55 ans.

Ages.	3 p. cent.	4 p. cent.	5 p. cent.	6 p. cent.
1—56	7.412	6.843	6.346	5.911
2—57	8.392	7.756	7.199	6.709
3—58	8.630	7.986	7.421	6.922
4—59	8.712	8.075	7.514	7.017
5—60	8.629	8.011	7.466	6.982
6—61	8.542	7.944	7.415	6.945
7—62	8.400	7.828	7.319	6.865
8—63	8.214	7.669	7.184	6.750
9—64	7.984	7.470	7.010	6.598
10—65	7.718	7.236	6.803	6.414
11—66	7.437	6.987	6.581	6.215
12—67	7.149	6.730	6.351	6.009
13—68	6.857	6.468	6.116	5.796
14—69	6.562	6.202	5.876	5.578
15—70	6.264	5.933	5.631	5.355
16—71	5.964	5.660	5.382	5.127
17—72	5.667	5.389	5.133	4.899
18—73	5.378	5.123	4.889	4.673
19—74	5.098	4.866	4.651	4.453
20—75	4.831	4.619	4.424	4.242
21—76	4.583	4.391	4.212	4.046
22—77	4.339	4.164	4.001	3.850
23—78	4.087	3.930	3.783	3.646
24—79	3.820	3.679	3.548	3.424
25—80	3.550	3.425	3.308	3.198
26—81	3.292	3.181	3.077	2.979
27—82	3.043	2.945	2.853	2.765
28—83	2.815	2.728	2.646	2.568
29—84	2.641	2.563	2.489	2.418
30—85	2.481	2.411	2.344	2.280

Suite de la table XXXIX.

Ages.	3 p. cent.	4 p. cent.	5 p. cent.	6 p. cent.
31—86	2.336	2.272	2.212	2.154
32—87	2.198	2.142	2.088	2.036
33—88	2.083	2.033	1.985	1.939
34—89	1.925	1.882	1.841	1.802
35—90	1.723	1.688	1.654	1.622
36—91	1.446	1.420	1.395	1.371
37—92	1.152	1.134	1.116	1.099
38—93	0.815	0.804	0.793	0.783
39—94	0.523	0.517	0.511	0.505
40—95	0.237	0.235	0.233	0.231
41—96	0.000	0.000	0.000	0.000

TABLE XL.

Valeur d'une annuité sur DEUX TÊTES RÉUNIES, *d'après*
les observations de Northampton.

Différence d'âge, 60 ans.

Ages.	3 p. cent.	4 p. cent.	5 p. cent.	6 p. cent.
1—61	6.571	6.123	5.725	5.372
2—62	7.391	6.894	6.452	6.059
3—63	7.545	7.048	6 605	6.209
4—64	7.562	7.076	6.641	6.251
5—65	7.429	6.963	6.546	6.171
6—66	7.290	6.846	6.447	6.087
7—67	7.104	6.684	6.306	5.963
8—68	6.884	6.490	6.134	5.811
9—69	6.628	6.262	5.929	5.626
10—70	6.347	6.008	5.700	5.418
11—71	6.056	5.744	5.460	5.199
12—72	5.763	5.478	5.216	4.976
13—73	5.473	5.212	4.972	4.751
14—74	5.188	4.950	4.731	4.528
15—75	4.911	4.695	4.495	4.310
16—76	4.649	4.452	4.270	4.101
17—77	4.388	4.210	4.045	3.892
18—78	4.123	3.964	3.815	3.677
19—79	3.846	3.704	3.571	3.447
20—80	3.569	3.443	3.325	3.214
21—81	3.307	3.195	3.091	2.992
22—82	3.057	2.958	2.865	2.777
23—83	2.828	2.740	2.657	2.579
24—84	2.653	2.574	2.499	2.429
25—85	2.492	2.421	2.354	2.290
26—86	2 346	2.282	2.221	2.163
27—87	2.208	2.151	2.096	2.044
28—88	2.091	2.041	1.992	1.946
29—89	1.933	1.889	1.848	1.808
30—90	1.729	1.694	1.660	1.628
31—91	1.451	1.425	1.400	1.376
32—92	1.155	1.137	1.119	1.102
33—93	0.817	0.806	0.795	0.785
34—94	0.524	0.518	0.512	0.506
35—95	0.238	0.235	0.233	0.231

TABLE XLI.

Valeur d'une annuité sur DEUX TÊTES RÉUNIES, *d'après les observations de* Northampton.

Différence d'âge, 65 ans.

Ages.	3 p. cent.	4 p. cent.	5 p. cent.	6 p. cent.
1—66	5.633	5.295	4.996	4.728
2—67	6.266	5.896	5.569	5.276
3—68	6.330	5.965	5.641	5.352
4—69	6.277	5.924	5.611	5.332
5—70	6.102	5.768	5.472	5.209
6—71	5.925	5.610	5.331	5.084
7—72	5.714	5.418	5.157	4.929
8—73	5.480	5.204	4.963	4.752
9—74	5.225	4.969	4.747	4.556
10—75	4.962	4.725	4.522	4.350
11—76	4.707	4.487	4.301	4.148
12—77	4.449	4.368	4.195	3.943
13—78	4.185	4.022	3.871	3.729
14—79	3.904	3.759	3.624	3.497
15—80	3.621	3.492	3.372	3.259
16—81	3.348	3.235	3.128	3.028
17—82	3.087	2.987	2.893	2.804
18—83	2.849	2.760	2.677	2.598
19—84	2.668	2.589	2.513	2.442
20—85	2.503	2.431	2.364	2.299
21—86	2.354	2.290	2.229	2.171
22—87	2.216	2.158	2.104	2.051
23—88	2.099	2.048	1.999	1.953
24—89	1.939	1.895	1.854	1.814
25—90	1.734	1.699	1.665	1.633
26—91	1.455	1.429	1.404	1.379
27—92	1.158	1.140	1.122	1.105
28—93	0.819	0.808	0.797	0.786
29—94	0.525	0.519	0.513	0.507
30—95	0.238	0.236	0.234	0.231
31—96	0.000	0.000	0.000	0.000

TABLE XLII.

Valeur d'une annuité sur DEUX TÊTES RÉUNIES, *d'après les observations de* **Northampton.**

Différence d'âge, 70 ans.

Ages.	3 p. cent.	4 p. cent.	5 p. cent.	6 p. cent.
1—71	4.611	4.380	4.169	3.976
2—72	5.061	4.814	4.588	4.380
3—73	5.051	4.811	4.591	4.389
4—74	4.953	4.726	4.516	4.323
5—75	4.768	4.557	4.362	4.181
6—76	4.599	4.403	4.221	4.053
7—77	4.402	4.222	4.055	3.899
8—78	4.180	4.016	3.864	3.722
9—79	3.921	3.775	3.638	3.510
10—80	3.647	3.517	3.395	3.281
11—81	3.380	3.264	3.156	3.054
12—82	3.122	3.020	2.924	2.833
13—83	2.884	2.794	2.709	2.628
14—84	2.703	2.622	2.545	2.472
15—85	2.535	2.462	2.393	2.327
16—86	2.380	2.315	2.253	2.194
17—87	2.235	2.177	2.121	2.069
18—88	2.112	2.061	2.012	1.965
19—89	1.948	1.904	1.862	1.822
20—90	1.739	1.704	1.670	1.638
21—91	1.459	1.432	1.407	1.382
22—92	1.160	1.142	1.124	1.107
23—93	0.820	0.809	0.798	0.788
24—94	0.526	0.520	0.514	0.508
25—95	0.238	0.236	0.234	0.232
26—96	0.000	0.000	0.000	0.000

TABLE XLIII.

Valeur d'une annuité sur TROIS TÊTES RÉUNIES, DE MÊME AGE, *d'après les observations de* Northampton.

Ages.	4 p. cent.	Ages.	4 p. cent.	Ages.	4 p. cent.
1	5.309	36	8.448	71	2.810
2	8.251	37	8.309	72	2.627
3	9.632	38	8.165	73	2.448
4	10.661	39	8.017	74	2.277
5	11.170	40	7.865	75	2.119
6	11.707	41	7.714	76	1.985
7	12.058	42	7.567	77	1.855
8	12.266	43	7.423	78	1.720
9	12.298	44	7.276	79	1.563
10	12.200	45	7.126	80	1.400
11	12.043	46	6.972	81	1.245
12	11.865	47	6.813	82	1.092
13	11.678	48	6.650	83	0.949
14	11.481	49	6.482	84	0.860
15	11.274	50	6.317	85	0.782
16	11.056	51	6.161	86	0.716
17	10.845	52	6.011	87	0.662
18	10.656	53	5.859	88	0.646
19	10.490	54	5.705	89	0.614
20	10.342	55	5.550	90	0.563
21	10.222	56	5.393	91	0.452
22	10.118	57	5.235	92	0.337
23	10.012	58	5.076	93	0.185
24	9.905	59	4.916	94	0.085
25	9.796	60	4.755	95	0.015
26	9.685	61	4.593		
27	9.572	62	4.432		
28	9.457	63	4.263		
29	9.340	64	4.093		
30	9.221	65	3.914		
31	9.099	66	3.733		
32	8.975	67	3.550		
33	8.848	68	3.366		
34	8.718	69	3.181		
35	8.585	70	2.995		

TABLE XLIV.

Valeur d'une annuité sur TROIS TÊTES RÉUNIES, *dont différences d'âge sont dix et vingt ans , d'après observations de* Northampton.

Ages.	4 pour cent.	Ages.	4 pour cent.	Ages.	4 pour cent.
1—11—21	8.627	26—36—46	8.171	51—61—71	4.032
2—12—22	9.914	27—37—47	8.027	52—62—72	3.847
3—13—23	10.344	28—38—48	7.878	53—63—73	3.660
4—14—24	10.598	29—39—49	7.725	54—64—74	3.477
5—15—25	10.655	30—40—50	7.571	55—65—75	3.298
6—16—26	10.708	31—41—51	7.420	56—66—76	3.128
7—17—27	10.700	32—42—52	7.272	57—67—77	2.950
8—18—28	10.654	33—43—53	7.123	58—68—78	2.785
9—19—29	10.562	34—44—54	6.971	59—69—79	2.598
10—20—30	10.438	35—45—55	6.816	60—70—80	2.408
11—21—31	10.305	36—46—56	6.658	61—71—81	2.224
12—22—32	10.170	37—47—57	6.497	62—72—82	2.044
13—23—33	10.031	38—48—58	6.332	63—73—83	1.875
14—24—34	9.887	39—49—59	6.164	64—74—84	1.743
15—25—35	9.738	40—50—60	5.994	65—75—85	1.623
16—26—36	9.584	41—51—61	5.827	66—76—86	1.519
17—27—37	9.429	42—52—62	5.662	67—77—87	1.425
18—28—38	9.278	43—53—63	5.494	68—78—88	1.350
19—29—39	9.131	44—54—64	5.322	69—79—89	1.248
20—30—40	8.986	45—55—65	5.145	70—80—90	1.122
21—31—41	8.850	46—56—66	4.965	71—81—91	0.951
22—32—42	8.718	47—57—67	4.782	72—82—92	0.767
23—33—43	8.586	48—58—68	4.597	73—83—93	0.548
24—34—44	8.451	49—59—69	4.408	74—84—94	0.362
25—35—45	8.313	50—60—70	4.219	75—85—95	0.169

TABLE XLV.

Nombre de VIVANS *et de* DÉCÉDÉS *à chaque âge, d'après les observations faites à Londres.*

Ages.	Vivans.	Décédés.	Ages.	Vivans.	Décédés.	Ages.	Vivans.	Décédés.
0	1000	320						
1	680	133	31	294	7	61	97	5
2	547	51	32	287	7	62	92	5
3	496	27	33	280	7	63	87	5
4	469	17	34	273	7	64	82	5
5	452	12	35	266	7	65	77	5
6	440	10	36	259	7	66	72	5
7	430	8	37	252	7	67	67	5
8	422	7	38	245	8	68	62	4
9	415	5	39	237	8	69	58	4
10	410	5	40	229	7	70	54	4
11	405	5	41	222	8	71	50	4
12	400	5	42	214	8	72	46	4
13	395	5	43	206	7	73	42	3
14	390	5	44	199	7	74	39	3
15	385	5	45	192	7	75	36	3
16	380	5	46	185	7	76	33	3
17	375	5	47	178	7	77	30	3
18	370	5	48	171	6	78	27	2
19	365	5	49	165	6	79	25	
20	360	5	50	159	6			
21	355	5	51	153	6			
22	350	5	52	147	6			
23	345	6	53	141	6			
24	339	6	54	135	6			
25	333	6	55	129	6			
26	327	6	56	123	6			
27	321	6	57	117	5			
28	315	7	58	112	5			
29	308	7	59	107	5			
30	301	7	60	102	5			

TABLE XLVI.

VIE MOYENNE, *d'après les observations de Londres.*

Ages.	Vie moyenne.	Ages.	Vie moyenne.	Ages.	Vie moyenne.
0	19.2				
1	27.0	31	23.1	61	12.0
2	32.0	32	22.7	62	11.6
3	34.0	33	22.3	63	11.2
4	35.6	34	21.9	64	10.8
5	36.0	35	21.5	65	10.5
6	36.0	36	21.1	66	10.1
7	35.8	37	20.7	67	9.8
8	35.6	38	20.3	68	9.4
9	35.2	39	19.9	69	9.1
10	34.8	40	19.6	70	8.8
11	34.3	41	19.2	71	8.4
12	33.7	42	18.8	72	8.1
13	33.1	43	18.5	73	7.8
14	32.5	44	18.1	74	7.5
15	31.9	45	17.8	75	7.2
16	31.3	46	17.4	76	6.8
17	30.7	47	17.0	77	6.4
18	30.1	48	16.7	78	6.0
19	29.5	49	16.3	79	5.5
20	28.9	50	16.0	80	5.0
21	28.3	51	15.6		
22	27.7	52	15.2		
23	27.2	53	14.9		
24	26.6	54	14.5		
25	26.1	55	14.2		
26	25.6	56	13.8		
27	25.1	57	13.4		
28	24.6	58	13.1		
29	24.1	59	12.7		
30	23.6	60	12.4		

TABLE XLVII.

Valeur d'une annuité sur UNE TÊTE, d'après les observations de Londres.

Ages.	3 p. cent.	4 p. cent.	5 p. cent.	Ages.	3 p. cent.	4 p. cent.	5 p. cent.	Ages.	3 p. cent.	4 p. cent.	5 p. cent.
6	18.8	16.2	14.1	31	14.8	12.9	11.4	56	10.1	9.1	8.4
7	18.9	16.3	14.2	32	14.6	12.7	11.3	57	9.9	8.9	8.2
8	19.0	16.4	14.3	33	14.4	12.6	11.2	58	9.6	8.7	8.1
9	19.0	16.4	14.3	34	14.2	12.4	11.0	59	9.4	8.6	8.0
10	19.0	16.4	14.3	35	14.1	12.3	10.9	60	9.2	8.4	7.9
11	19.0	16.4	14.3	36	13.9	12.1	10.8	61	8.9	8.2	7.7
12	18.9	16.3	14.2	37	13.7	11.9	10.6	62	8.7	8.1	7.6
13	18.7	16.2	14.1	38	13.5	11.8	10.5	63	8.5	7.9	7.4
14	18.5	16.0	14.0	39	13.3	11.6	10.4	64	8.3	7.7	7.3
15	18.3	15.8	13.9	40	13.2	11.5	10.3	65	8.0	7.5	7.1
16	18.1	15.6	13.7	41	13.0	11.4	10.2	66	7.8	7.3	6.9
17	17.9	15.4	13.5	42	12.8	11.2	10.1	67	7.6	7.1	6.7
18	17.6	15.2	13.4	43	12.6	11.1	10.0	68	7.4	6.9	6.6
19	17.4	15.0	13.2	44	12.5	11.0	9.9	69	7.1	6.7	6.4
20	17.2	14.8	13.0	45	12.3	10.8	9.8	70	6.9	6.5	6.2
21	17.0	14.7	12.9	46	12.1	10.7	9.7	71	6.7	6.3	6.0
22	16.8	14.5	12.7	47	11.9	10.5	9.5	72	6.5	6.1	5.8
23	16.5	14.3	12.6	48	11.8	10.4	9.4	73	6.2	5.9	5.6
24	16.3	14.1	12.4	49	11.5	10.2	9.3	74	5.9	5.6	5.4
25	16.1	14.0	12.3	50	11.4	10.1	9.2	75	5.6	5.4	5.2
26	15.9	13.8	12.1	51	11.2	9.9	9.0				
27	15.6	13.6	12.0	52	11.0	9.8	8.9				
28	15.4	13.4	11.8	53	10.7	9.6	8.8				
29	15.2	13.2	11.7	54	10.5	9.4	8.6				
30	15.0	13.1	11.6	55	10.3	9.3	8.5				

TABLE XLVIII.

Valeur d'une annuité sur DEUX TÊTES RÉUNIES *, d'après l[es] observations de Londres.*

Ages.	3 pour cent.	4 pour cent.	5 pour cent.	Ages.	3 pour cent.	4 pour cent.	5 pour cent.
10				**20**			
10	14.7	13.0	11.6	35	10.9	9.8	8.8
15	14.3	12.7	11.3	40	10.2	9.2	8.4
20	13.8	12.2	10.8	45	9.5	8.6	7.9
25	13.1	11.6	10.2	50	8.8	8.0	7.4
30	12.3	10.9	9.7	55	8.1	7.5	6.9
35	11.5	10.2	9.1	60	7.4	6.9	6.4
40	10.7	9.6	8.6	65	6.7	6.3	5.9
45	10.0	9.0	8.1	70	6.0	5.7	5.4
50	9.3	8.4	7.6	75	5.2	5.0	4.8
55	8.6	7.8	7.1	**25**			
60	7.8	7.2	6.6	25	11.8	10.5	9.4
65	6.9	6.5	6.1	30	11.3	10.1	9.0
70	6.1	5.8	5.5	35	10.7	9.6	8.6
75	5.3	5.1	4.9	40	10.0	9.1	8.2
15				45	9.4	8.5	7.8
15	13.9	12.3	11.0	50	8.7	7.9	7.3
20	13.3	11.8	10.5	55	8.0	7.4	6.8
25	12.6	11.2	10.1	60	7.3	6.8	6.3
30	11.9	10.6	9.5	65	6.6	6.2	5.8
35	11.2	10.0	9.0	70	5.9	5.6	5.3
40	10.4	9.4	8.5	75	5.1	4.9	4.7
45	9.6	8.8	8.0	**30**			
50	8.9	8.2	7.5	30	10.8	9.6	8.6
55	8.2	7.6	7.0	35	10.3	9.2	8.3
60	7.5	7.0	6.5	40	9.7	8.8	8.0
65	6.8	6.4	6.0	45	9.1	8.3	7.6
70	6.0	5.7	5.4	50	8.5	7.8	7.2
75	5.2	5.0	4.8	55	7.9	7.3	6.7
20				60	7.2	6.7	6.2
20	12.8	11.3	10.1	65	6.5	6.1	5.7
25	12.2	10.8	9.7	70	5.8	5.5	5.2
30	11.6	10.3	9.2	75	5.1	4.9	4.7

Suite de la table XLVIII.

Ages.		3 pour cent.	4 pour cent.	5 pour cent.	Ages.		3 pour cent.	4 pour cent.	5 pour cent.
5	35	9.9	8.8	8.0	5o	5o	7.6	6.8	6.2
	4o	9.4	8.5	7.7		55	7.2	6.5	6.0
	45	8.9	8.1	7.4		6o	6.7	6.1	5.7
	5o	8.3	7.6	7.0		65	6.2	5.7	5.3
	55	7.7	7.1	6.6		7o	5.5	5.2	4.9
	6o	7.1	6.5	6.1		75	4.8	4.6	4.4
	65	6.4	6.0	5.6	55	55	6.9	6.2	5.7
	7o	5.7	5.4	5.1		6o	6.5	5.9	5.5
	75	5.0	4.8	4.6		65	6.0	5.6	5.2
0	4o	9.1	8.1	7.3		7o	5.4	5.1	4.8
	45	8.7	7.8	7.1		75	4.7	4.5	4.3
	5o	8.2	7.4	6.8	6o	6o	6.1	5.6	5.2
	55	7.6	6.9	6.4		65	5.7	5.3	4.9
	6o	7.0	6.4	6.0		7o	5.2	4.9	4.6
	65	6.4	5.9	5.5		75	4.6	4.4	4.2
	7o	5.7	5.4	5.1	65	65	5.4	5.0	4.7
	75	5.0	4.8	4.6		7o	4.9	4.6	4.4
5	45	8.3	7.4	6.7		75	4.4	4.2	4.0
	5o	7.9	7.1	6.5	7o	7o	4.6	4.4	4.2
	55	7.4	6.7	6.2		75	4.2	4.0	3.9
	6o	6.8	6.3	5.8					
	65	6.3	5.8	5.4					
	7o	5.6	5.3	5.0					
	75	4.9	4.7	4.5	75	75	3.8	3.7	3.6

TABLE XLIX.

Valeur d'une annuité sur UNE TÊTE *, d'après l'hypothèse
de* de Moivre.

Ages.	3 pour cent.	3 ¹/₂ p. cent.	4 pour cent.	4 ¹/₂ p. cent.	5 pour cent.	6 pour cent.
8	19.736	18.160	16.791	15.595	14.544	12.790
9	19.868	18.269	16.882	15.672	14.607	12.839
10	19.868	18.269	16.882	15.672	14.607	12.839
11	19.736	18.160	16.791	15.595	14.544	12.790
12	19.604	18.049	16.698	15.517	14.480	12.741
13	19.469	17.937	16.604	15.437	14.412	12.691
14	19.331	17.823	16.508	15.356	14.342	12.639
15	19.192	17.707	16.410	15.273	14.271	12.586
16	19.050	17.588	16.311	15.189	14.197	12.532
17	18.905	17.467	16.209	15.102	14.123	12.476
18	18.759	17.344	16.105	15.015	14.047	12.419
19	18.610	17.220	15.999	14.923	13.970	12.361
20	18.458	17.093	15.891	14.831	13.891	12.301
21	18.305	16.963	15.781	14.737	13.810	12.239
22	18.148	16.830	15.669	14.641	13.727	12.177
23	17.990	16.696	15.554	14.543	13.642	12.112
24	17.827	16.559	15.437	14.442	13.555	12.045
25	17.664	16.419	15.318	14.340	13.466	11.978
26	17.497	16.277	15.197	14.235	13.375	11.908
27	17.327	16.133	15.073	14.128	13.282	11.837
28	17.154	15.985	14.946	14.018	13.186	11.763
29	16.979	15.835	14.816	13.905	13.088	11.688
30	16.800	15.682	14.684	13.791	12.988	11.610
31	16.620	15.526	14.549	13.673	12.885	11.530
32	16.436	15.367	14.411	13.553	12.780	11.449
33	16.248	15.204	14.270	13.430	12.673	11.365
34	16.057	15.039	14.126	13.304	12.562	11.278
35	15.864	14.871	13.979	13.175	12.449	11.189

Suite de la table **XLIX**.

Âges.	3 pour cent.	3 ¹/₂ pour cent.	4 pour cent.	4 ¹/₂ pour cent.	5 pour cent.	6 pour cent.
36	15.666	14.699	13.829	13.044	12.333	11.098
37	15.465	14.524	13.676	12.909	12.214	11.003
38	15.260	14.345	13.519	12.771	12.091	10.907
39	15.053	14.163	13.359	12.630	11.966	10.807
40	14.842	13.978	13.196	12.485	11.837	10.704
41	14.626	13.789	13.028	12.337	11.705	10.599
42	14.407	13.596	12.858	12.185	11.570	10.490
43	14.185	13.399	12.683	12.029	11.431	10.378
44	13.958	13.199	12.504	11.870	11.288	10.263
45	13.728	12.993	12.322	11.707	11.142	10.144
46	13.493	12.784	12.135	11.540	10.992	10.021
47	13.254	12.571	11.944	11.368	10.837	9.895
48	13.012	12.354	11.748	11.192	10.679	9.765
49	12.764	12.131	11.548	11.012	10.515	9.630
50	12.511	11.904	11.344	10.827	10.348	9.492
51	12.255	11.673	11.135	10.638	10.176	9.349
52	11.994	11.437	10.921	10.443	9.999	9.201
53	11.729	11.195	10.702	10.243	9.817	9.049
54	11.457	10.950	10.478	10.039	9.630	8.891
55	11.183	10.698	10.248	9.829	9.437	8.729
56	10.902	10.443	10.014	9.614	9.239	8.561
57	10.616	10.181	9.773	9.393	9.036	8.387
58	10.325	9.913	9.527	9.166	8.826	8.208
59	10.029	9.640	9.275	8.933	8.611	8.023
60	9.727	9.361	9.017	8.694	8.389	7.831
61	9.419	9.076	8.753	8.449	8.161	7.633
62	9.107	8.786	8.482	8.197	7.926	7.428
63	8.787	8.488	8.205	7.938	7.684	7.216
64	8.462	8.185	7.921	7.672	7.435	6.997
65	8.132	7.875	7.631	7.399	7.179	6.770
66	7.794	7.558	7.333	7.119	6.915	6.535
67	7.450	7.234	7.027	6.831	6.643	6.292
68	7.099	6.902	6.714	6.534	6.362	6.040
69	6.743	6.565	6.394	6.230	6.073	5.779
70	6.378	6.219	6.065	5.918	5.775	5.508

Suite de la table XLIX.

Ages.	3 pour cent.	3 ¹/₂ pour cent.	4 pour cent.	4 ¹/₂ pour cent.	5 pour cent.	6 pour cent.
71	6.008	5.865	5.728	5.596	5.468	5.228
72	5.631	5.505	5.383	5.265	5.152	4.937
73	5.246	5.136	5.029	4.926	4.826	4.636
74	4.854	4.759	4.666	4.576	4.489	4.324
75	4.453	4.373	4.293	4.217	4.143	4.000
76	4.046	3.978	3.912	3.847	3.784	3.664
77	3.632	3.575	3.520	3.467	3.415	3.315
78	3.207	3.163	3.111	3.076	3.034	2.953
79	2.776	2.741	2.707	2.673	2.641	2.578
80	2.334	2.309	2.284	2.259	2.235	2.188
81	1.886	1.867	1.850	1.832	1.816	1.783
82	1.429	1.411	1.406	1.394	1.384	1.362
83	0.961	0.955	0.950	0.943	0.937	0.925
84	0.484	0.483	0.481	0.479	0.476	0.472
85	0.000	0.000	0.000	0.000	0.000	0.000

TABLE L.

Valeur d'une annuité sur DEUX TÊTES RÉUNIES,
d'après l'hypothèse de de Moivre.

Ages.		3 pour cent.	4 pour cent.	5 pour cent.
	10	15.206	13.342	11.855
	15	14.878	13.093	11.661
	20	14.503	12.808	11.430
	25	14.074	12.480	11.182
	30	13.585	12.102	10.884
	35	13.025	11.665	10.537
10	40	12.381	11.156	10.128
	45	11.644	10.564	9.646
	50	10.796	9.871	9.074
	55	9.822	9.059	8.391
	60	8.704	8.105	7.572
	65	7.417	6.980	6.585
	70	5.936	5.652	5.391
	15	14.574	12.860	11.478
	20	14.225	12.593	11.266
	25	13.822	12.281	11.022
	30	13.359	11.921	10.736
	35	12.824	11.501	10.402
15	40	12.207	11.013	10.008
	45	11.496	10.440	9.541
	50	10.675	9.767	8.985
	55	9.727	8.975	8.318
	60	8.632	8.041	7.515
	65	7.377	6.934	6.544
	70	5.932	5.623	5.364
	20	13.904	12.341	11.067
	25	13.531	12.051	10.840
	30	13.098	11.711	10.565
	35	12.594	11.314	10.278
	40	12.008	10.847	9.870
	45	11.325	10.297	9.420
	50	10.536	9.648	8.880
	55	9.617	8.879	8.233

Suite de la table L.

Ages.		3 pour cent.	4 pour cent.	5 pour cent.
20	60	8.549	7.967	7.448
	65	7.308	6.882	6.495
	70	5.868	5.590	5.333
25	25	13.192	11.786	10.621
	30	12.794	11.468	10.367
	35	12.333	11.093	10.067
	40	11.776	10.655	9.708
	45	11.130	10.131	9.278
	50	10.374	9.509	8.761
	55	9.488	8.766	8.134
	60	8.452	7.880	7.371
	65	7.241	6.826	6.440
	70	5.826	5.551	5.294
30	30	12.434	11.182	10.133
	35	12.010	10.838	9.854
	40	11.502	10.428	9.514
	45	10.898	9.936	9.112
	50	10.183	9.345	8.620
	55	9.338	8.634	8.018
	60	8.338	7.779	7.280
	65	7.161	6.748	6.273
	70	5.777	5.505	5.254
35	35	11.632	10.530	9.600
	40	11.175	10.157	9.291
	45	10.622	9.702	8.913
	50	9.955	9.149	8.450
	55	9.156	8.476	7.879
	60	8.202	7.658	7.172
	65	7.066	6.662	6.294
	70	5.718	5.450	5.203
40	40	10.777	9.826	9.014
	45	10.283	9.418	8.671
	50	9.677	8.911	8.244
	55	8.936	8.283	7.710
	60	8.038	7.510	7.039
	65	6.951	6.556	6.198
	70	5.646	5.383	5.141

Suite de la table L.

Ages.		3 pour cent.	4 pour cent.	5 pour cent.
45	45	9.863	9.063	8.370
	50	9.331	8.619	7.987
	55	8.662	8.044	7.500
	60	7.831	7.332	6.875
	65	6.807	6.425	6.080
	70	5.556	5.300	5.063
50	50	8.892	8.235	7.660
	55	8.312	7.738	7.230
	60	7.568	7.091	6.664
	65	6.623	6.258	5.926
	70	5.442	5.193	4.964
55	55	7.849	7.332	6.873
	60	7.220	6.781	6.386
	65	6.379	6.036	5.724
	70	5.201	5.053	4.833
60	60	6.737	6.351	6.001
	65	6.043	5.730	5.444
	70	5.081	4.858	4.653
65	65	5.547	5.277	5.031
	70	4.773	4.571	4.385
70	70	4.270	4.104	3.952

TABLE LI.

Valeur en un seul paiement ou en primes annuelles d'une assurance de 100 fr. *sur* UNE TÊTE*, d'après les observations de* Northampton *et l'intérêt à* 3 p. 100.

Cette Table est adoptée par *toutes* les compagnies d'assurance de Londres.

Ages.	Prime unique.	Prime annuelle.	Ages.	Prime unique.	Prime annuelle.
8 à 14	. . . . . .	1.879	41	54.505	3.487
15	39.834	1.929	42	55.172	3.583
16	40.481	1.983	43	55.839	3.683
17	41.113	2.033	44	56.517	3.787
18	41.710	2.083	45	57.208	3.896
19	42.272	2.133	46	57.913	4.008
20	42.802	2.179	47	58.632	4.129
21	43.291	2.225	48	59.366	4.254
22	43.756	2.267	49	60.117	4.392
23	44.229	2.312	50	60.866	4.533
24	44.710	2.354	51	61.603	4.675
25	45.202	2.403	52	62.340	4.821
26	45.703	2.450	53	63.086	4.979
27	46.213	2.504	54	63.784	5.142
28	46.732	2.554	55	64.612	5.317
29	47.261	2.612	56	65.392	5.504
30	47.800	2.671	57	66.182	5.700
31	48.353	2.725	58	66.980	5.908
32	48.913	2.787	59	67.792	6.133
33	49.486	2.854	60	68.611	6.367
34	50.072	2.921	61	69.438	6.617
35	50.666	2.992	62	70.277	6.887
36	51.275	3.067	63	71.136	7.179
37	51.898	3.142	64	72.007	7.492
38	52.530	3.225	65	72.901	7.837
39	53.180	3.308	66	73.804	8.204
40	53.841	3.396	67	74.713	8.604

TABLE LII.

Valeur en un seul paiement ou en primes annuelles d'une assurance de 100 fr. sur DEUX TÊTES RÉUNIES, *d'après les observations de* Northampton *et l'intérêt à 3 p. 100.*

Cette Table est adoptée par *toutes* les compagnies d'assurances de Londres.

Ages.		Prime unique.	Prime annuelle.	Ages.		Prime unique.	Prime annuelle.
10	10	49.498	2.855	20	50	66.438	5.766
	15	51.177	3.053		55	69.077	6.506
	20	52.958	3.279		60	72.049	7.508
	25	54.319	3.463		65	75.406	8.930
	30	55.873	3.688	25	25	58.106	4.040
	35	57.693	3.972		30	59.322	4.248
	40	59.832	4.339		35	60.786	4.515
	45	62.206	4.794		40	62.559	4.867
	50	64.919	5.390		45	64.571	5.308
	55	67.801	6.133		50	66.923	5.893
	60	71.012	7.135		55	69.461	6.625
	65	74.606	8.557		60	72.343	7.619
15	15	52.731	3.249		65	75.621	9.035
	20	54.388	3.473	30	30	60.418	4.446
	25	55.641	3.653		35	61.754	4.703
	30	57.083	3.874		40	63.392	5.044
	35	58.783	4.154		45	65.271	5.474
	40	60.799	4.517		50	67.495	6.048
	45	63.047	4.969		55	69.915	6.769
	50	65.634	5.563		60	72.685	7.751
	55	68.395	6.303		65	75.866	9.156
	60	71.485	7.302	35	35	62.944	4.947
	65	74.960	8.719		40	64.428	5.275
20	20	55.923	3.695		45	66.149	5.692
	25	57.065	3.871		50	68.217	6.252
	30	58.390	4.087		55	70.492	6.958
	35	59.968	4.363		60	73.125	7.925
	40	61.856	4.723		65	76.181	9.316
	45	63.979	5.173				

Suite de la table LII.

Ages.		Prime unique.	Prime annuelle.	Ages.		Prime unique.	Prime annuelle.
40	40	65.736	5.588	50	50	71.705	7.381
	45	67.274	5.988		55	73.344	8.014
	50	69.154	6.530		60	75.357	8.907
	55	71.250	7.218		65	77.831	10.226
	60	73.713	8.168	55	55	74.713	8.606
	65	76.612	9.541		60	76.443	9.451
45	45	68.611	6.367		65	78.637	10.721
	50	70.278	6.887	60	60	77.846	10.235
	55	72.164	7.551		65	79.699	11.434
	60	74.424	8.476	65	65	81.152	12.541
	65	77.134	9.825				

TABLE LIII.

Valeur d'une assurance de 100 fr., payable au décès de A, pourvu qu'il meure AVANT *B, déduite au moyen de la règle de* Simpson, *des observations de* Northampton *et de l'intérêt de 3 p. 100.*

Cette Table, quoique extrêmement inexacte, est adoptée par *toutes les* compagnies de Londres. (*Voyez* page 85.)

Age de A.	Age de B.	Prime unique.	Prime annuelle.	Age de A.	Age de B.	Prime unique.	Prime annuelle.
	10	24.749	1.427		10	29.461	1.824
	15	24.198	1.444		15	28.786	1.838
	20	23.498	1.455		20	27.961	1.848
	25	22.551	1.437		25	26.811	1.819
	30	21.468	1.417		30	25.546	1.788
	35	20.317	1.399		35	24.176	1.759
10	40	19.070	1.383	20	40	22.692	1.733
	45	17.696	1.364		45	21.058	1.703
	50	16.214	1.346		50	19.294	1.674
	55	14.631	1.324		55	17.410	1.640
	60	12.925	1.299		60	15.381	1.603
	65	11.098	1.273		65	13.206	1.564
	70	9.153	1.246		70	10.892	1.523
	10	26.979	1.609		10	31.789	2.027
	15	26.365	1.625		15	31.093	2.042
	20	25.602	1.635		20	30.254	2.052
	25	24.549	1.612		25	29.053	2.020
	30	23.391	1.588		30	27.683	1.982
	35	22.136	1.564		35	26.198	1.946
15	40	20.778	1.544	25	40	24.590	1.913
	45	19.281	1.520		45	22.819	1.876
	50	17.666	1.497		50	20.907	1.841
	55	15.941	1.469		55	18.866	1.799
	60	14.083	1.439		60	16.667	1.755
	65	12.092	1.407		65	14.310	1.710
	70	9.973	1.373		70	11.803	1.662

Suite de la table **LIII.**

Age de A.	Age de B.	Prime unique.	Prime annuelle.	Age de A.	Age de B.	Prime unique.	Prime annuelle.
	10	34.404	2.271		10	44.511	3.430
	15	33.694	2.287		15	43.766	3.450
	20	32.843	2.299		20	42.921	3.471
	25	31.640	2.266		25	41.753	3.433
	30	30.209	2.223		30	40.369	3.386
	35	28.589	2.177		35	38.735	3.333
30	40	26.834	2.135	45	40	36.775	3.273
	45	24.901	2.088		45	34.306	3.183
	50	22.815	2.044		50	31.432	3.080
	55	20.588	1.993		55	28.364	2.968
	60	18.188	1.939		60	25.057	2.854
	65	15.616	1.885		65	21.514	2.740
	70	12.880	1,829		70	17.744	2.629
	10	37.375	2.573		10	48.705	4.044
	15	36.647	2.590		15	47.968	4.066
	20	35.794	2.604		20	47.144	4.091
	25	34.588	2.569		25	46.017	4.052
	30	33.166	2.526		30	44.680	4.004
	35	31.472	2.474		35	43.101	3.950
35	40	29.540	2.419	50	40	41.208	3.891
	45	27.413	2.359		45	38.846	3.807
	50	25.116	2.302		50	35.853	3.691
	55	22.664	2.237		55	32.353	3.535
	60	20.022	2.170		60	28.581	3.378
	65	17.191	2.102		65	24.540	3.224
	70	14.179	2.034		70	20.239	3.075
	10	40.763	2.956		10	53.170	4.810
	15	40.023	2.974		15	52.454	4.834
	20	39.164	2.991		20	51.668	4.867
	25	37.969	2.954		25	50.596	4.826
	30	36.560	2.909		30	49.329	4.776
	35	34.888	2.857		35	47.829	4.721
40	40	32.868	2.794	55	40	46.034	4.664
	45	30.501	2.715		45	43.800	4.583
	50	27.946	2.639		50	40.993	4.479
	55	25.218	2.555		55	37.357	4.303
	60	22.278	2.468		60	33.002	4.080
	65	19.128	2.382		65	28.336	3.863
	70	15.776	2.296		70	23.370	3.656

Suite de la table LIII.

Age de A.	Age de B.	Prime unique.	Prime annuelle.	Age de A.	Age de B.	Prime unique.	Prime annuelle.
	10	58.087	5.836		10	63.510	7.285
	15	57.403	5.863		15	62.870	7.313
	20	56.669	5.905		20	62.203	7.367
	25	55.675	5.863		25	61.311	7.325
	30	54.499	5.811		30	60.251	7.271
	35	53.103	5.755		35	58.990	7.213
60	40	51.437	5.699	65	40	57.484	7.159
	45	49.367	5.622		45	55.620	7.085
	50	46.777	5.529		50	53.293	7.002
	55	43.439	5.371		55	50.302	6.858
	60	38.923	5.117		60	46.279	6.640
	65	33.419	4.795		65	40.576	6.270
	70	27.563	4.490		70	33.466	5.787

TABLE LIV.

Valeur d'une assurance de 100 fr. *sur* UNE TÊTE, *d'après les observations de* **Deparcieux.**

Ages.	4 pour cent.	5 pour cent.	Ages.	4 pour cent.	5 pour cent.	Ages.	4 pour cent.	5 pour cent.
6	23.550	18.843	36	34.915	28.300	66	66.573	60.838
7	23.258	18.471	37	35.558	28.886	67	67.885	62.295
8	23.092	18.233	38	36.323	29.605	68	69.158	63.714
9	22.992	18.052	39	37.119	30.357	69	70.388	65.090
10	23.046	18.033	40	37.950	31.148	70	71.562	66.405
11	23.273	18.195	41	38.819	31.981	71	72.754	67.748
12	23.677	18.543	42	39.719	32.857	72	73.869	69.024
13	24.100	18.910	43	40.665	33.781	73	74.977	70.257
14	24.538	19.290	44	41.650	34.743	74	76.069	71.500
15	24.992	19.699	45	42.677	35.776	75	77.135	72.714
16	25.462	20.110	46	43.750	36.852	76	78.262	74.010
17	25.481	20.452	47	44.781	37.886	77	79.346	75.262
18	26.281	20.814	48	45.862	38.976	78	80.365	76.438
19	26.715	21.186	49	46.896	40.024	79	81.408	77.648
20	27.162	21.576	50	47.977	41.129	80	82.323	78.710
21	27.534	21.890	51	49.019	42.190	81	83.192	79.724
22	27.923	22.210	52	50.019	43.205	82	83.985	80.643
23	28.319	22.548	53	51.058	44.271	83	84.850	81.652
24	28.731	22.890	54	52.142	45.390	84	85.846	82.838
25	29.154	23.252	55	53.181	46.467	85	86.830	83.995
26	29.592	23.624	56	54.265	47.590	86	87.750	85.086
27	30.046	24.010	57	55.396	48.776	87	88.550	86.033
28	30.515	24.414	58	56.484	49.919	88	89.573	87.262
29	31.000	24.833	59	57.615	51.121	89	90.592	88.486
30	31.500	25.271	60	58.796	52.367	90	91.588	89.686
31	32.019	25.724	61	60.027	53.686	91	92.535	90.838
32	32.558	26.195	62	61.308	55.071	92	93.415	91.890
33	33.115	26.690	63	62.562	56.429	93	94.304	92.971
34	33.692	27.205	64	63.869	57.857			
35	34.292	27.738	65	65.235	59.357			

TABLE LV.

Valeur d'une assurance de 100 fr. *sur* DEUX TÊTES RÉUNIES, *d'après les observations de* Deparcieux.

Ages.		3 1/2 pour cent.	4 1/2 pour cent.	Ages.		3 1/2 pour cent.	4 1/2 pour cent.
10	10	37.784	30.937	30	60	65.446	58.828
	15	38.968	32.035		70	75.767	70.524
	20	40.365	33.344		35	49.248	41.711
	30	43.243	35.915		40	51.183	43.636
	40	47.977	40.389	35	45	54.108	46.667
	50	55.876	48.523		55	61.388	54.401
	60	64.665	57.941		65	70.654	64.658
	70	75.378	70.067		40	52.799	45.268
15	15	40.040	33.051		45	55.383	47.972
	20	41.325	34.270	40	50	58.643	51.452
	25	42.499	35.321		60	66.028	59.448
	35	45.880	38.417		70	75.899	70.670
	45	52.123	44.622		45	57.547	50.267
	55	60.384	53.308	45	50	60.374	53.316
	65	70.201	64.138		55	63.394	56.580
20	20	42.478	35.389		65	71.554	65.671
	25	43.523	36.337		50	62.714	55.878
	30	44.883	37.577	50	55	65.257	58.652
	40	49.181	41.672		60	68.409	62.135
	50	56.712	49.449		70	76.981	71.936
	60	65.213	58.570		55	67.303	60.912
	70	75.662	70.403	55	60	69.941	63.854
25	25	44.423	37.168		65	73.593	68.013
	30	45.627	38.279		60	71.990	66.166
	35	47.243	39.790	60	65	75.033	69.663
	45	52.988	45.548		70	78.571	72.341
	55	60.918	53.915		65	77.246	73.784
	65	70.522	64.512	65	70	80.190	75.683
30	30	46.651	39.240				
	35	48.065	40.578				
	40	50.256	42.736				
	50	57.239	50.000				

TABLE LVI.

Valeur d'une assurance de 100 fr. *sur* UNE TÊTE*, d'après les observations faites en Suède.*

Ages.	HOMMES.		FEMMES.		Ages.	HOMMES.		FEMMES.	
	4 pour cent.	5 pour cent.	4 pour cent.	5 pour cent.		4 pour cent.	5 pour cent.	4 pour cent.	5 pour cent.
6	24.531	19.519	22.904	18.081	36	39.996	33.305	37.392	30.75
7	24.258	19.157	22.573	17.662	37	40.838	34.129	38.192	31.51
8	24.134	18.948	22.454	17.452	38	41.715	34.990	39.023	32.31
9	24.173	18.905	22.496	17.414	39	42.631	35.895	39.888	33.16
10	24.327	18.981	22.658	17.500	40	43.585	36.852	40.765	34.01
11	24.615	19.190	22.919	17.686	41	44.515	37.786	41.596	34.82
12	25.034	19.543	23.261	17.957	42	45.400	38.667	42.331	35.53
13	25.469	19.910	23.692	18.310	43	46.215	39.476	43.077	36.25
14	25.977	20.362	24.204	18.767	44	47.065	40.324	43.861	37.00
15	26.519	20.838	24.738	19.238	45	47.942	41.205	44.681	37.80
16	27.084	21.348	25.292	19.733	46	48.858	42.129	45.573	38.68
17	27.681	21.886	25.808	20.186	47	49.804	43.090	46.561	39.67
18	28.296	22.452	26.342	20.657	48	50.788	44.105	47.615	40.74
19	28.877	22.976	26.873	21.129	49	51.815	45.161	48.719	41.88
20	29.481	23.529	27.415	21.618	50	52.819	46.200	49.812	43.00
21	30.031	24.024	27.981	22.114	51	53.731	47.143	50.888	44.11
22	30.608	24.550	28.565	22.643	52	54.673	48.119	51.954	45.20
23	31.204	25.086	29.177	23.195	53	55.650	49.133	53.000	46.28
24	31.762	25.586	29.800	23.767	54	56.658	50.190	54.088	47.41
25	32.338	26.110	30.434	24.352	55	57.700	51.290	55.223	48.61
26	32.938	26.657	31.096	24.967	56	58.781	52.438	56.408	49.86
27	33.562	27.229	31.727	25.543	57	59.904	53.638	57.646	51.17
28	34.211	27.829	32.354	26.119	58	61.000	54.814	58.877	52.49
29	34.885	28.457	32.973	26.686	59	62.134	56.038	60.162	53.88
30	35.573	29.100	33.611	27.276	60	63.308	57.319	61.388	55.21
31	36.250	29.733	34.215	37.829	61	64.458	58.571	62.542	56.45
32	36.942	30.386	34.842	28.405	62	65.577	59.800	63.642	57.64
33	37.662	31.062	35.435	28.938	63	66.658	60.986	64.746	58.84
34	38.408	31.776	36.042	29.495	64	67.762	62.200	65.885	60.08
35	39.185	32.524	36.673	30.076	65	68.885	63.448	67.054	61.37

Suite de la table LVI.

HOMMES.		FEMMES.		Ages.	HOMMES.		FEMMES.	
4 pour cent.	5 pour cent.	4 pour cent.	5 pour cent.		4 pour cent.	5 pour cent.	4 pour cent.	5 pour cent.
70.031	64.724	68.262	62.710	86	87.380	84.657	86.469	83.590
71.196	66.029	69.500	64.090	87	87.869	85.224	86.804	83.976
72.304	67.276	70.785	65.524	88	88.635	86.133	87.331	84.590
73.335	68.438	72.104	67.019	89	89.623	87.314	88.046	85.433
74.538	69.576	73.473	68.576	90	90.704	88.610	88.950	86.510
75.315	70.676	74.754	70.033	91	91.715	89.829	89.892	87.638
76.231	71.714	75.919	71.367	92	92.942	91.314	90.965	88.929
77.154	72.767	76.931	72.524	93	94.319	92.996	92.034	90.219
77.985	73.710	77.723	73.424	94	95.231	94.105	93.081	91.486
78.896	74.752	78.531	74.343	95	......	......	94.062	92.681
79.796	75.790	79.358	75.290	96	......	......	94.923	93.729
80.677	76.805	80.212	76.271					
81.662	77.948	81.104	77.300					
82.646	79.095	82.046	78.400					
83.615	80.229	83.069	79.596					
84.550	81.329	84.058	80.757					
85.415	82.352	84.981	81.848					
86.154	83.224	85.773	82.786					
86.642	83.795	86.311	83.429					
87.034	84.257	86.338	83.448					

TABLE LVII.

Valeur d'une assurance de 100 fr. sur DEUX TÊTES RÉUNIES, *d'après les observations faites en Suède.*

Ages.		4 p. cent.	Ages.		4 p. cent.	Ages.		4 p. cent.
10	10	34.073	30	54	59.950	55	55	67.327
	16	35.658		60	65.512		61	70.942
	22	37.888		66	71.227		67	75.100
	28	40.446		72	77.381		73	79.881
	34	43.304	35	35	49.581		79	84.638
	40	47.142		41	52.458		85	87.569
	46	51.177		47	55.550		91	92.008
	52	56.319		53	59.800	60	60	72.677
15	15	36.404		59	64.946		66	75.965
	21	38.458		65	70.465		72	80.196
	27	40.800		71	76.565		78	83.808
	33	43.462		77	81.412		84	87.500
	39	46.923	40	40	53.985		90	91.027
	45	50.819		46	56.592	65	65	77.381
	51	55.715		52	60.354		71	80.838
	57	61.204		58	64.908		77	83.923
20	20	39.684		64	70.142		83	87.492
	26	41.754		70	75.946		89	90.058
	32	44.185		76	80.865		95	94.409
	38	47.231		82	85.731	70	70	82.334
	44	50.958	45	45	57.869		76	84.823
	50	55.512		51	61.042		82	87.865
	56	60.662		57	64.996		88	89.765
	62	66.700		63	69.862		94	94.177
25	25	42.888		69	75.285	75	75	85.969
	31	45.062		75	80.277		81	88.396
	37	47.696		81	85.177		87	89.981
	43	51.219		87	88.142		93	93.942
	49	55.338	50	50	62.665	80	80	89.392
	55	60.204		56	65.869		86	90.708
	61	66.065		62	70.196		92	93.700
	67	72.019		68	75.050	85	85	91.492
30	30	46.288		74	79.981		91	93.365
	36	48.500		80	84.654	90	90	93.392
	42	51.758		86	87.804	95	95	96.062
	48	55.362		92	93.008			

TABLE LVIII.

Valeur actuelle de 1 fr., payable après un nombre quelconque d'années.

Nombre d'années	4 pour cent.	4 ½ pour cent.	5 pour cent.	Nombre d'années.	4 pour cent.	4 ½ pour cent.	5 pour cent.
1	0.96154	0.95694	0.95238	31	0.29646	0.25550	0.22036
2	0.92456	0.91573	0.90703	32	0.28506	0.24450	0.20987
3	0.88900	0.87630	0.86384	33	0.27409	0.23397	0.19987
4	0.85480	0.83856	0.82270	34	0.26355	0.22390	0.19035
5	0.82193	0.80245	0.78353	35	0.25342	0.21425	0.18129
6	0.79031	0.76790	0.74622	36	0.24367	0.20503	0.17266
7	0.75992	0.73483	0.71068	37	0.23430	0.19620	0.16444
8	0.73069	0.70319	0.67684	38	0.22529	0.18775	0.15661
9	0.70259	0.67290	0.64461	39	0.21662	0.17967	0.14915
10	0.67556	0.64393	0.61391	40	0.20829	0.17193	0.14205
11	0.64958	0.61620	0.58468	41	0.20028	0.16453	0.13528
12	0.62460	0.58966	0.55684	42	0.19257	0.15744	0.12884
13	0.60057	0.56427	0.53032	43	0.18517	0.15066	0.12270
14	0.57748	0.53997	0.50507	44	0.17805	0.14417	0.11686
15	0.55526	0.51672	0.48102	45	0.17120	0.13796	0.11130
16	0.53391	0.49447	0.45811	46	0.16461	0.13202	0.10600
17	0.51337	0.47318	0.43630	47	0.15828	0.12634	0.10095
18	0.49363	0.45280	0.41552	48	0.15219	0.12090	0.09614
19	0.47464	0.43330	0.39573	49	0.14634	0.11569	0.09156
20	0.45639	0.41464	0.37689	50	0.14071	0.11071	0.08720
21	0.43883	0.39679	0.35894	51	0.13530	0.10594	0.08305
22	0.42196	0.37970	0.34185	52	0.13010	0.10138	0.07910
23	0.40573	0.36335	0.32557	53	0.12509	0.09701	0.07533
24	0.39012	0.34770	0.31007	54	0.12028	0.09284	0.07174
25	0.37512	0.33273	0.29530	55	0.11566	0.08884	0.06833
26	0.36069	0.31840	0.28124	56	0.11121	0.08501	0.06507
27	0.34682	0.30469	0.26785	57	0.10693	0.08135	0.06197
28	0.33348	0.29157	0.25509	58	0.10282	0.07785	0.05902
29	0.32065	0.27902	0.24295	59	0.09886	0.07450	0.05621
30	0.30832	0.26700	0.23138	60	0.09506	0.07129	0.05354

Suite de la table LVIII.

Nombre d'années.	4 pour cent.	4 1/2 pour cent.	5 pour cent.	Nombre d'années.	4 pour cent.	4 1/2 pour cent.	5 pour cent.
61	0.09140	0.06822	0.05099	81	0.04172	0.02829	0.01922
62	0.08789	0.06528	0.04856	82	0.04011	0.02707	0.01830
63	0.08451	0.06247	0.04625	83	0.03857	0.02590	0.01743
64	0.08126	0.05978	0.04404	84	0.03709	0.02479	0.01660
65	0.07813	0.05721	0.04195	85	0.03566	0.02372	0.01581
66	0.07513	0.05474	0.03995	86	0.03429	0.02270	0.01506
67	0.07224	0.05239	0.03805	87	0.03297	0.02172	0.01434
68	0.06946	0.05013	0.03623	88	0.03170	0.02079	0.01366
69	0.06679	0.04797	0.03451	89	0.03048	0.01989	0.01301
70	0.06422	0.04590	0.03287	90	0.02931	0.01903	0.01239
71	0.06175	0.04393	0.03130	91	0.02818	0.01821	0.01180
72	0.05937	0.04204	0.02981	92	0.02710	0.01743	0.01124
73	0.05709	0.04023	0.02839	93	0.02606	0.01668	0.01070
74	0.05490	0.03849	0.02704	94	0.02505	0.01596	0.01019
75	0.05278	0.03684	0.02575	95	0.02409	0.01527	0.00971
76	0.05075	0.03525	0.02453	96	0.02316	0.01462	0.00924
77	0.04880	0.03373	0.02336	97	0.02227	0.01399	0.00880
78	0.04692	0.03228	0.02225	98	0.02142	0.01338	0.00838
79	0.04512	0.03089	0.02119	99	0.02059	0.01281	0.00798
80	0.04338	0.02956	0.02018	100	0.01980	0.01226	0.00760

Cahh IV... (handwritten annotation)

TABLE LIX.

Valeur actuelle d'une ANNUITÉ CERTAINE *de* 1 fr., *payable pendant un nombre quelconque d'années*.

Nombre d'années	4 pour cent.	4 ¹/₂ p. cent.	5 pour cent.	Nombre d'années	4 pour cent.	4 ¹/₂ p. cent.	5 pour cent.
1	0.962	0.957	0.952	31	17.588	16.544	15.593
2	1.886	1.873	1.859	32	17.874	16.789	15.803
3	2.775	2.749	2.723	33	18.148	17.023	16.003
4	3.630	3.588	3.546	34	18.411	17.247	16.193
5	4.452	4.390	4.329	35	18.665	17.461	16.374
6	5.242	5.158	5.076	36	18.908	17.666	16.547
7	6.002	5.893	5.786	37	19.143	17.862	16.711
8	6.733	6.596	6.463	38	19.368	18.050	16.868
9	7.435	7.269	7.108	39	19.584	18.230	17.017
10	8.111	7.913	7.722	40	19.793	18.402	17.159
11	8.760	8.529	8.306	41	19.993	18.566	17.294
12	9.385	9.119	8.863	42	20.186	18.724	17.423
13	9.986	9.683	9.394	43	20.371	18.874	17.546
14	10.563	10.223	9.899	44	20.549	19.018	17.663
15	11.118	10.740	10.380	45	20.720	19.156	17.774
16	11.652	11.234	10.838	46	20.885	19.288	17.880
17	12.166	11.707	11.274	47	21.043	19.415	17.981
18	12.659	12.160	11.690	48	21.195	19.536	18.077
19	13.134	12.593	12.085	49	21.341	19.651	18.169
20	13.590	13.008	12.462	50	21.482	19.762	18.256
21	14.029	13.405	12.821	51	21.617	19.868	18.339
22	14.451	13.784	13.163	52	21.748	19.969	18.418
23	14.857	14.148	13.489	53	21.873	20.066	18.493
24	15.247	14.495	13.799	54	21.993	20.159	18.565
25	15.622	14.828	14.094	55	22.109	20.248	18.633
26	15.983	15.147	14.375	56	22.220	20.333	18.699
27	16.330	15.451	14.643	57	22.327	20.414	18.761
28	16.663	15.743	14.898	58	22.430	20.492	18.820
29	16.984	16.022	15.141	59	22.528	20.567	18.876
30	17.292	16.289	15.372	60	22.623	20.638	18.929

Suite de la table LIX.

Nombre d'années	4 pour cent.	4 ¹/₂ p. cent.	5 pour cent.	Nombre d'années	4 pour cent.	4 ¹/₂ p. cent.	5 pour cent.
61	22.715	20.706	18.980	86	24.143	21.718	19.699
62	22.803	20.772	19.029	87	24.176	21.740	19.713
63	22.887	20.834	19.075	88	24.207	21.760	19.727
64	22.969	20.894	19.119	89	24.238	21.780	19.740
65	23.047	20.951	19.161	90	24.267	21.799	19.752
66	23.122	21.006	19.201	91	24.295	21.817	19.764
67	23.194	21.058	19.239	92	24.323	21.835	19.775
68	23.264	21.108	19.275	93	24.349	21.852	19.786
69	23.330	21.156	19.310	94	24.374	21.868	19.796
70	23.395	21.202	19.343	95	24.398	21.883	19.806
71	23.456	21.246	19.374	96	24.421	21.897	19.815
72	23.516	21.288	19.404	97	24.443	21.911	19.824
73	23.573	21.328	19.432	98	24.465	21.925	19.832
74	23.628	21.367	19.459	99	24.485	21.938	19.840
75	23.680	21.404	19.485	100	24.505	21.950	19.848
76	23.731	21.439	19.509	Perp.	25.000	22.222	20.000
77	23.780	21.473	19.533				
78	23.827	21.505	19.555				
79	23.872	21.536	19.576				
80	23.915	21.565	19.596				
81	23.957	21.594	19.616				
82	23.997	21.621	19.634				
83	24.036	21.647	19.651				
84	24.073	21.671	19.668				
85	24.109	21.695	19.684				

APPENDICE

A LA

THÉORIE DES ANNUITÉS VIAGÈRES

ET DES ASSURANCES SUR LA VIE,

OU

NOUVELLE MÉTHODE

POUR CALCULER LA VALEUR DES ANNUITÉS VIAGÈRES.

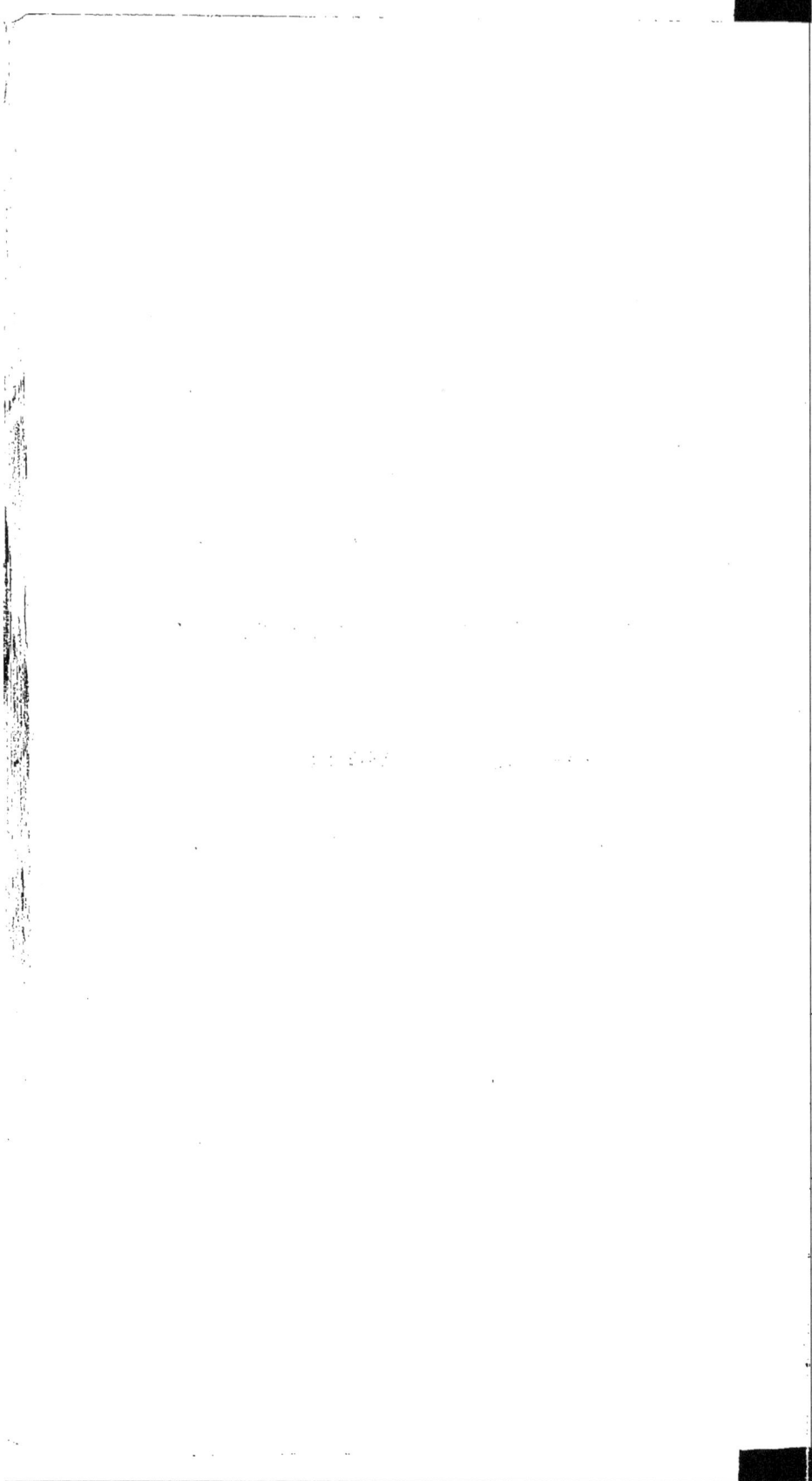

APPENDICE

A LA THÉORIE DES ANNUITÉS VIAGÈRES

ET

DES ASSURANCES SUR LA VIE,

OU

NOUVELLE MÉTHODE

POUR CALCULER LA VALEUR DES ANNUITÉS VIAGÈRES.

———————⋄———————

Les calculs que nécessite la construction des tables d'annuités viagères, particulièrement sur deux ou plusieurs têtes, sont tellement laborieux, que malgré l'importance du sujet et les applications utiles que ces tables rencontrent chaque jour, peu de personnes se sont montrées disposées à entreprendre de si pénibles travaux. A l'exception des tables qu'ont publiées Price et le baron Mazères, je n'en connais pas qui, dans l'état actuel de la science, puissent être consultées utilement. Le premier a donné, dans ses *Observations sur les paiemens en reversion*, les résultats précieux d'observations faites sur la mortalité à Northampton et en Suède ; et le dernier, dans ses *Principes de la théorie des annuités viagères*, a inséré des tables semblables, déduites des observations faites par Deparcieux en France.

23..

En même temps que Price publiait les tables dont je viens de parler, il indiquait une « méthode » prompte et facile pour calculer la valeur d'une » annuité sur une tête ou un groupe de plusieurs » têtes, » méthode qui rendait ces calculs moins laborieux; cependant il est possible d'en rendre l'application beaucoup plus simple et plus facile, comme je m'efforcerai de le faire comprendre dans le cours de cet *Appendice*. Mais ce que j'ai plus immédiatement en vue dans ce moment, c'est d'exposer une méthode *nouvelle* par laquelle on épargne une grande partie du temps que nécessite la construction des tables d'annuités viagères, et l'on rend plus faciles et plus étendues les applications de ces tables aux divers problèmes qu'on peut être appelé à résoudre.

Soit A la tête sur laquelle l'annuité est constituée, et désignons les nombres de vivans à l'âge de A et aux âges consécutifs, d'après une table quelconque d'observations, par a, b, c, d.... v, x, y, z; z désignant le nombre de vivans au dernier âge de la table, et étant généralement égal à l'unité. Appelons encore r le produit du placement de 1 fr. après 1 an, à un taux d'intérêt donné. Cela posé, on sait que la valeur d'une annuité sur la tête A est exprimée par la série suivante :

$$\frac{1}{a}\left(\frac{b}{r} + \frac{c}{r^2} + \frac{d}{r^3} + \cdots \frac{x}{r^{n-2}} + \frac{y}{r^{n-1}} + \frac{z}{r^n}\right),$$

n désignant le nombre d'années compris entre l'âge de A et le dernier âge marqué sur la table d'observa-

tions : et la *somme* des termes de cette série , expri-
més numériquement en raison de l'âge de A , donne
ordinairement les tables de la valeur des annuités
viagères. Mais la série ci-dessus peut être représentée
de la manière suivante :

$$\frac{1}{ar^n} (br^{n-1} + cr^{n-2} + dr^{n-3} + \dots xr^2 + yr + z) :$$

cette expression est évidemment la même, et se
prête mieux aux développemens qui vont suivre.

Dans le système proposé, A est supposé un enfant
qui vient de naître, ou dont l'âge est égal à 0, et
chacun des termes de la série, en commençant par
la fin, doit être exprimé numériquement et disposé
régulièrement dans une même colonne, au bas de
laquelle sera posée la valeur numérique du commun
diviseur ar^n. Dans une colonne parallèle, on placera
les *sommes* du premier terme, des *deux* premiers, des
trois premiers, des *quatre* premiers, etc. de l'autre colonne, sommes que je désignerai par z, y, x, etc.; et
au moyen de ces deux colonnes on pourra résoudre
toutes les questions relatives aux annuités viagères
et aux assurances par une méthode non-seulement
moins sujette à erreur, mais souvent même plus
prompte et plus facile que celle dont on fait générale-
lement usage.

Afin de rendre ces explications plus claires, j'in-
diquerai par le *spécimen* ci-après la manière dont
ces valeurs doivent être disposées ; j'ai supposé que
le dernier âge de la table d'observations est celui
de 96 ans.

AGES.	COLONNE $\mathfrak{A}$.	COLONNE $\mathfrak{B}$.
96	z	z
95	yr	Y
94	xr^2	X
. .	. .	. .
. .	. .	. .
. .	. .	. .
. .	. .	. . .
3	dr^{n-3}	D
2	cr^{n-2}	C
1	br^{n-1}	B
0	ar^n	A

Nous aurons donc

$$z = z,$$
$$Y = yr + z,$$
$$X = xr^2 + yr + z,$$

$$C = cr^{n-2} + dr^{n-3} + er^{n-4} \ldots + xr^2 + yr + z,$$
$$B = br^{n-1} + cr^{n-2} + dr^{n-3} \ldots + xr^2 + yr + z,$$
$$A = ar^n + br^{n-1} + cr^{n-2} \ldots + xr^2 + yr + z.$$

On voit donc que la valeur d'une annuité sur la tête d'un enfant *qui vient de naître* est représentée par $\frac{B}{ar^n}$; d'un enfant d'*un* an, par $\frac{C}{br^{n-1}}$; d'un enfant de *deux* ans, par $\frac{D}{cr^{n-2}}$; d'un enfant de *trois* ans, par $\frac{E}{dr^{n-3}}$, et ainsi de suite jusqu'aux dernières limites de la vie humaine.

On peut objecter que dans cet arrangement, une *opération numérique* est nécessaire pour déterminer la valeur de l'annuité, tandis qu'on la connaît à la seule inspection (1) des tables construites différemment. Cette objection n'a de force qu'en ce qui concerne les annuités *sur une seule tête*, ou dans un petit nombre de cas, sur *deux têtes réunies ;* car quand les âges des deux têtes proposées ne sont pas indiqués par les tables existantes, on est obligé d'avoir recours à une opération plus longue par la mé-

---

(1) Le mode adopté jusqu'ici par tous les auteurs *anglais* dans la construction des tables d'annuités, et qui consiste à indiquer le *prix* de la rente de 1 fr., a certainement de grands avantages, puisqu'il facilite la solution des problèmes qui se présentent le plus fréquemment. Les auteurs *français* ont cependant adopté un mode inverse, c'est-à-dire que leurs tables indiquent la *rente* que produit un capital de 1 fr. Cette méthode est moins favorable que la première aux applications générales de ces tables, toutefois elle est souvent suivie, même en Angleterre, et notamment par la plupart des compagnies. La nouvelle méthode que je propose est à beaucoup d'égards supérieure à toutes deux, et l'on peut toujours passer facilement de l'une à l'autre en transposant seulement les deux termes de la fraction. Ainsi $\frac{B}{ar^n}$ est le *prix* d'une annuité sur la tête d'un enfant qui vient de naître : et $\frac{ar^n}{B}$ est l'*annuité* que produira le placement de 1 fr. sur la même tête.

thode ordinaire que par celle que j'expose ici. De plus, cette dernière méthode rend plus prompte et plus facile la solution de divers problèmes compliqués qui se présentent souvent dans la pratique, particulièrement au sujet des annuités et des assurances *différées* ou *temporaires*, et qui, en suivant la méthode en usage jusqu'à ce jour, demandent des calculs longs et laborieux qui exposent conséquemment à de nombreuses erreurs.

Par exemple, les valeurs d'une annuité sur la tête d'un enfant qui vient de naître, *différée* de 1, 2, 3.... ans, sont respectivement représentées par $\frac{c}{ar^n}$, $\frac{D}{ar^n}$, $\frac{E}{ar^n}$, etc. Les valeurs d'une semblable annuité sur une tête d'*un* an, sont respectivement représentées par $\frac{D}{br^{n-1}}$, $\frac{E}{br^{n-1}}$, $\frac{F}{br^{n-1}}$, etc.; sur une tête de *deux* ans, par $\frac{E}{cr^{n-2}}$, $\frac{F}{cr^{n-2}}$, $\frac{G}{cr^{n-2}}$, etc., et ainsi de suite.

De la même manière, les valeurs d'une annuité *temporaire* de 1, 2, 3...... ans sur la tête d'un enfant qui vient de naître sont respectivement représentées par $\frac{B-C}{ar^n}$, $\frac{B-D}{ar^n}$, $\frac{B-E}{ar^n}$, etc., sur une tête d'*un* an, par $\frac{C-D}{br^{n-1}}$, $\frac{C-E}{br^{n-1}}$, $\frac{C-F}{br^{n-1}}$, etc., sur une tête de *deux* ans, par $\frac{D-E}{cr^{n-2}}$, $\frac{D-F}{cr^{n-2}}$, $\frac{D-G}{cr^{n-2}}$, etc. , et ainsi de suite.

En outre, on obtiendrait aussi facilement la valeur d'une annuité différée, en *primes annuelles égales*. Ainsi, supposons que l'annuité soit différée de cinq ans, sur la tête d'un enfant qui vient de naître; la valeur de la prime annuelle qui devra être payée pour assurer cette annuité sera représentée par $\frac{G}{A - F}$; si la tête avait *un* an, la valeur de la prime annuelle serait $\frac{H}{B - G}$, et ainsi de suite. Si le délai était de six ans, les primes annuelles seraient respectivement $\frac{H}{A - G}$, et $\frac{I}{B - H}$, et ainsi de suite pour tout autre délai fixé.

On peut déterminer presque aussi facilement la valeur des *assurances* sur une tête. Ainsi, la valeur d'une assurance de 1 fr., sur la tête d'un enfant qui vient de naître, sera $\frac{A - B r}{r. ar^n}$; d'un enfant d'*un* an; $\frac{B - C.r}{r. br^{n-1}}$; d'un enfant de *deux* ans, $\frac{C - D.r}{r. cr^{n-2}}$; et ainsi de suite.

Si l'assurance devait être payée en *primes annuelles égales*, on obtiendrait la valeur de cette prime en substituant A, B, C, etc. aux expressions ar^n, br^{n-1}, cr^{n-2}, etc., dans les dénominateurs ci-dessus. Ainsi, la valeur d'une assurance de 1 fr., sur la tête d'un enfant qui vient de naître, est égale, en un seul paiement, à $\frac{A - B.r}{r. ar^n}$: et la prime annuelle équivalente, payable durant la vie de cet enfant, sera $\frac{A - B.r}{A. r} = \frac{1}{r} - \frac{B}{A}$; formule beacoup plus simple que toutes celles qui ont été données à ce sujet.

Nous trouverons de même la valeur des *assurances*

différées. Ainsi, les valeurs d'une assurance de 1 fr. différée de 1, 2, 3...... ans, sur la tête d'un enfant qui vient de naître, seront respectivement $\frac{\text{B} - c r}{r \cdot a r^n}$, $\frac{\text{C} - \text{D} r}{r \cdot a r^n}$, $\frac{\text{D} - \text{E} r}{r \cdot a r^n}$, etc., sur une tête d'*un* an, ces valeurs seraient respectivement pour les mêmes délais $\frac{\text{C} - \text{D} r}{r \cdot b r^{n-1}}$, $\frac{\text{D} - \text{E} r}{r \cdot b r^{n-1}}$, $\frac{\text{E} - \text{F} r}{r \cdot b r^{n-1}}$, etc., et ainsi de suite.

De même encore nous pourrons déterminer la valeur des *assurances temporaires*. Ainsi, la valeur d'une assurance de 1 fr., pour quatre ans, sur la tête d'un enfant qui vient de naître, est égale à $\frac{\text{A} - \text{E} - (\text{B} - \text{F}) r}{r \cdot a r^n}$.

Si l'on voulait déterminer en *primes annuelles* la valeur de cette assurance temporaire, cette prime serait égale à $\frac{1}{r} - \frac{\text{B} - \text{F}}{\text{A} - \text{E}}$, formule beaucoup plus simple que toutes celles par lesquelles on a jusqu'ici obtenu cette valeur.

Si l'on a bien compris ce qui a été dit au sujet des annuités et des assurances *sur une tête*, on résoudra facilement toute question relative à un nombre quelconque de *têtes réunies*. Car, si nous supposons *deux* têtes réunies A, B, et que nous appelions a, a', a'', ..., etc., les nombres de vivans aux âges consécutifs; si nous appelons de même b, b', b'', b''', etc., les nombres de vivans à l'âge de B et à tous les âges consécutifs; alors en remplaçant a par ab, b par $a'b'$, c par $a''b''$, etc., dans le spécimen donné plus haut, nous trouverons que la même règle nous fera trouver aussi facilement la valeur d'une annuité sur *deux* têtes réunies d'âges quelconques. Et la même méthode s'étend aussi au cas de trois têtes réunies.

Pour trouver la *vie moyenne*, nous n'aurons qu'à faire dans le spécimen $r = 1$, et la même règle sera encore applicable, avec cette exception toutefois qu'il faudra ajouter $\frac{1}{2}$ au résultat, afin d'obtenir la vraie valeur de la vie moyenne, suivant les principes de tous les auteurs qui ont traité cette matière. Si donc nous faisons

$$A = a + b + c + \ldots\ldots x + y + z,$$
$$B = b + c + d + \ldots\ldots x + y + z,$$
$$C = c + d + e + \ldots\ldots x + y + z,$$

alors la *vie moyenne* d'une tête seule A sera égale à $\frac{B}{a} + \frac{1}{2} = \frac{A}{a} - \frac{1}{2}$: la vie moyenne d'une tête seule B sera égale à $\frac{C}{b} + \frac{1}{2} = \frac{B}{b} - \frac{1}{2}$; et ainsi de suite, pour toute autre tête. On trouvera de même la vie moyenne de *deux têtes réunies*, au moyen des substitutions dont j'ai parlé plus haut. Mais je pense en avoir déjà assez dit pour montrer l'application de cette méthode.

Après avoir ainsi donné un aperçu général des principes sur lesquels cette nouvelle méthode est fondée, je vais démontrer par quelques exemples son utilité et sa supériorité sur toute autre. A cet effet, j'ai annexé à cet *appendice* quatre tables qui ont été calculées d'après ces principes, et qui répandront plus de jour sur les règles que nous avons établies. Toutes ces tables ont été construites d'après les observations faites en Suède sans distinction de sexe.

La *première* table sert à déterminer la *vie moyenne d'une tête seule*, d'un âge quelconque. Les âges sont rangés de haut en bas dans la première colonne, en commençant par le dernier âge de la table d'observations. Dans la colonne 𝔄, et vis-à-vis de chaque âge, sont rangés les nombres de vivans à cet âge; et dans la colonne 𝔅 les *sommes* des valeurs qui précèdent cet âge dans la colonne 𝔄, suivant la méthode qui a été exposée plus haut.

La *deuxième* table sert à déterminer la *vie moyenne de deux têtes réunies*, dont les âges aient entre eux une différence de 9, de 10 ou de 11 ans : ces trois différences étant nécessaires à la solution de plusieurs des questions suivantes. La première colonne indique l'âge de *la plus jeune* des deux têtes, et les valeurs de la colonne 𝔄 s'obtiennent en multipliant l'un par l'autre les nombres de vivans à chacun des deux âges proposés. Ainsi les nombres de vivans à 71 et à 80 ans étant 1622 et 558, leur produit 905076 sera la dix-septième valeur de cette colonne. La colonne 𝔅 est comme dans la table précédente, formée des *sommes* des valeurs de la colonne 𝔄. La colonne marquée x dans cette table et les suivantes, ne sera expliquée que plus tard.

La *troisième* table sert à déterminer la valeur d'une *annuité* sur *une tête* d'un âge quelconque; pour comprendre sa construction, il suffira de la comparer au spécimen de la page 252.

Enfin, la *quatrième* table sert à déterminer la valeur d'une *annuité* sur *deux têtes réunies*, dont les âges aient entre eux une différence de 9, de 10 ou de 11 ans; elle est formée d'après les mêmes principes que la précédente. La première colonne indique, comme dans la seconde table, l'âge de *la plus jeune* des deux têtes.

L'intérêt de 4 pour cent est celui qui entre comme élément dans la composition des deux dernières tables.

Ces tables sont les seules qui nous seront nécessaires pour résoudre les questions suivantes, mais je dois d'abord indiquer la signification de la colonne x dans les trois dernières tables. Les chiffres de cette colonne ont pour objet de déterminer le nombre *d'unités entières* de chaque résultat; ces chiffres sont les caractéristiques des logarithmes des nombres devant lesquels ils sont placés, et indiquent conséquemment de *combien de chiffres* se composeraient ces nombres, si l'on n'en négligeait aucun. Ainsi, dans la seconde table, le nombre en regard de l'âge 0 dans la colonne $\mathfrak{A}$ devrait être 61770000; mais comme les *six* premiers chiffres suffisent à notre dessein, j'ai négligé les deux derniers afin d'abréger l'étendue de la table. La caractéristique 7, placée devant ce nombre, indique donc qu'il doit être composé de *huit* chiffres, et que nous devrons les compléter par des zéros. Quand la caractéristique est *moindre* que le nombre de chiffres, elle servira à montrer combien il y a de chiffres indiquant des *entiers*, les autres devant être considérés comme des décimales.

Cela posé, je pense n'avoir pas besoin d'entrer dans

d'autres explications pour faire comprendre la manière dont on obtient les résultats suivants :

La *vie moyenne* d'une tête seule, âgée de 40 ans,
est $\frac{110935}{4591} + \frac{1}{2} = 24,664$; la *vie moyenne* d'une tête
de 50 ans est $\frac{69086}{3846} + \frac{1}{2} = 18,463$; la *vie moyenne* d'un
groupe de deux têtes de 40 et 50 ans est.....
$\frac{246594800}{17657000} + \frac{1}{2} = 14,466$.

La valeur d'une *annuité*, sur une tête de 40 ans, est
$\frac{579207,1}{41283,3} = 14,030$; la valeur d'une *annuité*, sur une
tête de 50 ans, est $\frac{272201,4}{23363,8} = 11,651$; et la valeur
d'une *annuité*, sur un groupe de deux têtes de 40
et 50 ans, est $\frac{1034031000}{107263000} = 9,640$.

Réciproquement, dans chacun de ces trois cas respectivement, l'annuité *qu'assurerait le placement de*
1 *fr.* serait $\frac{41283,3}{579207,1} = 0,0713$, $\frac{23363,8}{272201,4} = 0,0858$; et
$\frac{107263000}{1034031000} = 0,1037$.

La valeur d'une annuité *différée* de 20 ans, sur une
tête de 40 ans, est $\frac{105513,5}{41283,3} = 2,556$; *différée* de 30
ans sur une tête de 50 ans, elle est $\frac{3411,076}{23363,8}$
$= 0,146$; *différée* de 15 ans sur le groupe de ces
deux têtes, elle est $\frac{158765800}{107263000} = 1,480$.

La *prime annuelle* d'une annuité différée de 20 ans,

sur une tête de 40 ans, est $\dfrac{105513,5}{620490,4 - 117538,0}$
$= 0,2098$; et la *prime annuelle* d'une annuité différée de 30 ans, sur une tête de 50 ans, est
$\dfrac{3411,076}{295565,2 - 4456,200} = 0,0117$. Celle d'une annuité
différée de 15 ans, sur un groupe de deux têtes de
40 et 50 ans, est $\dfrac{158765800}{1141294000 - 185786900} = 0,1661$.

La valeur d'une annuité *temporaire* de 20 ans, sur
une tête de 40 ans, est $\dfrac{579207,1 - 105513,5}{41283,3} = 11,474$;
et celle d'une annuité *temporaire* de 30 ans, sur une
tête de 50 ans, est $\dfrac{272201,4 - 3411,076}{23363,8} = 11,505$;
celle d'une annuité *temporaire* de 15 ans, sur le groupe
de ces deux têtes, est $\dfrac{1034031000 - 158765800}{107263000} = 8,160$.

La valeur d'une *assurance* de 1 fr., sur une tête de
40 ans, est $\dfrac{620490,4 - 579207,1 \times 1,04}{41283,3 \times 1,04} = 0,4219$;
la valeur d'une *assurance*, sur une tête de 50 ans, est
$\dfrac{295565,2 - 272201,4 \times 1,04}{23363,8 \times 1,04} = 0,5134$; celle d'une
assurance, sur le groupe de ces deux têtes, est
$\dfrac{1141294000 - 1034031000 \times 1,04}{107263000 \times 1,04} = 0,5908$.

La *prime annuelle* d'une assurance de 1 fr., sur une
tête de 40 ans, est $0,96154 - \dfrac{579207,1}{620490,4} = 0,02807$;
celle d'une *assurance* sur une tête de 50 ans, est
$0,96154 - \dfrac{272201,4}{295565,2} = 0,04059$; celle d'une *assu-*

rance sur le groupe de ces deux têtes est $0,96154 - \frac{1034031000}{1141294000} = 0,05552$.

La valeur d'une *assurance* de 1 fr. *différée* de 20 ans sur une tête de 40 ans, est $\frac{117538,0 - 105513,5 \times 1,04}{41283,3 \times 1,04}$ $= 0,1818$; *différée* de 30 ans, sur une tête de 50 ans, elle est $\frac{4456,200 - 3411,076 \times 1,04}{23363,8 \times 1,04} = 0,0374$; *différée* de 15 ans, sur le groupe de ces deux têtes, elle est $\frac{18586900 - 158765800 \times 1,04}{107263000 \times 1,04} = 0,1853$.

La valeur d'une *assurance temporaire* de 1 fr. pour 20 ans, sur une tête de 40 ans, est $\frac{620490,4 - 117538,0 - 1,04\,(579207,1 - 105513,5)}{41283,3 \times 1,04} = 0,2401$; celle d'une *asssurance temporaire* de 30 ans, sur une tête de 50 ans, est
$$\frac{295565,2 - 4456,200 - 1,04\,(272201,4 - 3411,076)}{23363,8 \times 1,04} = 0,4760;$$
celle d'une *assurance temporaire* de 15 ans, sur le groupe de ces deux têtes, est
$$\frac{1141294000 - 18586900 - 1,04\,(1034031000 - 158765800)}{107263000 \times 1,04}$$
$= 0,4055$.

Si nous appliquons ces tables à la solution des questions d'annuités ou d'assurances qui dépendent d'un ordre particulier de survivance, nous nous convaincrons encore plus de leur utilité, puisqu'au moyen d'une opération numérique très simple, elles nous serviront à résoudre les problèmes les plus compliqués qui peuvent se rencontrer à ce sujet. Dans les questions relatives aux annuités de cette nature, on désire toujours connaître la *probabilité de survivance* qu'ont entre elles les têtes proposées; mais les méthodes jusqu'ici employées n'ont permis d'obtenir cette valeur qu'après de longs et laborieux calculs, que peu de personnes sont disposées à entreprendre. D'un autre côté, il n'est aucune des tables existantes qui puisse répondre à toutes les questions qui se présentent. Cependant par la méthode que j'expose on peut toujours obtenir facilement cette probabilité.

Supposons qu'il s'agisse de deux têtes A et B, dont la plus jeune soit A. Soit A' une tête plus âgée d'un an que A, et B' une tête plus âgée d'un an que B. Maintenant si nous appelons AB, A'B, AB', A'B', les valeurs qui, dans la table II, à la colonne 𝔅 sont en regard des âges des têtes réunies AB, A'B, AB', A'B', et si nous appelons *ab* la valeur en regard des âges des têtes réunies AB dans la colonne 𝔄, nous aurons la formule suivante :

$$\frac{AB - A'B - (A'B' - AB')}{2ab}$$

pour la valeur de la probabilité que la tête A a de mourir avant la tête B. De sorte qu'en supposant à la tête A 40 ans, et à la tête B 50 ans, la valeur demandée sera

$$\frac{264251800 - 257791100 - (246594800 - 252670600)}{2 \times 17657000}$$

$$= \frac{12536500}{35314000} = 0,3550.$$

Si nous conservons les mêmes caractères pour désigner les valeurs semblables et correspondantes de

T. II.   24

la table IV, nous aurons la formule suivante :

$$\frac{AB - A'B - r(A'B' - AB')}{2r.abr^n}$$

pour la valeur de l'assurance de 1 fr., payable au décès de A, pourvu qu'il meure *avant* B; formule dont la solution numérique peut s'obtenir facilement au moyen des tables ci-après. Supposons, par exemple, que la tête A ait 40 ans, et la tête B 50 ans, et que nous ayons à déterminer la valeur d'une assurance de 1 fr., payable au décès de la tête de 40 ans, pourvu qu'elle meure *avant* celle de 50. Cette valeur sera égale à

$$\frac{1141294000 - 1116533000 - 1,04(1034031000 - 1056721000}{2,08 \times 107263000}$$

$$= \frac{48358600}{223107040} = 0,2168.$$

Si nous avions à déterminer la *prime annuelle* de la même assurance, nous n'aurions qu'à remplacer *abr^n* par AB dans le dénominateur de la formule ci-dessus. Ainsi $\frac{48358600}{223107040}$ étant la valeur de l'assurance en un seul paiement, la prime annuelle correspondante sera $\frac{48358600}{2373891520} = 0,02037$.

Nous trouverions d'une manière semblable la valeur d'une assurance dépendant d'un ordre quelconque de survivance entre *trois* têtes; car si l'on construit une table pour *trois têtes réunies* d'après des principes semblables à ceux exposés plus haut, et qu'on représente par les mêmes caractères les valeurs semblables et correspondantes de cette nouvelle table, on trouvera d'une manière également simple et facile les formules relatives aux questions sur trois têtes. Ainsi la valeur actuelle de 1 fr., payable au décès de A, pourvu que cette tête soit la *première* qui s'éteigne de trois têtes données A, B, C, serait représentée par

$$\frac{2ABC - 2A'BC + AB'C - A'B'C - r(2A'B'C' - 2AB'C' + A'BC' - ABC')}{6r.abcr^n},$$

expression qui donne absolument la même valeur que la formule du n° **247**, au premier volume de cet ouvrage. Et la valeur actuelle de 1 fr., payable au décès de A ou de B, pourvu que *l'une* de ces deux têtes soit la *première* qui s'éteigne de trois têtes données A, B, C, serait représentée par

$$\frac{4ABC - A'BC - AB'C - 2A'B'C - r(4A'B'C' - AB'C' - A'BC' - 2ABC')}{6r.abcr^n},$$

expression qui donne la même valeur que la formule du n° **270**. Ces deux formules, et celles données plus haut, nous serviront à résoudre la *plupart* des questions d'assurances sur trois têtes dépendant d'un ordre particulier de survivance; et dans celles où nous serons obligés de recourir à d'autres méthodes, l'opération sera cependant trouvée également simple et facile.

Si l'assurance proposée était *temporaire*, nous pourrions encore en trouver *dans tous les cas* la valeur avec non moins de facilité.

Si l'on essayait de résoudre les questions indiquées

24..

plus haut au moyen des règles ordinaires et des tables existantes, on se convaincrait aussitôt de la supériorité de la méthode que j'expose. Presque toutes, surtout quand il s'agit de deux ou plusieurs têtes réunies, ne peuvent être résolues qu'avec le secours des logarithmes et après les plus laborieux calculs ; on est donc exposé à de graves erreurs dans le résultat, tandis que dans la méthode que je propose, presque tous les calculs sont de simples soustractions, et l'on n'a à faire qu'*une seule division.*

Si nous ajoutons une autre colonne 𝕮 à celles du *specimen* de la page 252, et que nous appelions ⸗, 𝔦, 𝔵, etc., les *sommes* des valeurs supérieures de la colonne 𝕭 ; en disposant ces caractères d'une manière analogue, comme dans le *specimen* ci-dessous :

AGES.	𝕬.	𝕭.	𝕮.
96	z	z	⸗
95	yr	y	𝔦
94	$xr^{\cdot}$	x	𝔵
. .	. .	. .	. .
. .	. .	. .	. .
. .	. .	. .	. .
3	dr^{n-3}	D	𝔡
2	cr^{n-2}	c	𝔠
1	br^{n-1}	B	𝔟
0	ar^{n}	A	𝔞

Nous aurons

$$\mathfrak{z} = z,$$
$$\mathfrak{y} = y + z,$$
$$\mathfrak{x} = x + y + z,$$
etc.

Dans ce cas, $\dfrac{b}{ar^n}$ sera la valeur d'une annuité *crois-sante* sur la tête d'un enfant *qui vient de naître*, c'est-à-dire d'une annuité d'*un* franc la première année, *deux* francs la seconde, *trois* francs la troisième, et ainsi de suite ; $\dfrac{c}{br^{n-1}}$ sera la valeur d'une semblable annuité sur la tête d'un enfant d'*un* an, $\dfrac{d}{cr^{n-1}}$ celle d'une semblable annuité sur la tête d'un enfant de *deux* ans, et ainsi de suite pour un âge quelconque.

Tels sont les principaux avantages attachés à la nouvelle disposition des tables. Il en est d'autres moins importans sur lesquels je n'ai pas besoin d'iusister en ce moment, puisqu'ils se présenteront d'eux-mêmes aux personnes qui appliqueront leur attention sur ce sujet. Je pense en avoir assez dit pour assurer l'adoption de cette méthode dans la formation de toutes les *nouvelles* tables qu'on pourrait construire par la suite ; les instructions suivantes ne seront pas inutiles aux personnes qui s'occuperaient de ces calculs.

Prenez un assemblage de petites lattes ou règles plates, larges de quelques lignes, et divisez chaque

règle dans toute son étendue en un nombre convenable de parties égales. Sur la *règle* ainsi divisée,
ou sur une bande de papier qu'on y aura collée,
écrivez dans les diverses divisions, les logarithmes
des nombres de vivans à tous les âges de la vie humaine, mais dans un ordre inverse, c'est-à-dire en
commençant par l'âge le plus avancé de la table
d'observations, et terminant par le plus jeune. Si
l'on veut calculer la valeur d'une annuité sur *deux
têtes réunies*, on devra former *deux* assemblages
semblables de ces règles; pour *trois têtes réunies*, il
faudra *trois* assemblages semblables et ainsi de suite.
Le calculateur devra disposer encore un autre assemblage de règles divisées d'une manière semblable, et
écrire dans ses divisions les logarithmes des sommes
que produit le placement de 1 fr. après 0, 1, 2, 3 ans,
d'après le taux d'intérêt proposé. Ainsi soit proposé
de calculer la valeur d'une annuité sur deux têtes
réunies, d'après les observations de *Northampton* et
l'intérêt de 4 p. 100 ; dans ce cas les logarithmes de
chaque assemblage de règles seront disposés de la
manière suivante :

| 0,0000000 | 0,6020600 | 0,9542425 | 1,2041200 | 1,3802112 | 1,5314789 | etc. |

| 0,0000000 | 0,6020600 | 0,9542425 | 1,2041200 | 1,3802112 | 1,5314789 | etc. |

| 0,0000000 | 0,0170333 | 0,0340667 | 0,0511000 | 0,0681334 | 0,0851667 | etc. |

Quand nous opérerons avec ces règles, elles devront être rassemblées soit avec la main, soit au moyen d'une rainure pratiquée dans la table, afin qu'on puisse additionner plus commodément les nombres de chaque colonne. Si les deux têtes proposées ont le même âge, les extrémités de chaque règle devront coïncider les unes avec les autres, de manière à ce que les logarithmes correspondans de diverses divisions soient directement les uns sous les autres, comme dans l'exemple ci-dessous :

0,0000000	0,6020600	0,9542425	1,2041200	1,3802112	1,5314789	etc.
0,0000000	0,6020600	0,9542425	1,2041200	1,3802112	1,5314789	etc.
0,0000000	0,0170333	0,0340667	0,0511000	0,0681334	0,0851667	etc.

et les nombres correspondans aux sommes des logarithmes de chaque colonne verticale seront les valeurs qu'on devra insérer dans la colonne 𝒜 de la table.

S'il y a une différence d'*un an* entre les âges des deux têtes, l'assemblage supérieur devra être avancé *d'une* division vers la gauche, comme ci-dessous :

0,0000000	0,6020600	0,9542425	1,2041200	1,3802112	1,5314789	etc.
	0,0000000	0,6020600	0,9542425	1,2041200	1,3802112	etc.
	0,0000000	0,0170333	0,0340667	0,0511000	0,0681334	etc.

et les nombres correspondans aux sommes des logarithmes de chaque colonne verticale, seront les
valeurs qui, dans ce cas, devront être insérées dans
la colonne $\mathfrak{A}$ de la table.

S'il y a entre les âges des deux têtes une différence
de *deux* ans, l'assemblage supérieur devra être
avancé de *deux* rangs vers la gauche, de *trois* rangs
pour une différence de *trois* ans, et ainsi de suite; et
les nombres correspondans aux sommes des logarithmes de chaque colonne verticale, seront toujours
les valeurs qui devront composer la colonne $\mathfrak{A}$. De
sorte que ces trois assemblages serviront à toute combinaison d'âges possible entre deux têtes : et par cette
méthode, non-seulement les calculs seront infini-
ment plus faciles, mais de plus on évitera les erreurs
auxquelles on est tellement exposé quand on est
obligé de retranscrire toujours les mêmes nombres à
la plume. Il est encore à remarquer que l'assemblage qui contient les logarithmes des sommes pro-
duites par le placement de 1 fr., peut être employé
avec toute autre table d'observations, lorsqu'on con-
serve le taux de l'intérêt, et que, d'un autre côté, on
se servira des assemblages qui contiennent les logarithmes des nombres de vivans, quel que soit le *taux*
de l'intérêt proposé.

Afin de découvrir, par un procédé différent, les
erreurs qui auraient pu se glisser dans l'opération, on
pourra se servir de la méthode suivante : Appelez
z, y, x, les *logarithmes* des nombres de vivans à l'âge
le plus avancé de la table d'observations et aux
âges qui le précèdent, et n le *logarithme* du nombre

produit par le placement de 1 fr. après un an, d'après le taux proposé. Les logarithmes dont on aura besoin pour trouver la valeur d'une annuité sur deux têtes réunies de même âge, seront :

$$z+z, \quad \text{Y}+\text{Y}+\text{R}, \quad x+x+2\text{R}, \quad \text{\textit{v}}+\text{\textit{v}}+3\text{R}, \quad v+v+4\text{R}, \text{ etc.}$$

Après avoir ainsi trouvé les logarithmes dont on a besoin pour les questions où les deux têtes ont le même âge, ou une différence d'âge $= 0$, nous trouverons de la manière suivante ceux dont on a besoin pour les questions où la différence d'âge est 1, 2, 3, 4, etc. ans. Prenez les *différences* entre les logarithmes z, Y, x, comme suit :

$$\text{Y} - z, \quad x - \text{Y}, \quad \text{\textit{v}} - x, \quad u - \text{\textit{v}}, \quad \text{\textit{t}} - v, \text{ etc.}$$

et *ajoutez*-les respectivement aux valeurs trouvées plus haut, de la manière qui sera indiquée ci-après; les résultats seront les logarithmes au moyen desquels on pourra trouver la valeur d'une annuité sur deux têtes réunies qui ont entre elles une différence d'âge de 1, 2, 3, 4, etc. ans. Ainsi les logarithmes, quand la différence d'âge est

o an, sont $= z+z, \quad \text{Y}+\text{Y}+\text{R}, \quad x+x+2\text{R}, \quad \text{\textit{v}}+\text{\textit{v}}+3\text{R}$, etc.
  ajoutez $\text{Y} - z \quad\quad x - \text{Y} \quad\quad \text{\textit{v}} - x \quad\quad u - \text{\textit{v}}$

1 an, sont $= z+\text{Y}, \quad \text{Y}+x+\text{R}, \quad x+\text{\textit{v}}+2\text{R}, \quad \text{\textit{v}}+u+3\text{R}$, etc.
  ajoutez $x - \text{Y} \quad\quad \text{\textit{v}} - x \quad\quad u - \text{\textit{v}} \quad\quad \text{\textit{t}} - u$

2 ans, sont $= z+x, \quad \text{Y}+\text{\textit{v}}+\text{R}, \quad x+u+2\text{R}, \quad \text{\textit{v}}+\text{\textit{t}}+3\text{R}$, etc.
  ajoutez $\text{\textit{v}} - x \quad\quad u - \text{\textit{v}} \quad\quad \text{\textit{t}} - u \quad\quad s - \text{\textit{t}}$

3 ans, sont $= z+\text{\textit{v}}, \text{Y}+u+\text{R}, x+\text{\textit{t}}+2\text{R}, \text{\textit{v}}+s+3\text{R}$, etc., etc.

On verra facilement que les résultats obtenus par

cette méthode devront être exactement semblables
à ceux obtenus au moyen des assemblages, si dans
les deux cas on a opéré correctement. Si donc on
trouve quelque différence, on en conclura qu'on a
commis une erreur, et l'on devra la corriger.

C'est à M. George Barrett qu'on est redevable de
cette méthode prompte, facile et ingénieuse de déterminer les valeurs des annuités viagères : il m'a
aidé lui-même à en exposer les principes et à en
faire sentir les avantages. Pendant sa jeunesse il fut
attaché à cette branche des mathématiques, et vit
bientôt avec regret combien les applications en étaient
limitées en raison du petit nombre de tables d'annuités viagères que nous possédons. Pour remplir
cette lacune il consacra ses loisirs à la construction de
quelques tables qu'il destinait à une nouvelle société qui s'établissait. Bientôt il étendit son plan, et
après vingt-cinq ans de travaux assidus, il a calculé
la plus complète collection de tables relatives à ces
matières qui ait jamais été donnée par aucun auteur. Chacune d'elles a été soigneusement calculée et
corrigée séparément par deux autres personnes, dont
l'une se servit des assemblages de la page 270, et
l'autre de la méthode de la page 273 ; la similitude
des deux résultats en démontra l'exactitude, de sorte
qu'elles offrent toutes les garanties que l'on peut
désirer dans les calculs de cette nature.

Je n'ai pas besoin de m'étendre ici sur l'étonnante
persévérance et le zèle ingénieux que déploya M. Barrett dans la construction de ces tables. Quiconque a
étudié ces matières comprendra quels longs et labo-

rieux calculs a dû nécessiter leur formation. Ce sont
en ce genre les travaux les plus utiles qui aient jamais été faits, et l'on ne peut que regretter que non-
seulement ils n'aient pas été publiés, mais même
qu'ils courent le risque d'être à jamais perdus pour
la science. Cependant, soit que M. Barrett rencontre
assez d'encouragemens pour pouvoir publier la totalité
de ces tables, soit qu'il n'en puisse publier qu'une
partie, ou qu'on le décide à les arranger d'après la
méthode accoutumée, conversion qui est toujours
facile à faire, les développemens dans lesquels je suis
entré auront le même objet; celui d'indiquer quelques-unes des propriétés curieuses de cette méthode
et ses avantages sur l'ancienne, et d'ouvrir ainsi, en
conseillant son adoption, un nouveau champ aux
investigations des personnes qui s'occupent de ces
recherches. D'un autre côté, si M. Barrett échoue
dans ses efforts, il ne sera pas tout-à-fait inutile d'a-
voir montré l'écueil aux auteurs à venir, afin de les
avertir de ne pas poursuivre de ce côté une course
désespérée, et de ne pas perdre dans de stériles travaux les plus belles années de leur vie.

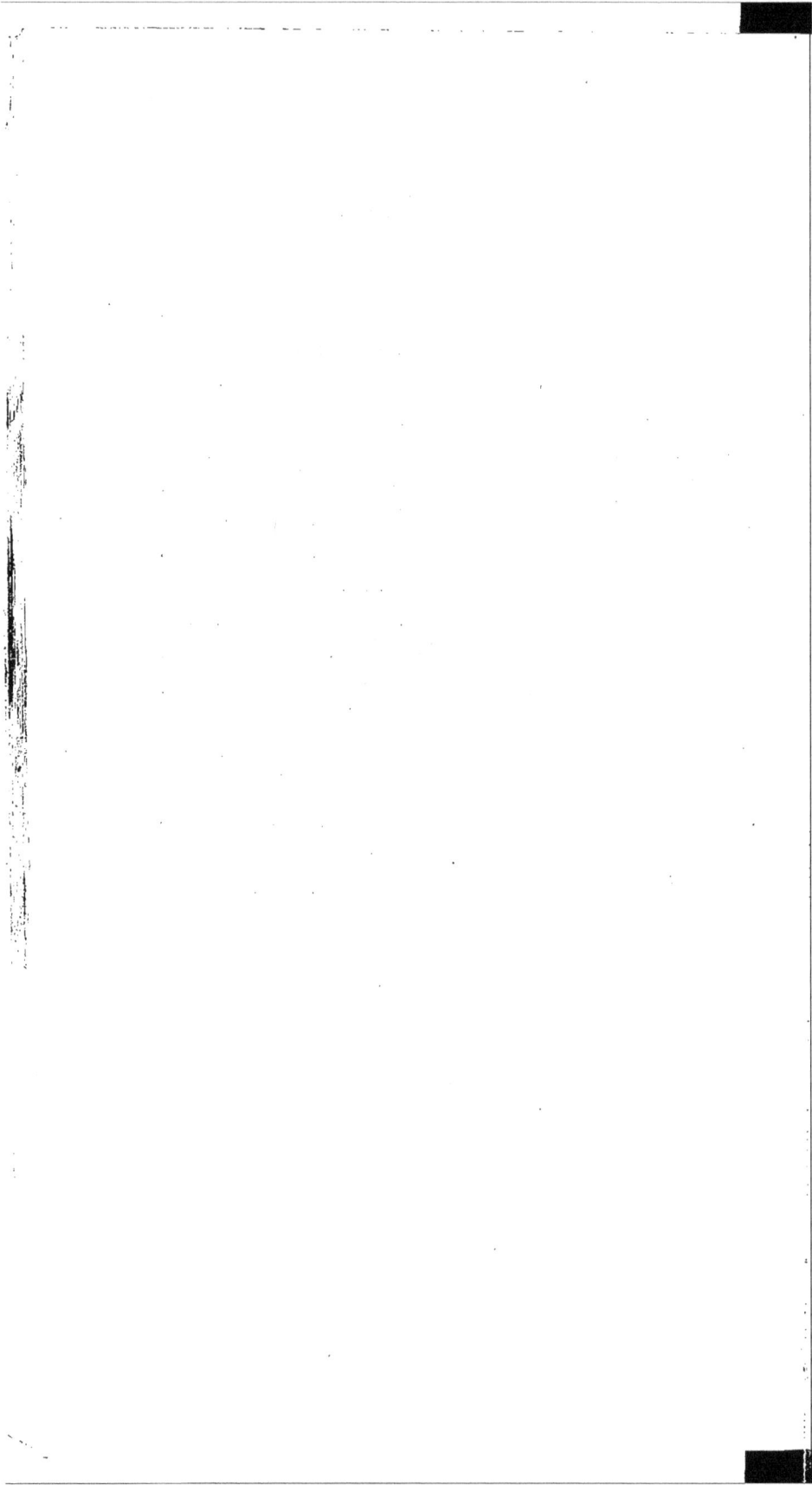

TABLES.

TABLE I,

Servant à calculer la VIE MOYENNE *d'une tête.*

Ages.	Colonne A.	Colonne B.	Ages.	Colonne A.	Colonne B.
96	1	1			
95	2	3	70	1749	14383
94	5	8	69	1873	16256
93	11	19	68	1997	18253
92	21	40	67	2118	20371
91	33	73	66	2236	22607
90	47	120	65	2354	24961
89	62	182	64	2472	27433
88	82	264	63	2590	30023
87	109	373	62	2708	32731
86	144	517	61	2822	35553
85	189	706	60	2930	38483
84	244	950	59	3030	41513
83	309	1259	58	3125	44638
82	384	1643	57	3220	47858
81	468	2111	56	3312	51170
80	558	2669	55	3403	54573
79	648	3317	54	3494	58067
78	743	4060	53	3584	61651
77	848	4908	52	3674	65325
76	963	5871	51	3761	69086
75	1084	6955	50	3846	72932
74	1214	8169	49	3924	76856
73	1354	9523	48	3997	80853
72	1489	11012	47	4069	84922
71	1622	12634	46	4143	89065

Suite de la table I.

Ages.	Colonne A.	Colonne B.	Ages.	Colonne A.	Colonne B.
45	4219	93284	20	5697	219492
44	4297	97581	19	5740	225232
43	4375	101956	18	5782	231014
42	4453	106409	17	5822	236836
41	4526	110935	16	5862	242698
40	4591	115526	15	5899	248597
39	4651	120177	14	5936	254533
38	4709	124886	13	5974	260507
37	4767	129653	12	6016	266523
36	4825	134478	11	6061	272584
35	4884	139362	10	6115	278699
34	4947	144309	9	6177	284876
33	5010	149319	8	6250	291126
32	5072	154391	7	6337	297463
31	5132	159523	6	6442	303905
30	5191	164714	5	6564	310469
29	5246	169960	4	6707	317176
28	5301	175261	3	6952	324128
27	5355	180616	2	7296	331424
26	5407	186023	1	7805	339229
25	5457	191480	0	10000	349229
24	5507	196987			
23	5555	202542			
22	5603	208145			
21	5650	213795			

TABLE II,

Servant à calculer la VIE MOYENNE *de* DEUX TÊTES
RÉUNIES.

Iʳᵉ PARTIE. — Différence d'âge, 9 ans.

Ages.	x.	Colonne A.	x.	Colonne B.	Ages.	x.	Colonne A.	x.	Colonne B.
87	2	109000	2	1090000					
86		288000		3970000					
85		945000	3	1342000	65		285776		1481917
84	3	268400		4026000	64		334709		1816626
83		648900	4	1051500	63		385651		2202277
82	4	126720		2318700	62		439238		2641514
81		219960		4518300	61		493568		3135082
80		345960		7977900	60		548789		3683871
79		531360	5	1329150	59		605091		4288962
78		809870		2139020	58		661875		4950837
77	5	122112		3360140	57		719992		5670829
76		182007		5180210	56		779645		6450474
75		264496		7825170	55	6	841222	7	7291695
74		375126	6	1157643	54		904946		8196641
73		519936		1677579	53		970547		9167189
72		696852		2374431	52	7	103680	8	1020399
71		905076		3279507	51		110197		1130596
70	6	113335		4412860	50		116534		1247130
69		139164		5804499	49		122625		1369755
68		169346		7497955	48		128703		1498459
67		203963		9537589	47		134765		1633224
66		242382	7	1196141	46		140986		1774210

Suite de la table II.

Ages.	x.	Colonne A.	x.	Colonne B.	Ages.	x.	Colonne A.	x.	Colonne B.
45	7	147412	8	1921622	20	7	298865	8	7622129
44		154004		2075627	19		304277		7926406
43		160737		2236364	18		309626		8236033
42		167477		2403841	17		314796		8550828
41		174070		2577911	16		319889		8870717
40		180151		2758062	15		324858		9195575
39		185900		2943963	14		329745		9525320
38		191609		3135572	13		334723		9860043
37		197497		3333069	12		339904	9	1019995
36		203567		3536635	11		345295		1054524
35		209865		3746501	10		351001		1089624
34		216431		3962932	9		357154		1125340
33		223095		4186027	8		363875		1161727
32		229559		4415586	7		371475		1198875
31		235610		4651196	6		380014		1236876
30		241433		4892630	5		389639		1275840
29		247034		5139664	4		400676		1315908
28		252699		5392362	3		418232		1357731
27		258379		5650741	2		442210		1401952
26		264078		5914819	1		477276		1449679
25		269958		6184777	0		617700		1511449
24		275901		6460677					
23		281750		6742427					
22		287546		7029973					
21		293291		7323264					

(282)

TABLE II,

Servant à calculer la VIE MOYENNE DE DEUX TÊTES RÉUNIES.

IIᵐᵉ PARTIE. — Différence d'âge, 10 ans.

Ages.	x.	Colonne A.	x.	Colonne B.	Ages.	x.	Colonne A.	x.	Colonne B.
86	2	144000	2	1440000					
85		378000		5220000	65	6	255174	7	1281192
84	3	122000	3	1742000	64		300101		1581292
83		339900		5141000	63		350686		1931978
82		806400	4	1320500	62		403221		2335200
81	4	154440		2864900	61		457728		2792928
80		262260		5487500	60		512457		3305385
79		401760		9505100	59		567519		3872904
78		609260	5	1559770	58		624062		4496966
77		924320		2484090	57		681996		5178962
76	5	138672		3870810	56		740563		5919526
75		204876		5919570	55		801066		6720592
74		296216		8881730	54		863717		7584309
73		418386	6	1306559	53		928256		8512565
72		571776		1878335	52		994919		9507484
71		759096		2637431	51	7	106135	8	1056884
70		975942		3613373	50		112688		1169572
69	6	121370		4827077	49		118897		1288469
68		148377		6310848	48		124906		1413375
67		179606		8106912	47		131022		1544397
66		215327	7	1026018	46		137216		1681613

Suite de la table II.

Ages.	x.	Colonne 𝔄.	x.	Colonne 𝔅.	Ages.	x.	Colonne 𝔄.	x.	Colonne 𝔅.
45	7	143573	8	1825186	20	7	295731	8	7438283
44		150137		1975323	19		301120		7739403
43		156800		2132122	18		306504		8045907
42		163603		2295726	17		311768		8357675
41		170223		2465948	16		316958		8674634
40		176570		2642518	15		321908		8996542
39		182505		2825024	14		326895		9323437
38		188219		3013242	13		331856		9655293
37		193969		3207211	12		337076		9992370
36		199900		3407111	11		342446	9	1033482
35		206056		3613167	10		348372		1068319
34		212573		3825740	9		354560		1103775
33		219187		4044927	8		361375		1139912
32		225856		4270783	7		368940		1176806
31		232274		4503058	6		377630		1214569
30		238319		4741377	5		387210		1253290
29		243991		4985368	4		398127		1293103
28		249624		5234992	3		415312		1334634
27		255273		5490265	2		438927		1378527
26		260888		5751153	1		473061		1425833
25		266520		6017673	0		611500		1486983
24		272431		6290104					
23		278305		6568409					
22		284184		6852594					
21		289958		7142552					

TABLE II,

Servant à calculer la VIE MOYENNE DE DEUX TÊTES RÉUNIES.

IIIme PARTIE. — Différence d'âge, 11 ans.

Ages.	x.	Colonne A.	x.	Colonne B.	Ages.	x.	Colonne A.	x.	Colonne B.
85	2	189000	2	1890000	60	6	475246	7	2942396
84		488000		6770000	59		529947		3472343
83	3	154500	3	2222009	58		585312		4057666
82		422400		6446000	57		643034		4700690
81		982800	4	1627400	56		701482		5402171
80	4	184140		3468800	55		760911		6163082
79		304560		6514400	54		822488		6985570
78		460660	5	1112100	53		885965		7871535
77		695360		1807460	52		951566		8823101
76	5	104967		2857130	51	7	101848		9841580
75		156096		4418090	50		108534	8	1092692
74		229446		6712550	49		114973		1207665
73		330376	6	1001631	48		121109		1328774
72		460101		1461732	47		127156		1455931
71		622848		2084580	46		133405		1589335
70		818532		2903112	45		139733		1729068
69	6	104513		3948246	44		146227		1875295
68		129406		5242302	43		152862		2028158
67		157367		6815976	42		159595		2187753
66		189613		8712104	41		166285		2354039
65		226990	7	1097901	40		172667		2526706
64		267965		1365865	39		178877		2705584
63		314426		1680291	38		184781		2890365
62		366663		2046955	37		190537		3080902
61		420196		2467150	36		196329		3277231

Suite de la table II.

Ages.	x.	Colonne A.	x.	Colonne B.	Ages.	x.	Colonne A.	x.	Colonne B.
35	7	202344	8	3479575	15	7	318959	8	8795750
34		208714		3688289	14		323927		9119677
33		215280		3903569	13		328988		9448666
32		221900		4125469	12		334189		9782854
31		228528		4353997	11		339598	9	1012245
30		234945		4588941	10		345497		1046795
29		240844		4829785	9		351904		1081985
28		246549		5076335	8		358750		1117860
27		252167		5328502	7		366405		1154501
26		257752		5586253	6		375053		1192006
25		263300		5849554	5		384782		1230484
24		268962		6118515	4		395646		1270049
23		274806		6393321	3		412671		1311316
22		280710		6674032	2		435863		1354902
21		286568		6960600	1		469549		1401857
20		292370		7252970	0		406100		1462467
19		297963		7550933					
18		303324		7854257					
17		308624		8162881					
16		313910		8476791					

TABLE III,

Servant à calculer la valeur d'une ANNUITÉ *sur* UNE TÊTE.

Ages.	x.	Colonne A.	x.	Colonne B.	Ages.	x.	Colonne A.	x.	Colonne B.
96	0	100000	0	1000000					
95		208000		3080000	70	3	484905	4	3279457
94		540800		8488000	69		540055		3819512
93	1	123735	1	2086150	68		598841		4418353
92		245670		4542853	67		660530		5078883
91		401496		8557808	66		725224		5804107
90		594700	2	1450481	65		794036		6598143
89		815878		2266358	64		867192		7465335
88	2	112223		3388585	63		944931		8710265
87		155141		4939995	62	4	102750	5	9437766
86		213155		7071547	61		111359		1055135
85		290957		9981115	60		120245		1175380
84		390652	3	1388763	59		129323		1304703
83		514508		1903271	58		138713		1443416
82		664964		2568235	57		148647		1592063
81		842842		3411076	56		159010		1751073
80	3	104512		4456200	55		169914		1920987
79		126224		5718440	54		181436		2102423
78		150518		7223622	53		193554		2295977
77		178661		9010230	52		206351		2502327
76		211005	4	1112028	51		219687		2722014
75		247019		1359047	50		233638		2955652
74		287708		1646755	49		247911		3203563
73		333723		1980477	48		262624		3466187
72		381676		2362153	47		278049		3744236
71		432399		2794552	46		294430		4038666

Suite de la table III.

Ages.	x.	Colonne A.	x.	Colonne B.	Ages.	x.	Colonne A.	x.	Colonne B.
45	4	311824	5	4350490	20	5	112249	6	2088058
44		330293		4680783	19		117619		2205677
43		349740		5030522	18		123219		2328896
42		370214		5400737	17		129034		2457931
41		391335		5792071	16		135118		2593049
40		412833		6204904	15		141410		2734458
39		434957		6639862	14		147988		2882447
38		457997		7097858	13		154893		3037340
37		482183		7580042	12		162221		3199561
36		507572		8087614	11		169972		3369534
35		534330		8621943	10		178346		3547880
34		562871		9184814	9		187361		3735240
33		592841		9777655	8		197158		3932398
32		624185	6	1040184	7		207898		4140296
31		656831		1105867	6		219797		4360093
30		690958		1174963	5		232918		4593011
29		726210		1247584	4		247512		4840522
28		763176		1323901	3		266815		5107337
27		801789		1404080	2		291218		5398556
26		841957		1488276	1		323996		5722552
25		883733		1576649	0		431718		6154270
24		927503		1669400					
23		973011		1766701					
22	5	102068		1868768					
21		107041		1975809					

TABLE IV,

Servant à calculer la valeur d'une ANNUITÉ *sur* DEUX TÊTES RÉUNIES.

Ire PARTIE. — Différence, 9 ans.

Ages.	*x*.	Colonne **A**.	*x*.	Colonne **B**.	Ages.	*x*.	Colonne **A**.	*x*.	Colonne **B**.
87	2	109000	2	1090000					
86		299520		4085200					
85	3	102211	3	1430632	65	6	677265	7	3100816
84		301913		4449767	64		824962		3925778
83		759121	4	1204098	63		988541		4914319
82	4	154174		2745841	62	7	117094		6085255
81		278320		5529037	61		136840		7453657
80		455260	5	1008163	60		158236		9036018
79		727203		1735366	59		181449		1085051
78	5	115270		2888064	58		206416		1291466
77		180756		4695620	57		233522		1524988
76		280191		7497534	56		262985		1787973
75		423467	6	1173220	55		295105		2083078
74		624612		1797832	54		330159		2413237
73		900361		2698193	53		368256		2781493
72	6	125499		3953184	52		409132		3190625
71		169519		5648375	51		452242		3642867
70		220766		7856032	50		497377		4140244
69		281920	7	1067524	49		544309		4684554
68		356786		1424309	48		594142		5278696
67		446909		1871218	47		647011		5925706
66		552333		2423551	46		703953		6629660

Suite de la table **IV.**

Ages.	x.	Colonne **A.**	x.	Colonne **B.**	Ages.	x.	Colonne **A.**	x.	Colonne **B.**
45	7	765478	8	7395138	20	8	413722	9	6139278
44		831700		8226838	19		438063		6577341
43		902785		9129623	18		463594		7040935
42		978264	9	1010789	17		490188		7531123
41	8	105744		1116533	16		518044		8049167
40		113816		1230349	15		547134		8596301
39		122146		1352495	14		577579		9173881
38		130933		1483429	13		609752		9783632
37		140355		1623783	12		643957	10	1042759
36		150455		1774239	11		680337		1110793
35		161315		1935554	10		719243		1182717
34		173016		2108570	9		761125		1258829
33		185477		2294047	8		806466		1339476
32		198485		2492532	7		856242		1425100
31		211866		2704398	6		910961		1516196
30		225786		2930184	5		971396		1613336
29		240265		3170449	4	9	103887		1717223
28		255605		3426055	3		112776		1829999
27		271805		3697860	2		124012		1954011
26		288912		3986772	1		139199		2093210
25		307159		4293930	0		187360		2280571
24		326477		4620408					
23		346734		4967142					
22		368022		5335165					
21		390391		5725556					

TABLE IV,

Servant à calculer la valeur d'une ANNUITÉ *sur* DEUX
TÊTES RÉUNIES.

IIme PARTIE. — Différence d'âge, 10 ans.

Ages.	x.	Colonne 𝕬.	x.	Colonne 𝕭.	Ages.	x.	Colonne 𝕬.	x.	Colonne 𝕭.
86	2	144000	2	1440000					
85		393120		5371200	65	6	581481	7	2589855
84	3	131955	3	1856672	64		711214		3301069
83		382341		5680085	63		864341		4165410
82		943374	4	1511382	62	7	103358		5198989
81	4	187900		3390381	61		122023		6419218
80		331843		6708807	60		142077		7839990
79		528689	5	1199569	59		163637		9476356
78		833814		2033384	58		187138	8	1134773
77	5	131559		3348979	57		212691		1347464
76		205268		5401663	56		240194		1587658
75		315397		8555635	55		270210		1857869
74		474251	6	1329815	54		302997		2160865
73		696643		2026458	53		338663		2499529
72		990131		3016589	52		377504		2877032
71	6	136709		4383678	51		418820		3295852
70		182792		6211599	50		462463		3758315
69		236417		8575774	49		507464		4265779
68		300585	7	1158162	48		554435		4820215
67		378404		1536566	47		604845		5425059
66		471808		2008373	46		658778		6083837

Suite de la table IV.

Ages.	x.	Colonne 𝕬.	x.	Colonne 𝕭.	Ages.	x.	Colonne 𝕬.	x.	Colonne 𝕭.
45	7	716867	8	6800704	20	8	393639	9	5797668
44		779630		7580334	19		416844		6214512
43		846798		8427131	18		441268		6655780
42		918880		9346011	17		466801		7122582
41		994302	9	1034031	16		493555		7616137
40	8	107263		1141294	15		521314		8137451
39		115303		1256598	14		550566		8688017
38		123670		1380267	13		581277		9269294
37		132546		1512813	12		614038		9883333
36		142062		1654876	11		648773	10	1053211
35		152295		1807171	10		686399		1121850
34		163396		1970566	9		726535		1194504
33		175220		2145786	8		770120		1271516
32		187773		2333559	7		817692		1353285
31		200833		2534392	6		870430		1440328
30		214301		2748693	5		928213		1533149
29		228179		2976872	4		992558		1632405
28		242784		3219656	3		107682		1740087
27		258209		3477865	2		118357		1858444
26		274444		3752309	1		132663		1991107
25		291584		4043893	0		178346		2169453
24		309973		4353866					
23		329323		4683189					
22		349730		5032920					
21		371109		5404029					

TABLE IV.

Servant à calculer la valeur d'une ANNUITÉ *sur* DEUX
TÊTES RÉUNIES.

IIIme PARTIE. — Différence d'âge, 11 ans.

Ages.	x.	Colonne 𝕬.	x.	Colonne 𝕭.	Ages.	x.	Colonne 𝕬.	x.	Colonne 𝕭.
85	2	189000	2	1890000	60	7	126693	7	6748019
84		507520		6965200	59		146926		8217281
83	3	167107	3	2367592	58		168767		9904953
82		475142		7119017	57		192827	8	1183322
81	4	114974	4	1861639	56		218768		1402090
80		224034		4101984	55		246794		1648883
79		385366		7955640	54		277436		1926319
78		606197	5	1401761	53		310802		2237121
77		951648		2353409	52		347167		2584289
76	5	149401		3847417	51		386443		2970732
75		231060		6158019	50		428285		3399017
74		353222		9690235	49		471842		3870859
73		528943	6	1497966	48		516905		4387764
72		766102		2264068	47		564423		4952187
71	6	107857		3342639	46		615844		5568031
70		147413		4816769	45		670862		6238893
69		195752		6774285	44		730120		6969013
68		252069		9294977	43		793782		7762795
67		318797	7	1248295	42		861895		8624690
66		399486		1647781	41		933943		9558634
65		496706		2144487	40	8	100858	9	1056721
64		610630		2755117	39		108665		1165386
63		745164		3500281	38		116741		1282128
62		903720		4404001	37		125193		1407321
61	7	107709		5481091	36		134159		1541479

Suite de la table IV.

Ages.	x.	Colonne A.	x.	Colonne B.	Ages.	x.	Colonne A.	x.	Colonne B.
35	8	143799	9	1685278	15	8	496671	9	7699101
34		154259		1839538	14		524584		8223685
33		165477		2005014	13		554090		8777776
32		177388		2182402	12		585363		9363139
31		189994		2372396	11		618631		9981771
30		203142		2575538	10		654554	10	1063632
29		216572		2792110	9		693358		1132968
28		230571		3022681	8		735121		1206480
27		245257		3267938	7		780840		1284564
26		260716		3528655	6		831241		1367688
25		276982		3805637	5		886914		1456380
24		294255		4099892	4		948434		1551223
23		312675		4412567	3	9	102881		1654105
22		332169		4744736	2		113010		1767115
21		352664		5097400	1		126614		1893729
20		374197		5471597	0		169972		2063701
19		396610		5868207					
18		419894		6288101					
17		444321		6732422					
16		470008		7202431					

FIN.

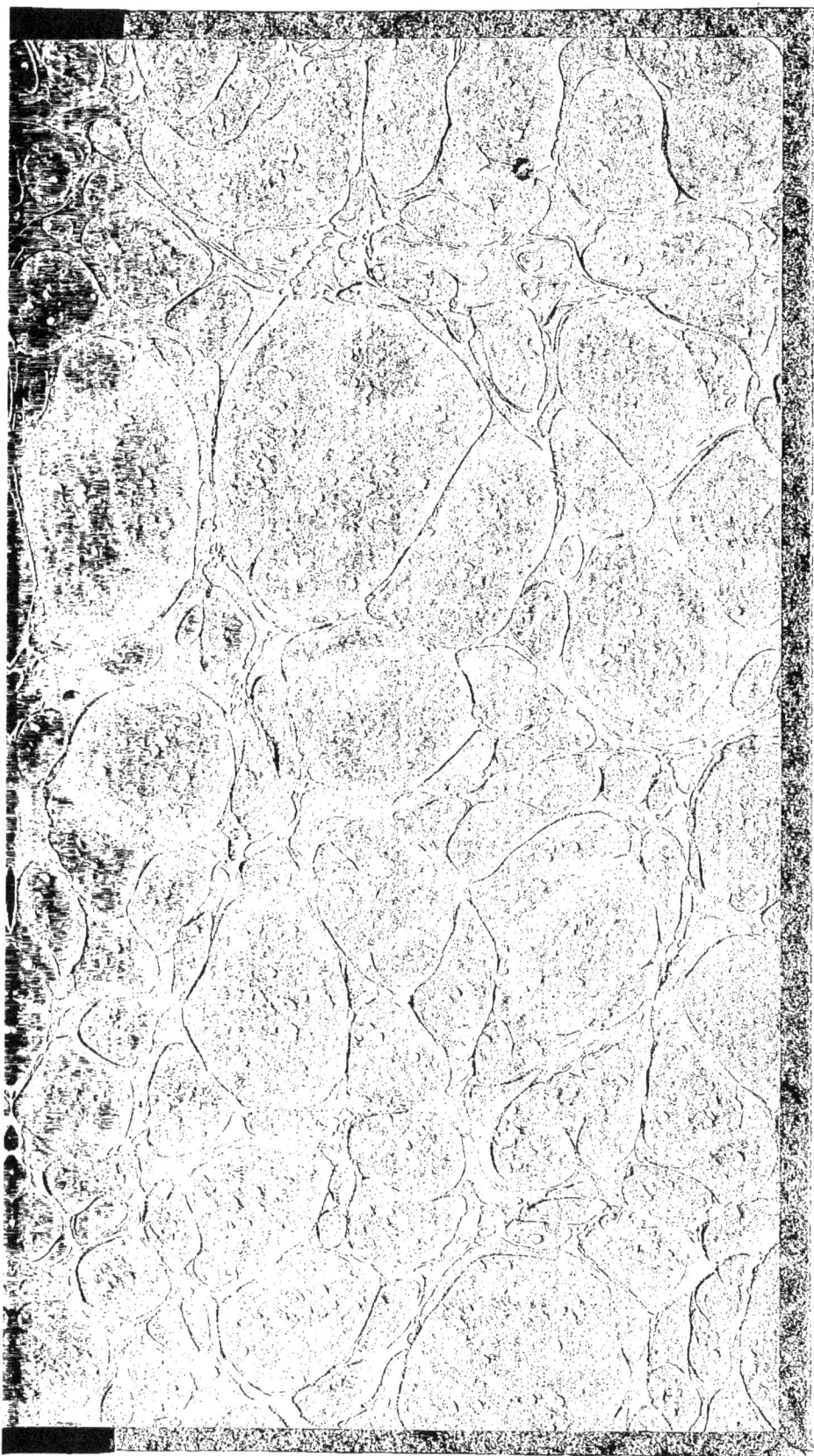

www.ingramcontent.com/pod-product-compliance
Lightning Source LLC
Chambersburg PA
CBHW060421200326
41518CB00009B/1440